Das 80/20 Prinzip

Richard Koch ist erfolgreicher Unternehmer, Investor und Strategieberater. Er war u.a. Partner bei Bain & Company.

Richard Koch

Das 80/20 Prinzip

Mehr Erfolg mit weniger Aufwand

Aus dem Englischen von Friedrich Mader

Campus Verlag
Frankfurt/New York

Die Originalausgabe erschien 1997 unter dem Titel »The 80/20 Principle: The Secret of Achieving More with Less« bei Nicholas Brealey Publishing Ltd.

This edition of »THE 80/20 PRINCIPLE: The Secret of Achieving More with Less« first published by Nicholas Brealey Publishing Ltd, London, 1997.
This Translation is published by arrangement with Nicholas Brealey Publishing Ltd.

Für Lee

Die Deutsche Bibliothek – CIP-Einheitsaufnahme

Koch, Richard:
Das 80/20-Prinzip: mehr Erfolg mit weniger Aufwand /
Richard Koch. Aus dem Engl. von Friedrich Mader. – Frankfurt/Main;
New York: Campus Verlag, 1998
Einheitssacht.: The 80-20 principle <dt.>
ISBN 3-593-36022-5

Umschlaggestaltung: Guido Klütsch, Köln.
Satz: Fotosatzstudio »Die Letter«, Hausen/Wied
Druck und Bindung: Media-Print-Informationstechnologie, Paderborn
Gedruckt auf säurefreiem und chlorfrei gebleichtem Papier.
Printed in Germany

Lange Zeit stand das Paretogesetz [das 80/20-Prinzip] wie ein erratischer Block in der Welt der Wirtschaft: ein empirisches Gesetz, das niemand erklären kann.

Josef Steindl

Gott würfelt mit dem Universum. Doch sind die Würfel präpariert. Und das Hauptziel ... ist heute, herauszufinden, nach welchen Regeln sie präpariert worden sind und wie wir sie für unsere eigenen Zwecke benutzen können.

Joseph Ford

Wir können nicht mit Gewißheit sagen, zu welchen Höhen sich die menschliche Gattung aufschwingen wird ... Wir können uns jedoch mit der angenehmen Schlußfolgerung beruhigen, daß jedes Zeitalter den Reichtum, das Glück, das Wissen und vielleicht auch die Tugend der Menschheit vermehrt hat und dies auch in Zukunft nicht anders sein wird.

Edward Gibbon

Inhalt

Erster Teil
Einleitung

1
Willkommen zum 80/20-Prinzip

> Lange Zeit stand das Paretogesetz [das 80/20-Prinzip] wie ein erratischer Block in der Welt der Wirtschaft: ein empirisches Gesetz, das niemand erklären kann.
>
> *Josef Steindl*[1]

Das 80/20-Prinzip kann und sollte im Alltagsleben von allen intelligenten Menschen, von jeder Organisation sowie von jeder sozialen Gruppierung und Gesellschaftsform genutzt werden. Es kann einzelnen und Gruppen helfen, mit viel weniger Anstrengung viel mehr zu erreichen. Das 80/20-Prinzip kann Effektivität und Glück des einzelnen steigern. Es kann die Rentabilität von Wirtschaftsunternehmen und die Effektivität jeder Organisation erhöhen. Und es enthält den Schlüssel zur Steigerung von Qualität und Quantität öffentlicher Dienstleistungen bei gleichzeitiger Senkung der Kosten. Das vorliegende Buch, das erste überhaupt über das 80/20-Prinzip[2], ist in der tiefen, durch private und geschäftliche Erfahrungen gestärkten Überzeugung geschrieben, daß dieses Prinzip einer der besten Ansätze ist, mit den Belastungen des modernen Lebens umzugehen und sie zu meistern.

Was ist das 80/20-Prinzip?

Das 80/20-Prinzip besagt, daß eine Minderheit der Ursachen, des Aufwands oder der Anstrengungen zu einer Mehrheit der Wirkungen, des Ertrags oder der Ergebnisse führt. Wörtlich genommen bedeutet dies also, daß 80 Prozent dessen, was Sie in Ihrer Arbeit erreichen, auf 20 Prozent der aufgewandten Zeit zurückgeht. In der Praxis sind daher vier Fünftel der Anstrengung – oder zumindest ein großer Teil davon – weitgehend unbedeutend. Das widerspricht natürlich unseren Erwartungen.

Das 80/20-Prinzip stellt eine inhärente Unausgewogenheit zwischen Ursachen und Wirkungen, Aufwand und Ertrag, Anstrengung und Ergebnis fest. Und das 80/20-Verhältnis bietet eine gute Richtschnur für diese Unausgewogenheit: Ein typisches Verteilungsmuster zeigt, daß 80 Prozent des Ertrags von 20 Prozent des Aufwands herrührt, daß 80 Prozent der Wirkungen durch 20 Prozent der Ursachen bedingt sind oder daß 80 Prozent der Ergebnisse auf 20 Prozent der Anstrengungen zurückgehen.

In der Geschäftswelt wird das 80/20-Prinzip durch zahlreiche Beispiele bestätigt. 20 Prozent der Produkte sind in der Regel verantwortlich für 80 Prozent des Umsatzes. Gleiches gilt für 20 Prozent der Kunden. Und zumeist sind es auch 20 Prozent der Produkte oder Kunden, die 80 Prozent der Gewinne eines Unternehmens ausmachen.

Im gesellschaftlichen Bereich verursachen 20 Prozent der Kriminellen 80 Prozent des Gesamtschadens durch Verbrechen. 20 Prozent der Fahrer verschulden 80 Prozent der Unfälle. 20 Prozent der Verheirateten machen zu 80 Prozent die Scheidungsstatistik aus (diejenigen, die sich ständig wiederverheiraten und scheiden lassen, verzerren die Gesamtsstatistik und zeichnen damit ein völlig falsches Bild ehelicher Treue). 20 Prozent der Jugendlichen erreichen 80 Prozent der verfügbaren Ausbildungsqualifikationen.

In den eigenen vier Wänden leiden 20 Prozent der Teppichfläche unter 80 Prozent des Verschleißes. 20 Prozent unserer Kleider tragen wir in 80 Prozent unserer Zeit. Und wenn Sie eine Alarmanlage haben, dann gilt, daß 80 Prozent der Fehlalarme durch 20 Prozent der möglichen Ursachen ausgelöst werden.

Auch der Verbrennungsmotor legt Zeugnis von der Gültigkeit des 80/20-Prinzips ab. 80 Prozent der Energie werden während der Verbrennung verschwendet, und nur 20 Prozent tragen zur Fortbewegung bei. Diese 20 Prozent des Kraftaufwands erzeugen 100 Prozent des Ausstoßes.[3]

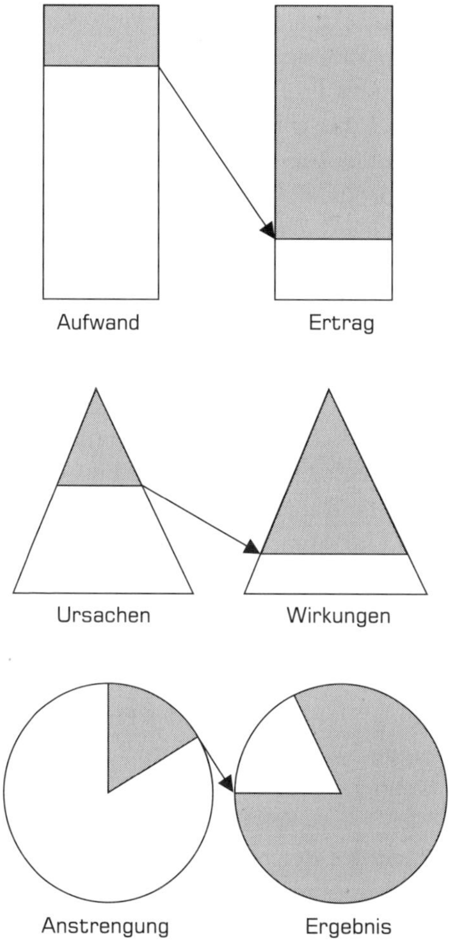

Abbildung 1: Das 80/20-Prinzip

Paretos Entdeckung: systematische und berechenbare Unausgewogenheit

Die dem 80/20-Prinzip zugrundeliegende Verteilung wurde vor hundert Jahren, 1897, von dem italienischen Ökonomen Vilfredo Pareto (1848-1923) entdeckt. Sie hat seither viele Namen erhalten, wie etwa Paretoprinzip, Paretogesetz, 80/20-Regel, Prinzip der geringsten Anstrengung oder Prinzip der Unausgewogenheit. Wir sprechen in diesem Buch ausschließlich vom 80/20-Prinzip. Durch seinen subtilen und untergründigen Einfluß auf zahlreiche wichtige Leistungsträger, vor allem Geschäftsleute, Computerenthusiasten und Qualitätsingenieure der jüngeren Vergangenheit, hat das 80/20-Prinzip zur Gestaltung der modernen Welt beigetragen. Dennoch ist es eines der großen Geheimnisse unserer Zeit geblieben – und selbst der kleine Kreis der Wissenden, die das 80/20-Prinzip kennen und verwenden, nutzt nur einen Bruchteil seines Potentials aus.

Aber was hat Vilfredo Pareto eigentlich entdeckt? Er beschäftigte sich mit der Verteilung von Reichtum und Einkommen im England des 19. Jahrhunderts. Dabei fand er heraus, daß eine Minderheit über die höchsten Einkommen und Vermögen verfügte. Daran war wahrscheinlich nichts besonders Überraschendes. Aber er stieß auf zwei weitere Tatsachen, die ihm höchst bedeutsam erschienen. Zum einen fand er ein wiederkehrendes mathematisches Verhältnis zwischen dem Anteil von Personen (als Prozentsatz der gesamten relevanten Bevölkerung) und der Höhe des Einkommens oder Reichtums dieser Gruppe.[4] Vereinfacht gesprochen sah der Zusammenhang so aus: Wenn 20 Prozent der Bevölkerung 80 Prozent des Reichtums besaßen[5], dann ließ sich zuverlässig voraussagen, daß 10 Prozent 65 Prozent des Reichtums und 5 Prozent 50 Prozent des Reichtums auf sich vereinigten. Dabei kommt es weniger auf die genaue Prozentverteilung an als auf die Tatsache, daß die Reichtumsverteilung in der Bevölkerung *berechenbar unausgewogen* war.

Paretos zweite wichtige Entdeckung bestand darin, daß sich dieses Muster der Unausgewogenheit immer wieder bestätigte, wenn er sich mit Daten aus verschiedenen Zeiträumen und Ländern befaßte. Ob er sich nun England in früheren Zeiten ansah, oder ob er sich die Daten aus seiner Zeit oder aus der Vergangenheit anderer Länder vornahm, stets fand er das gleiche Muster, das sich mit mathematischer Präzision wiederholte.

Handelte es sich um einen merkwürdigen Zufall oder um eine

Entdeckung, die von großer Bedeutung für Wirtschaft und Gesellschaft war? Würde sich bei der Anwendung auf Datensätze, die nichts mit Reichtum und Einkommen zu tun hatten, die gleiche Gesetzmäßigkeit erweisen? Pareto war ein glänzender Neuerer, denn vor ihm hatte sich noch niemand mit zwei aufeinander bezogenen Datensätzen beschäftigt – in diesem Fall, die Verteilung von Einkommen oder Vermögen im Vergleich zur Zahl der Einkommensbezieher oder Vermögenseigentümer – und die jeweiligen Prozentsätze der beiden Datensätze miteinander verglichen. (Heute ist diese Methode weit verbreitet und hat im Geschäftsleben und in der Wirtschaft zu bahnbrechenden Entwicklungen geführt.)

Pareto erkannte zwar die Bedeutung und das breite Anwendungsspektrum seiner Entdeckung, konnte sie jedoch leider nur sehr unzulänglich erklären. Später verlegte er sich auf eine Reihe faszinierender, aber ungereimter soziologischer Theorien, die sich um die Rolle von Eliten drehten und gegen Ende seines Lebens von Mussolinis Faschisten für ihre Zwecke mißbraucht wurden. Das 80/20-Prinzip versank eine Generation lang in einen Dornröschenschlaf. Zwar erkannten einige Ökonomen, vor allem in den USA[6], seine Bedeutung, aber erst nach dem Zweiten Weltkrieg sorgten zwei gänzlich verschiedene Pioniere mit dem 80/20-Prinzip wieder für Aufsehen.

1949: Zipfs Prinzip der geringsten Anstrengung

Einer dieser Pioniere war der Philologieprofessor George K. Zipf in Harvard. 1949 entdeckte Zipf das »Prinzip der geringsten Anstrengung«, das eigentlich eine Wiederentdeckung und Weiterführung des Paretoprinzips darstellte. Zipfs Prinzip besagte, daß Ressourcen (Menschen, Güter, Zeit, Fähigkeiten und alle anderen produktiven Kräfte) eine Anordnung anstreben, die eine Minimierung der Arbeit erlaubt, so daß rund 20-30 Prozent einer Ressource für 70-80 Prozent der auf sie bezogenen Aktivität verantwortlich sind.[7]

Anhand von Bevölkerungsstatistiken, Büchern, Erkenntnissen aus der Philologie und industriellen Verhaltensweisen wies Professor

Zipf die konstante Wiederkehr dieser unausgewogenen Verteilung nach. Zum Beispiel analysierte er alle 1931 in einem 20-Block-Bereich Philadelphias eingegangenen Ehen und zeigte, daß 70 Prozent der Ehen innerhalb eines Radius von 30 Prozent der Entfernung geschlossen wurden.

Mit einem anderen Gesetz sorgte Zipf für die wissenschaftliche Rechtfertigung des unordentlichen Schreibtisches: Je häufiger Dinge gebraucht werden, in desto größerer Nähe befinden sie sich zu ihrem Benutzer. Intelligente Sekretärinnen wissen schon längst, daß häufig benutzte Akten nicht abgelegt werden sollten.

1951: Jurans Gesetz der wenigen Wesentlichen und der Aufstieg Japans

Der zweite Erforscher des 80/20-Prinzips war der 1904 in Rumänien geborene US-Ingenieur Joseph Moses Juran, der große Mann der Qualitätsrevolution von 1950 bis 1990. Er machte das »Paretoprinzip« und die »Regel der wenigen Wesentlichen« praktisch zum Synonym für das Streben nach höchster Produktqualität.

1924 kam Juran als Fertigungsingenieur zu Western Electric, der Fertigungsabteilung von Bell Telephone System. Später machte er sich als einer der ersten Qualitätsberater der Welt selbständig.

Seine große Leistung bestand in der Anwendung des 80/20-Prinzips und anderer statistischer Methoden, um Qualitätsmängel zu beseitigen und die Zuverlässigkeit und den Wert von Industrie- und Konsumgütern zu verbessern. Jurans bahnbrechendes *Quality Control Handbook* erschien zum ersten Mal 1951 und pries die Vorzüge des 80/20-Prinzips in den höchsten Tönen:

> Der Ökonom Pareto fand heraus, daß der Reichtum genauso ungleichmäßig [wie Jurans Beobachtungen zu Qualitätsmängeln] verteilt ist. Es gibt viele weitere Belege dafür – die Verteilung der Verbrechen bei Kriminellen, die Verteilung von Unfällen bei gefährlichen Vorgängen usw. Paretos Prinzip der ungleichen Verteilung ließ sich sowohl auf die Verteilung des Reichtums als auch auf die Verteilung von Qualitätsausfällen anwenden.[8]

Keiner der führenden US-Industriellen interessierte sich für Jurans Theorien. 1953 wurde er zu einem Vortrag nach Japan eingeladen und mit offenen Armen aufgenommen. Er verlängerte seinen Aufenthalt, um mit mehreren japanischen Großunternehmen zusammenzuarbeiten. Dabei erreichte er einen fundamentalen Wandel in Wert und Qualität ihrer Konsumgüter. Erst als sich nach 1970 die von der japanischen Industrie ausgehende Bedrohung für die US-Industrie immer deutlicher abzeichnete, wurde Juran auch im Westen ernst genommen. Er kam zurück, um für die amerikanischen Unternehmen das gleiche zu tun wie für die Japaner. Herzstück dieser weltweiten Qualitätsrevolution war das 80/20-Prinzip.

1960-1990: Fortschritt durch das 80/20-Prinzip

IBM war eines der ersten und erfolgreichsten Unternehmen, die sich das 80/20-Prinzip zunutze machten. Dies erklärt auch, warum die meisten der in den sechziger und siebziger Jahren ausgebildeten Computerspezialisten mit dieser Idee vertraut sind.

1963 entdeckte IBM, daß rund 80 Prozent der Arbeitszeit eines Computers für die Ausführung von 20 Prozent des Befehlscodes verwendet wurde. Das Unternehmen schrieb sofort seine Betriebssoftware um, um die am häufigsten benutzten 20 Prozent möglichst zugänglich und anwenderfreundlich zu gestalten. Dieser Schritt führte dazu, daß die IBM-Computer bei den meisten Anwendungen effizienter und schneller arbeiteten als die Produkte der Konkurrenz.

In der nächsten Generation entwickelten Firmen wic Apple, Lotus und Microsoft den Personalcomputer und die zugehörige Software. Dabei setzten sie das 80/20-Prinzip mit noch größerem Enthusiasmus ein, um preiswertere und benutzerfreundlichere Geräte für eine neue Gruppe von Kunden herzustellen, zu denen auch die mittlerweile berühmten »Ahnungslosen« zählten, die früher einen weiten Bogen um jeden Computer gemacht hatten.

Alles für den Gewinner

Ein Jahrhundert nach Pareto äußern sich die Auswirkungen des 80/20-Prinzips in der Kontroverse über die astronomischen, noch ständig weiter steigenden Einkommen von Superstars und einigen wenigen Leuten an der Spitze einer wachsenden Zahl von Berufen. Der Regisseur Steven Spielberg verdiente 1994 165 Millionen Dollar. Joseph Jamial, der bestbezahlte Rechtsanwalt, bezog im gleichen Jahr 90 Millionen Dollar. Andere Regisseure und Anwälte, die »nur« kompetent sind, verdienen dagegen lediglich einen Bruchteil dieser Summen.

Das 20. Jahrhundert hat enorme Anstrengungen zur Angleichung der Einkommen erlebt, aber sobald die Ungleichheit in einem Bereich beseitigt ist, taucht sie an anderer Stelle wieder auf. In den USA stiegen die durchschnittlichen Realeinkommen von 1973 bis 1995 um 36 Prozent, aber die Vergleichszahl für die Arbeiter an der Basis fiel um 14 Prozent. In den achtziger Jahren gingen alle Zuwächse an die oberen 20 Prozent der Verdiener, und unglaubliche 64 Prozent des Gesamtwachstums entfielen auf die obersten 1 Prozent. Auch der Aktienbesitz in den USA konzentriert sich auf eine kleine Minderheit: 5 Prozent der US-Haushalte besitzen rund 75 Prozent der Aktien des Haushaltssektors. Ganz ähnlich läßt sich die Rolle des Dollars bewerten: Nahezu 50 Prozent des Welthandels werden in Dollar abgerechnet, eine Zahl, die weit über dem 13prozentigen Anteil Amerikas am Weltexport liegt. Und während das Dollarkontingent an Devisenreserven 64 Prozent beträgt, macht der Anteil des US-BIP an der weltweiten Produktionsleistung nur knapp über 20 Prozent aus. Das 80/20-Prinzip wird sich immer wieder durchsetzen, wenn nicht konsequent nachhaltige Anstrengungen zu seiner Überwindung unternommen werden.

Die Bedeutung des 80/20-Prinzips

Der Grund für die enorme Bedeutung des 80/20-Prinzips liegt darin, daß es der Intuition zuwiderläuft. Wir tendieren zu der Erwartung, daß alle Ursachen ungefähr die gleiche Relevanz besitzen; daß alle Kunden gleich wertvoll sind; daß jeder Teil des Geschäfts, jedes Produkt und jede Mark des Umsatzerlöses gleich wichtig ist; daß alle Mitarbeiter einer bestimmten Kategorie ungefähr gleichwertig sind; daß jeder Tag, jede Woche oder jedes Jahr für uns das gleiche Gewicht hat; daß all unsere Freunde annähernd gleich wertvoll für uns sind; daß alle Anfragen oder Telefonanrufe gleich behandelt werden sollten; daß eine Universität so gut ist wie die andere; daß alle Probleme eine große Zahl von Ursachen haben und daß es sich deshalb nicht lohnt, zu versuchen, einige Hauptgründe herauszuarbeiten; daß alle Chancen in etwa gleich wertvoll sind, so daß es egal ist, welche wir ergreifen.

Wir neigen zu der Annahme, daß 50 Prozent der Ursachen oder des Aufwands zu 50 Prozent der Wirkungen oder des Ertrags führen. Es scheint eine natürliche, fast demokratische Erwartung vorzuherrschen, daß zwischen Ursachen und Wirkungen in der Regel ein ausgewogenes Verhältnis besteht. Und manchmal trifft dies natürlich auch zu. Aber dieser »50/50-Irrglaube« ist eine unserer unpräzisesten und schädlichsten, aber auch am tiefsten verwurzelten mentalen Prägungen. Das 80/20-Prinzip verweist darauf, daß sich bei der Untersuchung und Analyse von zwei Datensätzen, die sich auf Ursachen und Wirkungen beziehen, mit höchster Wahrscheinlichkeit eine unausgewogene Verteilung zeigen wird. Das Verhältnis kann 65/35 betragen, 70/30, 75/25, 80/20, 95/5, 99,9/0,1 oder jedes andere Zahlenpaar dazwischen. Zu beachten ist dabei jedoch auch, daß die beiden Zahlen in dem Vergleich nicht zusammen 100 ergeben müssen (siehe S. 34).

Das 80/20-Prinzip besagt auch, daß wir sehr wahrscheinlich überrascht sein werden über die Unausgewogenheit des Verhältnisses, sobald wir es unzweideutig erkannt haben. Wie der Grad der Unausgewogenheit auch aussehen mag, er wird aller Wahrscheinlichkeit nach unsere Schätzungen übertreffen. Manager vermuten wahrscheinlich, daß einige Kunden oder Produkte gewinnträchtiger sind als andere, aber wenn die Höhe der Differenz nachgewiesen wird, werden sie sicher mit Überraschung oder Verblüffung reagieren. Lehrer wissen bestimmt, daß die meisten disziplinarischen Probleme und unerlaubten Fehlzeiten von einer kleinen Zahl von Schülern verursacht werden, aber wenn die Aufzeichnungen analysiert werden, wird das Ausmaß der Unausgewogenheit wahrscheinlich ihre Erwartungen übertreffen. Wir spüren vielleicht, daß ein Teil unserer Zeit wertvoller ist als der Rest, aber wenn wir Aufwand und Ertrag genau durchgehen, kann uns die Ungleichmäßigkeit ziemlich aus der Fassung bringen.

Aber weshalb sollten Sie sich für das 80/20-Prinzip interessieren? Ob Sie es erkennen oder nicht, dieses Prinzip ist auch in Ihrem Leben, in Ihrem sozialen Umfeld und an Ihrem Arbeitsplatz wirksam. Ein Verständnis des 80/20-Prinzips ermöglicht Ihnen einen guten Einblick in die tatsächlichen Ereignisse Ihrer Umwelt.

Die vordringliche Botschaft dieses Buches liegt darin, daß sich unser Alltagsleben mit Hilfe des 80/20-Prinzips deutlich verbessern läßt. Jeder kann mehr erreichen und zufriedener sein. Jedes gewinnorientierte Unternehmen kann seine Gewinne steigern. Jede gemeinnützige Organisation kann wirksamere Dienste anbieten. Jede Verwaltung kann dafür sorgen, daß die Bürger mehr von ihrer Existenz profitieren. Jede Person und jede Institution kann mit weniger Aufwand und Anstrengung sowie niedrigeren Kosten und Investitionen mehr Nützliches und Wertvolles erreichen und gleichzeitig Dinge vermeiden, die eine Wertvernichtung darstellen.

Kernstück dieses Fortschritts ist ein Substituierungsprozeß. Ressourcen, die in keinem Bereich besondere Wirkung erzielen, werden nicht oder nur sparsam eingesetzt. Ressourcen mit hohem Wirkungsgrad werden so viel wie möglich verwendet. Jede Ressource wird im Idealfall dort eingesetzt, wo sie den größten Nutzen erbringt. Leistungsschwache Ressourcen werden, sofern dies möglich ist, weiterentwickelt, damit sie dem Vorbild der leistungsstarken Ressourcen folgen können.

Wirtschaft und Märkte folgen diesem Prozeß seit Hunderten von Jahren, und mit großem Erfolg. Der französische Ökonom J.B. Say prägte um 1800 den Begriff Unternehmer (»Entrepreneur«) und definierte ihn folgendermaßen: »Der Unternehmer verlagert wirtschaftliche Ressourcen aus einem Bereich niedriger Produktivität in einen Bereich höherer Produktivität und Ertragskraft.« Doch aus dem 80/20-Prinzip läßt sich auch der faszinierende Schluß ziehen, daß Unternehmen und Märkte immer noch weit von optimalen Lösungen entfernt sind. Folgt man dem 80/20-Prinzip, so sind 80 Prozent der Gewinne im Grunde auf nur 20 Prozent der Produkte, Kunden oder Mitarbeiter zurückzuführen. Wenn dies zutrifft – und detaillierte Untersuchungen fördern meistens eine unausgewogene Verteilung dieser Art zutage –, dann kann von einer effizienten oder gar optimalen Nutzung der Ressourcen keine Rede sein. Im Umkehrschluß bedeutet dies nämlich, daß 80 Prozent der Produkte, Kunden oder Mitarbeiter nur 20 Prozent der Gewinne beisteuern; daß Energie verschwendet und Chancen verpaßt werden; daß die wirksamsten Ressourcen des Unternehmens von der Mehrheit der viel weniger effektiven Ressourcen behindert werden; daß sich die Gewinne um ein Vielfaches steigern ließen, wenn mehr von den besten Produkten verkauft, mehr gute Mitarbeiter eingestellt oder mehr von den besten Kunden angelockt (oder zum erneuten Einkauf bewegt) werden könnten.

In dieser Situation könnte man sich durchaus die Frage stellen: Wieso sollen wir die 80 Prozent der Produkte, mit denen wir nur 20 Prozent der Gewinne erzielen, überhaupt noch herstellen? Unternehmen setzen sich nur selten mit solchen Fragen auseinander, vielleicht, weil die Antwort äußerst radikale Maßnahmen erfordern würde: Die Einstellung von vier Fünfteln der Unternehmenstätigkeit ist sicherlich mehr als nur ein kleiner Eingriff.

Was J.B. Say die Arbeit des Unternehmers nannte, wird von modernen Finanziers als Arbitrage bezeichnet. Bewertungsabweichungen, etwa zwischen Wechselkursen, werden von den internationalen Finanzmärkten umgehend korrigiert. Wirtschaftsunternehmen und Einzelpersonen tun sich hingegen meist viel schwerer mit dieser Denkweise, die darauf dringt, schwache Ressourcen in Bereiche zu verlagern, in denen sie größere Wirkung entfalten, und geringwertige Ressourcen durch hochwertige zu ersetzen. Meistens erkennen wir überhaupt nicht, wie überlegen manche Ressourcen in ihrer Produktivität sind – die »wenigen Wesentlichen«, wie Joseph Juran sie nannte – während die Mehrheit – die »vielen Unwesentlichen« – nur geringe Produktivität oder sogar einen negativen Wert aufweisen. Wenn wir den Unterschied zwischen den wenigen Wesentlichen und den vielen Unwesentlichen in allen Aspekten unseres Lebens erkennen und entsprechend handeln würden, könnten wir alles vermehren, was für uns einen Wert darstellt.

Das 80/20-Prinzip und die Chaostheorie

Der Wahrscheinlichkeitsrechnung können wir entnehmen, daß ein rein zufälliges Auftreten aller Anwendungen des 80/20-Prinzips praktisch unmöglich ist. Erklären können wir dieses Phänomen nur, wenn wir es auf eine tieferliegende Bedeutung oder Ursache zurückführen.

Schon Pareto rang um eine Lösung dieser Frage und versuchte, eine schlüssige Methode für die Erforschung der Gesellschaft zu finden. Er suchte nach »Theorien, die Tatsachen der Erfahrung und Beobachtung abbilden«, nach wiederkehrenden Mustern, gesellschaftlichen Gesetzen oder »Regelmäßigkeiten«, die das Verhalten einzelner oder der Gesellschaft erklären sollten.

Paretos Soziologie fand keinen überzeugenden Schlüssel. Er starb lange vor der Entstehung der Chaostheorie, die deutliche Parallelen zum 80/20-Prinzip aufweist und zu seiner Erklärung beiträgt.

Das letzte Drittel des 20. Jahrhunderts brachte eine Revolutionierung der wissenschaftlichen Betrachtungsweise des Universums und des Wissens, das 350 Jahre lang Gültigkeit besessen hatte. Bis dahin beruhte alles gültige Wissen auf einer technischen und rationalen Weltsicht, die ihrerseits einen großen Fortschritt gegenüber den mystischen und beliebigen Anschauungen des Mittelalters darstellt. Die technische Orientierung hatte Gott von einer irrationalen und unberechenbaren Kraft zu einem anwenderfreundlichen Uhrmacher und Ingenieur verwandelt.

Diese seit dem 17. Jahrhundert und auch heute noch – mit Ausnahme fortschrittlicher Wissenschaftskreise – vorherrschende Weltanschauung ist überaus tröstlich und nützlich. Alle Erscheinungen lassen sich auf regelmäßige, berechenbare und *lineare* Beziehungen reduzieren. So verursacht *a* zum Beispiel *b*, *b* verursacht *c*, und *a* + *c* verursachen *d*. Dank dieser Weltanschauung kann man jedes einzelne Teil des Universums – etwa die Funktion des menschlichen Herzens, aber auch eines einzelnen Wirtschaftsmarktes – gesondert analysieren, weil das Ganze der Summe der Teile entspricht und umgekehrt.

Doch in der zweiten Hälfte des 20. Jahrhunderts scheint es viel angemessener, die Welt als evolutionären Organismus zu betrachten, der als Gesamtsystem weit mehr als die Summe seiner Teile ist und zwischen dessen Teilen wiederum nichtlineare Beziehungen vorherrschen. Durch die komplexen Interdependenzen lassen sich die Ursachen kaum noch eindeutig feststellen, und der Unterschied zwischen Ursachen und Wirkungen ist unscharf. Der Haken am linearen Denken liegt darin, daß es nicht immer funktioniert, weil es eine zu starke Vereinfachung der Realität darstellt. Jedes Gleichgewicht ist illusorisch und flüchtig. Das Universum ist unbeständig.

Aber trotz ihres Namens behauptet die Chaostheorie nicht, daß das All ein heilloses und völlig unbegreifliches Durcheinander ist. Nein, der Unordnung liegt eine sich selbst organisierende Logik zugrunde, eine *berechenbare Nichtlinearität* – die der Ökonom Paul Krugman als »gespenstisch«, »unheimlich« und »beängstigend exakt« bezeichnet hat.[9] Diese Logik ist schwerer zu beschreiben, als wahrzunehmen. Sie weist eine gewisse Ähnlichkeit mit dem Wiedererscheinen eines Themas in einem Musikstück auf, bei dem sich bestimmte charakteristische Muster wiederholen, aber mit unendlicher und unberechenbarer Vielfalt.

Die Chaostheorie und das 80/20-Prinzip haben einige wichtige Gemeinsamkeiten

Was haben die Chaostheorie und verwandte wissenschaftliche Konzepte mit dem 80/20-Prinzip zu tun? Auch wenn anscheinend noch niemand anders einen Zusammenhang hergestellt hat, denke ich doch, daß die Antwort lautet: sehr viel.

Das Prinzip der Unausgewogenheit

Das verbindende Glied zwischen Chaostheorie und 80/20-Prinzip ist die Frage der *Ausgewogenheit*, oder vielmehr der *Unausgewogenheit*. Sowohl die Chaostheorie als auch das 80/20-Prinzip behaupten (anhand zahlreicher empirischer Belege), daß das Universum unausgewogen ist. Beide Theorien gehen davon aus, daß die Welt nicht linear ist, daß Ursache und Wirkung nur selten auf gleichmäßige Weise miteinander in Beziehung stehen. Beide betonen außerdem den Aspekt der Selbstorganisation: Manche Kräfte sind immer stärker als andere und darum bemüht, sich mehr als den ihnen »zustehenden« Anteil an den Ressourcen zu sichern. Die Chaostheorie erklärt, weshalb und wie es zu dieser Unausgewogenheit kommt, indem sie eine Reihe von Phänomenen in ihrer zeitlichen Entwicklung zurückverfolgt.

Das Universum ist keine gerade Linie

Das 80/20-Prinzip beruht wie die Chaostheorie auf der Vorstellung der Nichtlinearität. Viele Ereignisse sind unbedeutend und können daher unberücksichtigt bleiben. Aber es gibt stets einige Kräfte, deren Einfluß weit über das hinausreicht, was ihre bloße Anzahl vermuten läßt. Diese Kräfte gilt es zu identifizieren und im Auge zu behalten. Wenn sie eine positive Wirkung haben, sollten wir sie vermehren. Wenn es sich um Kräfte handelt, deren Wirkung uns mißfällt, sollten wir sorgfältig darüber nachdenken, wie wir sie neutralisieren können. Das 80/20-Prinzip bietet einen wirkungsvollen Ansatz zur Überprüfung der Nichtlinearität in jedem denkbaren System. Wir müssen einfach nur fragen: Führen 20 Prozent der Ursachen zu 80 Prozent der Wirkungen? Stehen 80 Prozent eines Phänomens nur mit 20 Prozent eines verwandten Phänomens in Zusammenhang? Mit dieser nützlichen Methode kommt man aber nicht nur der Nichtlinearität auf die Spur, sondern kann auch die außergewöhnlich starken Wirkungskräfte identifizieren.

Rückkopplungsschleifen verzerren und stören die Ausgewogenheit

Das 80/20-Prinzip paßt auch zu den von der Chaostheorie identifizierten Rückkopplungsschleifen, durch die sich geringfügige Ausgangsbedingungen sehr stark multiplizieren und dann zu völlig unerwarteten Ergebnissen führen können, die sich aber dennoch im nachhinein erklären lassen. Ohne Rückkopplungsschleifen würde die natürliche Verteilung der Phänomene 50/50 betragen – Einflüsse einer bestimmten Häufigkeit würden entsprechende Resultate nach sich ziehen. Nur aufgrund positiver und negativer Rückkopplungsschleifen kann es dazu kommen, daß Ursachen nicht zu gleichmäßigen Wirkungen führen. Darüber hinaus scheint es auch so, daß wirkungsvolle positive Rückkopplungsschleifen nur eine kleine Minderheit von Ursachen beeinflussen. Dies erklärt, weshalb diese kleine Minderheit von Ursachen solch eine starke Wirkung erzielen kann.

Positive Rückkopplungsschleifen können wir in vielen Bereichen beobachten und dadurch begreifen, warum wir innerhalb von Bevölkerungsgruppen in der Regel eher 80/20-Verhältnisse als 50/50-Verhältnisse antreffen. Zum Beispiel werden die Reichen nicht nur (oder hauptsächlich) wegen überlegener Fähigkeiten reicher, sondern auch weil Reichtum neuen Reichtum erzeugt. Es ist so ähnlich wie bei einem Goldfischbassin. Auch wenn die Goldfische anfangs etwa gleich groß sind, werden die etwas Größeren schnell sehr viel größer, weil sie dank des zunächst nur geringfügigen Vorteils, einer stärkeren Antriebskraft und eines größeren Mauls unverhältnismäßig viel Nahrung fangen und fressen können.

Der Umschlagspunkt

Nah verwandt mit der Idee der Rückkopplungsschleifen ist das Konzept des Umschlagspunktes. Bis zu einem bestimmten Punkt kommt eine neue Kraft – sei es ein neues Produkt, eine Krankheit, eine neue Rockgruppe oder eine neue soziale Gewohnheit wie Jogging oder Inline-Skating – nur langsam voran. Trotz großer Anstrengungen sind die Ergebnisse kaum sichtbar, und viele Pioniere geben hier auf. Aber wenn die neue Kraft beharrlich weiterwirkt und eine bestimmte unsichtbare Linie überschreitet, kann schon eine kleine zusätzlich Anstrengung zu einem reichen Ertrag führen. Das Überschreiten dieser unsichtbaren Linie bezeichnet den Umschlagspunkt.

Das Konzept stammt aus der Epidemietheorie. Der Umschlagspunkt ist »der Punkt, an dem ein gewöhnliches und stabiles Phänomen – eine geringfügige Grippewelle – in eine öffentliche Gesundheitskrise umschlagen kann ...«[10] Der Grund hierfür liegt in der Zahl der Angesteckten, die wiederum andere anstecken können. Und da Epidemien einen nichtlinearen und völlig unerwarteten Verlauf zeigen, »können kleine Veränderungen – wie das Absenken der Zahl der Neuerkrankten von vierzigtausend auf dreißigtausend – große Wirkungen erzielen ... Alles hängt davon ab, wann und wie die Veränderungen vorgenommen werden«.[11]

Wer zuerst kommt, mahlt zuerst

Die Chaostheorie spricht von »sensibler Abhängigkeit von Ausgangsbedingungen«[12] – was zuerst geschieht, kann, auch wenn es sich um etwas scheinbar Belangloses handelt, eine unverhältnismäßige Wirkung nach sich ziehen. Auch dies steht in Einklang mit dem 80/20-Prinzip und trägt zu seiner Erklärung bei. Für sich genommen unterliegt das 80/20-Prinzip der Einschränkung, daß es immer nur eine Momentaufnahme der jetzigen Lage ist (oder genauer: was zum Zeitpunkt des Schnappschusses die Lage war). Hier hilft uns die Lehre von der sensiblen Abhängigkeit von Ausgangsbedingungen weiter. Ein kleiner Vorsprung zu Beginn kann später zu einem größeren Vorsprung oder gar einer beherrschenden Stellung führen, bis das Gleichgewicht gestört wird und eine andere kleine Kraft auf den Plan tritt, um einen unverhältnismäßigen Einfluß auszuüben.

Ein Unternehmen, das in der Frühphase eines Marktes ein um 10 Prozent besseres Produkt anbietet als seine Konkurrenten, kann dadurch vielleicht einen um 100 oder sogar 200 Prozent höheren Marktanteil erobern, auch wenn die anderen Wettbewerber später ein besseres Produkt entwickeln. Wenn sich in der Anfangszeit der Motorisierung 51 Prozent der Fahrer oder Länder für den Rechtsverkehr entscheiden, wird dies für nahezu 100 Prozent der Straßenbenutzer zur Norm werden. Wenn sich in der Frühzeit der Zifferblattuhr 51 Prozent der Uhren im »Uhrzeigersinn« bewegen statt dagegen, wird sich diese Übereinkunft durchsetzen, selbst wenn sich die Uhrzeiger genauso logisch auch nach links hätten bewegen können. Die Uhr der Florentiner Kathedrale zum Beispiel geht gegen den Uhrzeigersinn und zeigt 24 Stunden an.[13] Die Kathedrale wurde 1442 errichtet, aber schon bald darauf standardisierten die Behörden und Uhrmacher eine 12-Stunden-Uhr, deren Zeiger sich nach rechts bewegten, weil die meisten Uhren diese Eigenschaften aufwiesen. Wären jedoch 51 Prozent der Uhren nach dem Vorbild der Florentiner Kathedrale gebaut worden, würden wir die Uhrzeit heute von 24-Stunden-Zifferblättern mit rückwärts laufenden Zeigern ablesen.

Diese Bemerkungen zur sensiblen Abhängigkeit von Ausgangsbedingungen bedeuten keine präzise Illustration des 80/20-Prinzips. Die angeführten Beispiele *verändern sich mit der Zeit*, wohingegen das 80/20-Prinzip Ursachen *zu einem bestimmten Zeitpunkt statisch* aufschlüsselt. Aber es besteht ein entscheidender Zusammenhang zwischen beiden. Beide Phänomene zeigen, daß es keine Ausgewogenheit gibt. Im ersten Fall erkennen wir die inhärente Tendenz weg von einem 50/50-Verhältnis konkurrierender Phänomene. Dieses Verhältnis ist von Natur aus instabil und wird sich mit der Zeit einer 95/5-, 99/1- oder sogar 100/0-Aufteilung annähern. Gleichheit endet in Dominanz: Das ist eine der Botschaften der Chaostheorie. Die Botschaft des 80/20-Prinzips ist anders, ergänzt jedoch die erste. Wir erfahren, daß zu einem bestimmten Zeitpunkt der größere Teil eines Phänomens durch eine Minderheit der beteiligten Faktoren erklärbar ist oder verursacht wird. 80 Prozent der Wirkungen gehen auf 20 Prozent der Ursachen zurück. Einige wenige Dinge sind wichtig, die meisten sind es nicht.

Ein kurzer Leitfaden zum Buch

Kapitel 2 erläutert die Umsetzung des 80/20-Prinzips in die Praxis und die Unterscheidung zwischen 80/20-Analyse und 80/20-Denken, beides nützliche Methoden, die vom 80/20-Prinzip abgeleitet sind. Die 80/20-Analyse ist eine systematische und quantitative Methode zum Vergleich von Ursachen und Wirkungen. Das 80/20-Denken ist ein allgemeineres, weniger exaktes und eher intuitives Verfahren. Es umfaßt mentale Modelle und Gewohnheiten, die uns in die Lage versetzen, Hypothesen zu den wesentlichen Ursachen der wichtigen Dinge in unserem Leben aufzustellen, diese Ursachen zu identifizieren und unsere Position durch eine angemessene Neuordnung unserer Ressourcen deutlich zu verbessern.

Der zweite Teil bietet einen Überblick über die wirkungsvollsten Anwendungsformen des 80/20-Prinzips im Geschäftsleben. Diese Anwendungsformen sind bewährt und haben ihren immensen Wert bewiesen, werden aber erstaunlicherweise von den allermeisten Geschäftsleuten nicht genutzt. Mein Überblick enthält wenig wirklich Neues, aber alle, die nach einer fühlbaren Verbesserung ihrer Gewinnsituation streben – ob in einem kleinen oder einem großen Unternehmen –, sollten hier nützliche Hinweise finden, die in dieser Form zum ersten Mal in einem Buch zusammengestellt sind.

Der dritte Teil zeigt, daß Sie sich mit Hilfe des 80/20-Prinzips sowohl bei Ihrer Arbeit als auch in Ihrem Privatleben besser entfalten können. Es ist der Versuch, das 80/20-Prinzip auf eine völlig neue Thematik anzuwenden. Ich bin mir zwar sicher, daß der Versuch in vieler Hinsicht unzulänglich und unvollständig ist, aber er führt doch zu einigen überraschenden Einsichten. Zum Beispiel entstehen 80 Prozent des Glücks oder der Leistungen eines typischen Menschen in einem kurzen Abschnitt seines Lebens. Diese Spitzenphasen, die von großem persönlichen Wert sind, könnten meistens noch stark ausgedehnt werden. Üblicherweise herrscht die Auffassung, unsere Zeit sei knapp. Meine Anwendung des 80/20-Prinzips deutet auf das Gegenteil: Zeit ist im Überfluß vorhanden, wenn wir sie nicht sinnlos vergeuden.

Das 80/20-Prinzip bringt gute Nachrichten

Ich möchte diese Einleitung nicht mit einem verfahrenstechnischen, sondern mit einem persönlichen Wort beschließen. Ich glaube, daß das 80/20-Prinzip zu großen Hoffnungen Anlaß gibt. Natürlich verdeutlicht es einen Sachverhalt, der ohnehin auf der Hand liegt: daß allenthalben ein drastisches Ausmaß an Verschwendung vorherrscht, in der Funktionsweise der Natur, im Geschäftsleben, in der Gesellschaft und auch in unserem Privatleben. Wenn eine Verteilung von 80 Prozent der Wirkungen als Folge von 20 Prozent der Ursachen typisch ist, muß man es zwangsläufig auch akzeptieren, daß 80 Prozent, also die überwiegende Mehrheit der Anstrengungen, nur eine geringe Wirkung von 20 Prozent erzielen.

Paradoxerweise können wir in dieser Verschwendung eine wunderbare Nachricht erkennen, wenn wir das 80/20-Prinzip auf kreative Weise einsetzen: wenn wir es nicht nur dazu benutzen, geringe Produktivität aufzudecken und zu kritisieren, sondern vor allem mit positivem Handeln darauf reagieren. Es gibt enormen Verbesserungsspielraum, wenn wir sowohl unser Umfeld als auch unser Leben neu ordnen und in neue Bahnen leiten. Der Versuch zur Verbesserung, die Weigerung, den Status quo zu akzeptieren, ist der Weg für jeden Fortschritt, sei er evolutionär, wissenschaftlich, gesellschaftlich oder persönlich. George Bernard Shaw hat es treffend ausgedrückt:

> Der vernünftige Mensch paßt sich an die Welt an. Der Unvernünftige versucht beharrlich, die Welt an sich anzupassen. Daher hängt jeglicher Fortschritt von den Unvernünftigen ab.[14]

Das 80/20-Prinzip bedeutet, daß der Ertrag nicht nur gesteigert, sondern vervielfacht werden kann, wenn es uns gelingt, die wenig produktiven Anstrengungen an das Niveau der hochproduktiven Anstrengungen heranzuführen. Erfolgreiche Experimente mit dem 80/20-Prinzip im Geschäftsumfeld erlauben den Schluß, daß dieser Sprung nach vorne mit Kreativität und Entschlossenheit in den meisten Fällen zu verwirklichen ist.

Zwei Wege führen dorthin. Zum einen kann man Ressourcen

von unproduktiven Bereichen abziehen und sie für produktive Zwecke nutzen. Dies war schon immer das Geheimnis der Unternehmer aller Zeitalter. Für einen runden Haken findet man ein rundes Loch, für einen eckigen Haken ein eckiges Loch und für jede Form dazwischen das Passende. Die Erfahrung lehrt, daß es für jede Ressource einen idealen Anwendungsbereich gibt, in dem sie zehn oder hundert Mal mehr leisten kann als in allen anderen Bereichen.

Der zweite Weg des Fortschritts – die Methode der Wissenschaftler, Ärzte, Prediger, Computerentwickler, Erzieher und Trainer – liegt in der Suche nach Möglichkeiten, die Effektivität unproduktiver Ressourcen in ihren existierenden Anwendungen zu steigern – damit sich die schwächeren Ressourcen verhalten wie ihre produktiveren Verwandten, was durch Nachahmung und, falls nötig, durch mechanisches Auswendiglernen geschehen kann.

Die wenigen Dinge, die hervorragend funktionieren, sollten identifiziert, gefördert, gepflegt und vermehrt werden. Gleichzeitig sollte die Verschwendung – die Mehrheit der Dinge, die sich im Vergleich als wenig wertvoll erweisen – abgestellt oder zumindest drastisch eingeschränkt werden.

Beim Schreiben dieses Buches sind mir Tausende von Beispielen für das 80/20-Prinzip begegnet, die mich in meinem Glauben bestärkt haben: dem Glauben an den Fortschritt, an große Entwicklungssprünge und an die Fähigkeit der Menschheit, einzeln und zusammen die von der Natur verteilten Karten neu zu mischen. Joseph Ford sieht es ganz ähnlich:

> Gott würfelt mit dem Universum. Doch sind die Würfel präpariert. Und das Hauptziel ... ist heute, herauszufinden, nach welchen Regeln sie präpariert worden sind und wie wir sie für unsere eigenen Zwecke benutzen können.[15]

Und genau dabei kann uns das 80/20-Prinzip helfen.

2
80/20 denken

In Kapitel 1 wurde das Konzept erklärt, auf dem das 80/20-Prinzip beruht. Dieses Kapitel befaßt sich damit, wie das 80/20-Prinzip in der Praxis funktioniert und was es für den einzelnen leisten kann. Zwei Anwendungsformen des Prinzips, die 80/20-Analyse und das 80/20-Denken, bieten eine praktische Philosophie, mit der Sie Ihr Leben besser verstehen und in den Griff bekommen können.

Definition des 80/20-Prinzips

Das 80/20-Prinzip besagt, daß das Verhältnis zwischen Ursachen und Wirkungen, Aufwand und Ertrag, Anstrengung und Ergebnis von einer inhärenten Unausgewogenheit bestimmt ist. Normalerweise fallen Aufwand oder Ursachen in zwei Kategorien:

- die Mehrheit, die keinen großen Einfluß ausübt;
- eine kleine Minderheit, die den entscheidenden, beherrschenden Einfluß ausübt.

Im Normalfall gehen Wirkungen, Ertrag oder Ergebnisse auf einen kleinen Teil der Ursachen, des Aufwands oder der Anstrengungen zurück, die auf die erhofften Effekte gezielt hatten.

Das Verhältnis zwischen Ursachen, Aufwand oder Anstrengungen einerseits und Wirkungen, Ertrag oder Ergebnissen andererseits ist daher in der Regel unausgewogen.

Das 80/20-Verhältnis stellt einen guten Richtwert für die arithmetische Berechnung dieser Unausgewogenheit dar: 80 Prozent der Wirkungen, des Ertrags oder der Ergebnisse lassen sich auf nur 20 Prozent der Ursachen, des Aufwands oder der Anstrengungen zurückführen. Zum Beispiel entfallen rund 80 Prozent des weltweiten Energieverbrauchs auf 15 Prozent der Weltbevölkerung.[1] 80 Prozent des Weltvermögens befindet sich im Besitz von 25 Prozent der Weltbevölkerung.[2] Und im Gesundheitswesen verbrauchen 20 Prozent der Bevölkerungsbasis und/oder 20 Prozent ihrer Krankheitsfaktoren 80 Prozent der Ressourcen.[3]

Die Abbildungen 2 und 3 verdeutlichen dieses 80/20-Verteilungsmuster. Nehmen wir an, ein Unternehmen hat 100 Produkte und findet heraus, daß 80 Prozent seiner Gewinne durch die 20 rentabelsten Produkte erzielt werden. Die linke Säule in Abbildung 2 repräsentiert die hundert Produkte, von denen also jedes ein Hundertstel des Platzes einnimmt.

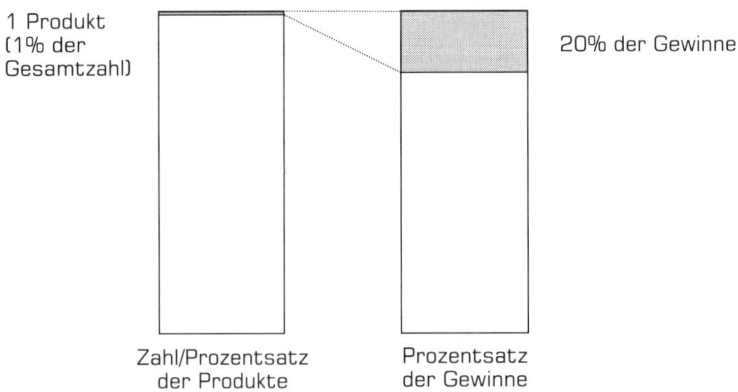

Abbildung 2

Die rechte Säule stellt den Gesamtgewinn dar, der mit den 100 Produkten erzielt wird. Jetzt werden die Gewinne des rentabelsten Produkts von oben nach unten in die rechte Säule »eingefüllt«. Gehen wir davon aus, daß dieses Produkt für 20 Prozent des Gesamtgewinns steht. Abbildung 2 zeigt somit, daß ein Produkt, das heißt 1 Prozent aller Produkte, das ein Hundertstel des Platzes in der linken Säule einnimmt, 20 Prozent der Gewinne erzielt. Dieser Zusammenhang wird durch die dunklen Felder veranschaulicht.

Wenn wir in der Reihenfolge ihrer Rentabilität weitere Produkte hinzunehmen, bis wir die zwanzig gewinnträchtigsten Produkte haben, können wir je nach dem auf diese Produkte entfallenden Anteil am Gesamtgewinn die rechte Säule weiter auffüllen. Ausgehend von unserem fiktiven Beispiel erkennen wir in Abbildung 3 wiederum an den dunklen Feldern, daß diese 20 Produkte – 20 Prozent der Gesamtzahl von Produkten – 80 Prozent des Gesamtgewinns auf sich vereinigen. Die weißen Felder repräsentieren die Kehrseite dieses Verhältnisses: Mit 80 Prozent der Produkte werden zusammen lediglich 20 Prozent der Gewinne erzielt.

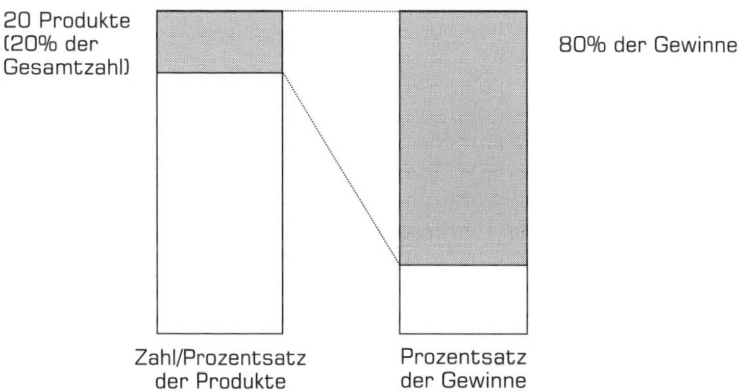

Abbildung 3: Eine typische 80/20-Verteilung

Das 80/20-Verhältnis stellt nur einen Richtwert dar. In Wirklichkeit kann die Verteilung mehr oder weniger ausgewogen als 80/20 sein. Das 80/20-Prinzip besagt jedoch, daß eine Verteilung von annähernd 80/20 in den meisten Fällen weit wahrscheinlicher ist als 50/

50. Wenn alle Produkte in unserem Beispiel einen Gewinn in gleicher Höhe erzeugen würden, dann läge ein Verhältnis vor, wie es in Abbildung 4 gezeigt wird.

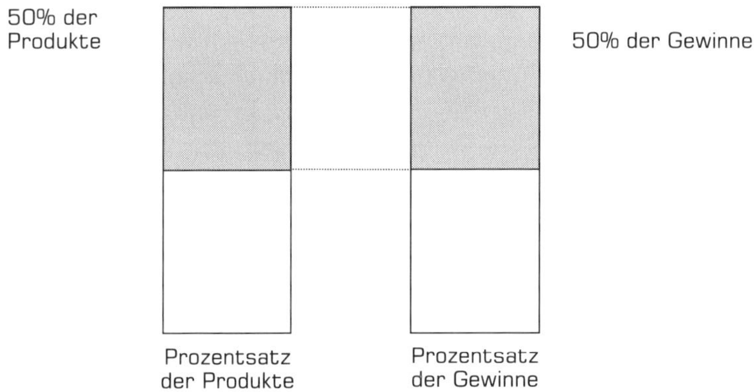

Abbildung 4: Eine ungewöhnliche 50/50-Verteilung

Wesentlich, wenn auch vielleicht erstaunlich, ist jedoch die Erkenntnis, daß sich bei einschlägigen Untersuchungen nicht Abbildung 4, sondern Abbildung 3 als typisches Verteilungsmuster erweist. Fast immer entfällt ein unverhältnismäßig hoher Gewinnanteil auf eine kleine Minderheit der Produkte.

Natürlich muß das genaue Verhältnis nicht 80/20 betragen. 80/20 ist sowohl eine griffige Metapher als auch eine nützliche Hypothese, aber keineswegs das einzig mögliche Verteilungsmuster. Manchmal stammen 80 Prozent der Gewinne von 30 Prozent der Produkte. Und manchmal werden 80 Prozent der Gewinne mit 15 Prozent oder gar nur 10 Prozent der Produkte erzielt. Die Zahlen müssen zusammen nicht 100 ergeben, aber der Zusammenhang ist in der Regel unausgewogen und ähnelt viel mehr der Abbildung 3 als der Abbildung 4.

Vielleicht ist es ein wenig unglücklich, daß die Zahlen 80 und 20 zusammen 100 ergeben. Das Resultat wirkt elegant (wie es auch bei einem Verhältnis von 50/50, 70/30, 99/1 und so weiter der Fall wäre) und sicherlich auch einprägsam. Aber das kann auch zu dem Mißverständnis führen, daß es sich hier nur um einen Datensatz von 100 Prozent handelt. Das stimmt jedoch nicht. Wenn 80 Prozent der Menschen Rechtshänder und 20 Prozent Linkshänder sind, dann hat das nichts mit dem 80/20-Prinzip zu tun. Eine Anwendung des 80/20-Prinzips setzt zwei Datensätze von jeweils 100 Prozent voraus, von denen einer die veränderliche Quantität mißt, die Menschen oder Dinge im anderen besitzen, zeigen oder verursachen.

Was das 80/20-Prinzip für den einzelnen leistet

Für jeden Menschen aus meiner Bekanntschaft, der das 80/20-Prinzip ernst genommen hat, haben sich daraus nützliche und mitunter sogar das Leben verändernde Erkenntnisse ergeben. Sie müssen sich die für Sie hilfreichen Anwendungsformen des Prinzips selbst erarbeiten; Sie werden darauf stoßen, wenn Sie kreative Überlegungen anstellen. Der dritte Teil (Kapitel 9 bis 15) wird Sie auf diesem Weg geleiten, doch zunächst möchte ich einige erhellende Erfahrungen aus meinem Leben ansprechen.

Wie mir das 80/20-Prinzip geholfen hat

Als junger Student in Oxford sagte mir mein Tutor, ich solle keine Vorlesungen besuchen. »Bücherlesen geht viel schneller«, erklärte er mir. »Aber lies nie ein Buch von vorne bis hinten, außer wenn es dir Spaß macht. Du kannst viel schneller herausfinden, was in einem Buch steht: Dazu liest du erst den Schluß, dann die Einleitung, dann nochmal den Schluß, und dann blätterst du kurz durch, um interessante Stellen zu finden.« Eigentlich gab er mir damit zu verstehen, daß man 80 Prozent der Aussagen eines Buches auf höchstens 20 Prozent seiner Seiten finden kann, und dies in 20 Prozent der Zeit, die man für die gesamte Lektüre benötigen würde.

Ich machte mir diese Lernmethode zu eigen und dehnte sie auf andere Bereiche aus. In Oxford gibt es keine kontinuierliche Leistungsbeurteilung, und die Qualität des akademischen Grades, den man letztlich erhält, hängt ausschließlich von den Abschlußprüfungen ab. Durch die Analyse vergangener Prüfungsunterlagen entdeckte ich, daß mindestens 80 Prozent (und manchmal sogar 100 Prozent) einer Prüfung mit Wissen über höchstens 20 Prozent der Prüfungsthemen ausgezeichnet gestaltet werden konnten. Die Prüfer ließen sich von einem Studenten, der über relativ wenig sehr viel wußte, weit mehr beeindrucken als durch einen anderen, der über Vieles leidlich Bescheid wußte. Diese Einsicht ermöglichte mir ein überaus effizientes Studium. Ohne mich zu überanstrengen, beendete ich mein Studium mit einem First-Class-Grad. Früher erklärte ich mir dies mit der Leichtgläubigkeit der Oxford-Professoren. Heute glaube ich eher, vielleicht nicht ganz zu Recht, daß sie uns zeigen wollten, wie es in der Welt zugeht.

Nach dem Studium fand ich Arbeit bei Shell und versah meinen Dienst in einer grauenvollen Ölraffinerie. Das war zwar vielleicht gut für mein Seelenheil, aber ich merkte sehr schnell, daß die bestbezahlten Jobs für junge und unerfahrene Leute wie mich in der Unternehmensberatung zu finden waren. Also ging ich nach Philadelphia und absolvierte ohne große Mühen ein MBA-Studium in Wharton. (Die Freuden der sogenannten Lernerfahrung einer Grundausbildung in Harvard ließ ich links liegen.) Ich trat eine Stelle bei einer führenden US-Unternehmensberatung an, die mir am ersten Tag viermal soviel zahlte wie Shell zum Zeitpunkt meiner Kündigung. Zweifellos waren 80 Prozent der Verdienstmöglichkeiten für Menschen meines zarten Alters in 20 Prozent der Jobs konzentriert.

Da zu viele meiner neuen Kollegen bei der Unternehmensberatung klüger waren als ich, wechselte ich zu einer anderen »Strategieboutique«. Ich hatte mich für meinen neuen Arbeitgeber entschieden, weil er ein schnelleres Wachstum, aber viel weniger kluge Köpfe aufwies als meine alte Firma.

Für wen man arbeitet, ist viel wichtiger, als was man macht

An meinem neuen Arbeitsplatz stieß ich auf einige paradoxe Erscheinungen des 80/20-Prinzips. 80 Prozent des Wachstums in der Beratungsbranche – die damals wie heute ein atemberaubendes Entwicklungstempo vorlegte – sicherten sich Unternehmen, die damals zusammen weniger als 20 Prozent der Branchenexperten beschäftigten. Auch 80 Prozent der schnellen Aufstiegschancen boten sich nur in einer Handvoll dieser Firmen. Und Talent spielte dabei eine wirklich untergeordnete Rolle. Als ich die erste Unternehmensberatung verließ und in die zweite eintrat, stieg in beiden der Durchschnitts-IQ.

Doch das Erstaunliche war, daß meine neuen Kollegen effektiver waren als meine alten. Warum? Sie arbeiteten nicht mehr. Aber sie folgten in zweierlei Hinsicht dem 80/20-Prinzip. Erstens erkannten sie, daß die meisten Unternehmen 80 Prozent ihrer Gewinne durch 20 Prozent ihrer Kunden erzielen. In der Beratungsindustrie sind dies die großen und die langfristigen Klienten. Große Klienten vergeben Großaufträge, das heißt, man kann mehr kostengünstige jüngere Berater einsetzen. Langfristige Kundenbeziehungen stiften Vertrauen und treiben die Kosten eines Wechsels zu einer anderen Beratungsagentur in die Höhe. Und Langzeitkunden sind in der Regel nicht besonders preisempfindlich.

In den meisten Unternehmensberatungen entsteht die größte Begeisterung, wenn neue Auftraggeber gewonnen werden. Bei meiner neuen Firma waren die echten Helden diejenigen, die möglichst lange für die größten Kunden arbeiteten. Und das schafften sie, indem sie ihr Verhältnis zu den obersten Chefs dieser Kundenunternehmen kultivierten.

Die zweite Erkenntnis dieser Unternehmensberatung lag darin, daß bei jedem Kunden 80 Prozent der erreichbaren Resultate aus der Konzentration auf 20 Prozent der wichtigsten Einzelpunkte entstehen. Dabei handelte es sich nicht unbedingt um die aus Sicht eines neugierigen Beraters interessantesten Fragen. Aber während sich unsere Konkurrenten relativ oberflächlich mit einem weiten

Spektrum von Themen befaßten und es dann dem Kunden überließen, die ausgesprochenen Empfehlungen in Maßnahmen umzusetzen (oder nicht), rackerten wir uns mit den wichtigsten Einzelpunkten ab und leisteten so lange Überzeugungsarbeit, bis sich der Auftraggeber zum Handeln entschloß. Und oft schnellten daraufhin die Gewinne der Kunden in die Höhe – ebenso wie unsere Beratungsbudgets.

Machen Sie mit Ihrer Arbeit andere reich oder umgekehrt?

Ich gelangte bald zu der Überzeugung, daß sowohl für Berater als auch für Auftraggeber Aufwand und Ertrag allenfalls in lockerem Zusammenhang standen. Am richtigen Ort zu sein, war viel besser, als klug zu sein und hart zu arbeiten. Am besten fuhr man, wenn man sich nicht auf die Anstrengungen konzentrierte, sondern auf die Ergebnisse. Nicht Intelligenz und harte Arbeit brachten den Erfolg, sondern die Umsetzung einiger wesentlicher Erkenntnisse. Leider haben mich Schuldgefühle und der Gruppendruck meiner Kollegen viele Jahre davon abgehalten, diese Lektion wirklich zu befolgen. Ich arbeitete viel zu viel.

Zu dieser Zeit beschäftigte das Unternehmen mehrere hundert Berater und ungefähr dreißig Leute, die den Titel »Partner« trugen. Zu diesen gehörte auch ich. Aber 80 Prozent der Gewinne gingen an einen Mann, den Unternehmensgründer, obwohl er rein rechnerisch nur 4 Prozent der Gesellschafter und viel weniger als 1 Prozent des Beraterstabs ausmachte.

Statt weiterhin den Reichtum des Gründers zu mehren, machte ich mich mit zwei anderen Juniorpartnern selbständig, um mit einer eigenen Firma genau das gleiche zu tun. Auch wir entwickelten uns sehr rasch und beschäftigten schließlich Hunderte von Beratern. Und schon bald leisteten wir drei zwar in jeder Hinsicht weniger als 20 Prozent der wertvollen Arbeit, kamen aber in den Genuß von über 80 Prozent der Gewinne. Wiederum litt ich unter Gewissensbissen. Nach sechs Jahren stieg ich aus und verkaufte meinen

Anteil den anderen Gesellschaftern. Bis zu diesem Zeitpunkt hatten wir Jahr für Jahr unsere Umsatzerlöse und Gewinne verdoppelt, so daß ich für meinen Anteil einen guten Preis erzielte. Kurz darauf wurde die Beratungsindustrie von der Rezession im Jahre 1990 ereilt. Später werde ich Ihnen zwar empfehlen, Ihren Schuldgefühlen nicht nachzugeben, aber ich hatte Glück damit. Auch wenn man dem 80/20-Prinzip folgt, braucht man Glück, und in dieser Hinsicht kann ich mich wirklich nicht beklagen.

Das Einkommen durch Investition stellt das Arbeitseinkommen in den Schatten

20 Prozent des erhaltenen Geldes investierte ich in Aktien des Unternehmens Filofax. Die Anlageberater reagierten entsetzt. Damals besaß ich Aktien von ungefähr zwanzig börsennotierten Unternehmen, aber dieser eine Kapitalanteil – zahlenmäßig nur 5 Prozent meiner Aktien – machte rund 80 Prozent meines Gesamtportefeuilles aus. Glücklicherweise wuchs dieser Anteil noch weiter, als sich in den nächsten drei Jahren der Wert der Filofax-Aktien vervielfachte. Als ich 1995 einige der Aktien verkaufte, bekam ich nahezu den 18fachen Preis dessen, was ich für meine Anfangsbeteiligung bezahlt hatte.

Es folgten zwei weitere große Investitionen, eine in ein neugegründetes Restaurant namens Belgo und die andere in das Hotelunternehmen MSI, das zu dieser Zeit noch nicht einmal Hotels besaß. Zusammen machten die Kosten für diese drei Investitionen rund 20 Prozent meines Nettovermögens aus. Aber sie führten zu mehr als 80 Prozent meiner späteren Investitionsgewinne und machen inzwischen über 80 Prozent eines viel höheren Nettovermögens aus.

Kapitel 14 wird darlegen, daß 80 Prozent des Vermögenswachstums durch langfristige Aktienportefeuilles in den meisten Fällen auf weniger als 20 Prozent der Investitionen zurückzuführen sind. Daher kommt es besonders darauf an, sich diese 20 Prozent sorgfältig auszusuchen und den finanziellen Einsatz möglichst stark auf sie zu konzentrieren. Die gängige Lehrmeinung sagt, man solle nicht alles auf eine Karte setzen. Dagegen sagt die 80/20-Lehrmeinung, daß man seine Karte bedachtsam auswählen und sie dann mit Entschlossenheit ausspielen muß.

Anwendung des 80/20-Prinzips

Es gibt zwei Anwendungsmöglichkeiten des 80/20-Prinzips, die in Abbildung 5 dargestellt werden.

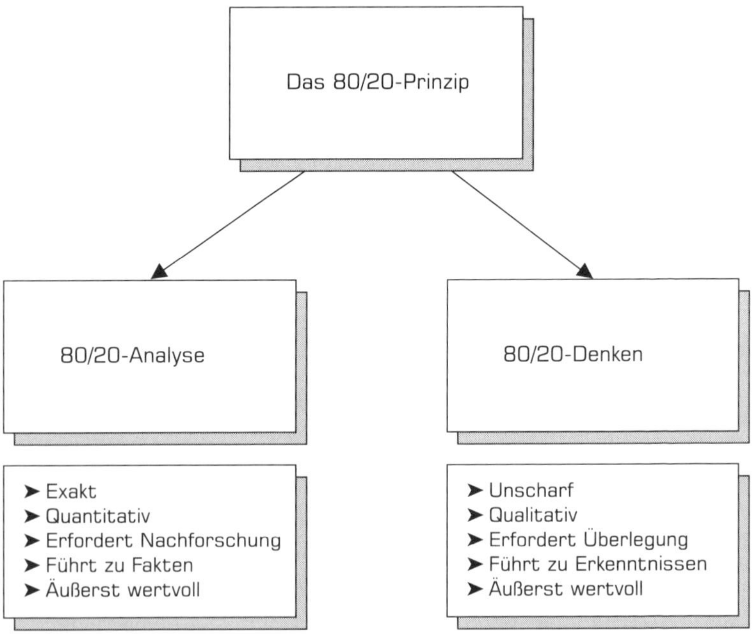

Abbildung 5: Zwei Anwendungsmöglichkeiten des 80/20-Prinzips

Traditionell erfordert das 80/20-Prinzip die quantitative Methode der 80/20-Analyse, um exakte Relationen zwischen Ursachen/Aufwand/Anstrengung und Wirkungen/Ertrag/Ergebnis festzustellen.

Diese Methode nutzt das 80/20-Verhältnis als Ausgangshypothese und trägt dann die Fakten zusammen, um das tatsächliche Verhältnis zu erfahren. Es handelt sich also um ein empirisches Verfahren, das zu jedem Resultat zwischen 50/50 und 99,9/0,1 führen kann. Wenn das Resultat eine deutliche Unausgewogenheit (zum Beispiel 65/35 oder noch ungleichmäßiger) zwischen Aufwand und Ertrag zeigt, dann ist dies in der Regel Anlaß zum Handeln.

Diese Anwendungsmöglichkeit wird durch eine andere ergänzt, die ich als 80/20-Denken bezeichne. 80/20-Denken verlangt gründliche Überlegungen zu allen für Sie wichtigen Fragen und fordert Sie zu einem Urteil darüber auf, ob das 80/20-Prinzip in dem betreffenden Bereich Gültigkeit besitzt. Ausgehend von dieser Einsicht können Sie Maßnahmen ergreifen. Hier müssen Sie keine Daten sammeln oder eine Hypothese überprüfen. Daher kann es durchaus sein, daß Sie durch 80/20-Denken in die Irre geleitet werden. Zum Beispiel ist es gefährlich, anzunehmen, daß man die entscheidenden 20 Prozent schon kennt, wenn man sich über ein Verteilungsverhältnis klar wird. Aber ich bin der Meinung, daß 80/20-Denken viel seltener zu Irrtümern führt als geläufige Denkweisen. 80/20-Denken ist viel zugänglicher und schneller als eine 80/20-Analyse. Auf letztere werden Sie vielleicht lieber zurückgreifen, wenn es sich um eine Frage von größter Wichtigkeit handelt oder wenn eine überzeugende Einschätzung kaum möglich scheint.

Wir werfen zunächst einen Blick auf die 80/20-Analyse und wenden uns anschließend dem 80/20-Denken zu.

80/20-Analyse

Die 80/20-Analyse untersucht die Beziehung zwischen zwei Gruppen vergleichbarer Daten. Ein Datensatz besteht immer aus einer Anzahl von Menschen oder Dingen, in der Regel hundert oder mehr, die sich in Prozentangaben ausdrücken läßt. Der andere Datensatz bezieht sich auf eine interessante Eigenschaft der Menschen oder Dinge, die gemessen und ebenfalls in Prozent ausgedrückt werden kann.

Position	Name	Zahl der getrunkenen Gläser	kumuliert
	Top-20-Biertrinker		
1	Charles H.	45	45
2	Richard J.	43	88
3	George K.	42	130
3	Fred P.	42	172
5	Arthur M.	41	213
6	Steve B.	40	253
7	Peter T.	39	292
8	Reg C.	37	329
9	George B.	36	365
9	Bomber J.	36	401
9	Fatty M.	36	437
12	Marian C.	33	470
13	Stewart M.	32	502
14	Cheryl W.	31	533
15	Kevin C.	30	563
15	Nick B.	30	593
15	Ricky M.	30	623
15	Nigel H.	30	653
19	Greg H.	26	679
20	Carol K.	21	700
	20 Biertrinker mit dem geringsten Konsum		
81	Rupert E.	3	973
81	Patrick W.	3	976
81	Anne B.	3	979
81	Jamie R.	3	982
85	Stephanie F.	2	984
85	Carli S.	2	986
87	Roberta F.	1	987
87	Pat B.	1	988
87	James P.	1	989
87	Charles W.	1	990
87	Jon T.	1	991
87	Edward W.	1	992
87	Margo L.	1	993
87	Rosabeth M.	1	994
87	Shirley W.	1	995
87	Greg P.	1	996
87	Gilly C.	1	997
87	Francis H.	1	998
87	David C.	1	999
87	Darleen B.	1	1000

Abbildung 6

Nehmen wir als Beispiel eine Gruppe von 100 Freunden, die zumindest gelegentlich Bier trinken, um zu vergleichen, wieviel Bier sie letzte Woche getrunken haben.

Bis zu diesem Punkt gehört dieser Analyseansatz zum gängigen Instrumentarium statistischer Methoden. Das besondere an der 80/20-Analyse liegt darin, daß sie die Meßergebnisse in der Reihenfolge abnehmender Wichtigkeit anordnet und Vergleiche zwischen Prozentzahlen der beiden Datensätze anstellt.

Zurück zu unserem Beispiel. Wir fragen also alle unsere Freunde, wie viele Gläser Bier sie letzte Woche getrunken haben und ordnen die Antworten in abnehmender Reihenfolge an. Abbildung 6 zeigt die oberen und die unteren 20 der Tabelle.

Anhand der 80/20-Analyse kann man Prozentzahlen der beiden Datensätze (die Freunde und die Menge des getrunkenen Biers) miteinander vergleichen. In diesem Fall stellen wir fest, daß 70 Prozent des Biers von nur 20 Prozent der Freunde getrunken wurde. Wir erhalten also ein 70/20-Verhältnis. Abbildung 7 zeigt in Diagrammform eine 80/20-Häufigkeitsverteilung, um die Daten visuell zusammenzufassen.

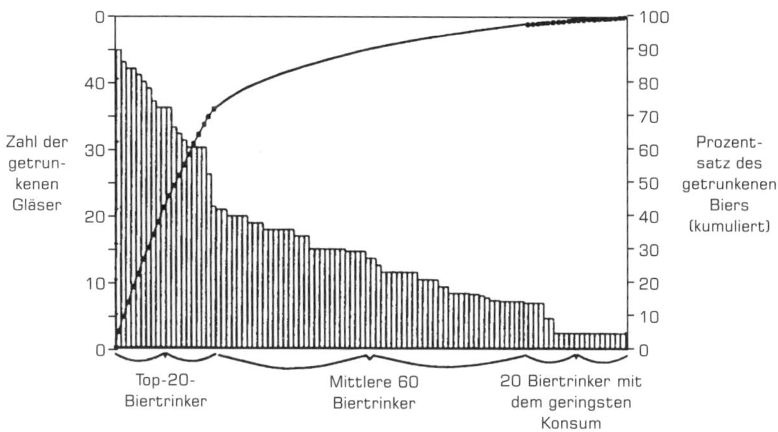

Abbildung 7: 80/20-Häufigkeitsverteilung von Biertrinkern in Diagrammform

Weshalb die Bezeichnung 80/20-Analyse?

Beim Vergleich dieser Verhältnisse wurde am häufigsten (wahrscheinlich schon in den fünfziger Jahren) die Beobachtung gemacht, daß 80 Prozent der gemessenen Quantität auf 20 Prozent der Menschen oder Dinge zurückgingen. 80/20 wurde so zur Kurzformel für diesen Typ eines unausgewogenen Verhältnisses, auch wenn das Resultat nicht exakt 80/20 lautete. (Statistisch ist eine exakte 80/20-Verteilung unwahrscheinlich.) Im Umgang mit diesem Verhältnis herrscht die Konvention, die *oberen* 20 Prozent der Ursachen anzuführen, nicht jedoch die unteren. 80/20-Analyse ist meine Bezeichnung für die bis heute gängige Anwendung des 80/20-Prinzips, das heißt, als quantitativer und empirischer Ansatz zur Erfassung möglicher Beziehungen zwischen Ursachen und Wirkungen.

Den Daten über unsere biertrinkenden Freunde ließe sich jedoch genausogut entnehmen, daß die unteren 20 Prozent nur 30 Gläser konsumiert haben, also 3 Prozent der Gesamtmenge. Es wäre also genauso legitim, von einem 3/20-Verhältnis zu sprechen, auch wenn dies nur selten geschieht, denn die Aufmerksamkeit gilt fast immer den Vielverbrauchern oder den Ursachen mit großer Wirkung. Wenn eine Brauerei eine verkaufsfördernde Aktion durchführt oder herausfinden will, was die Biertrinker von ihrer Angebotspalette halten, ist es natürlich am sinnvollsten, sich an die oberen 20 Prozent zu halten.

Wir können auch danach fragen, welcher Prozentsatz unserer Freunde zusammen für 80 Prozent des Bierkonsums verantwortlich ist. In diesem Fall zeigt der Blick auf den (in der Abbildung nicht dargestellten) mittleren Teil der Tabelle, daß Mike G., der 28ste in der Rangfolge der Biertrinker, die kumulative Gesamtmenge auf 800 Gläser steigert. Es ergibt sich daher ein Verhältnis von 80/28: 80 Prozent des Biers wurde von 28 Prozent unserer Freunde getrunken.

Unser Beispiel macht deutlich, daß eine 80/20-Analyse zu ganz unterschiedlichen Ergebnissen führen kann. Einzelergebnisse sind allerdings interessanter und auch potentiell nützlicher, wenn eine Unausgewogenheit vorliegt. Hätten wir zum Beispiel festgestellt, daß all unsere Freunde jeweils exakt acht Glas Bier getrunken haben, bestünde für die Brauerei kein Interesse, unsere Gruppe für eine verkaufsfördernde Aktion oder eine Untersuchung einzusetzen. In diesem Fall läge ein 20/20-Verhältnis (20 Prozent des Biers wurde von den »oberen« 20 Prozent unserer Freunde getrunken) oder ein 80/80-Verhältnis vor (80 Prozent des Biers wurde von 80 Prozent unserer Freunde getrunken.)

80/20-Verhältnisse lassen sich am besten mit Säulendiagrammen darstellen

Eine 80/20-Analyse läßt sich graphisch am besten mit zwei Säulen darstellen, was man an unserem Beispiel sehr gut erkennen kann. (Die Abbildungen 2 bis 4 sind Säulendiagramme.) Die erste Säule in Abbildung 8 enthält unsere 100 biertrinkenden Freunde, die jeweils 1 Prozent des Platzes einnehmen und von oben nach unten in der Reihenfolge ihres Bierkonsums angeordnet sind: oben der Trinkfreudigste und unten die mit dem wenigsten Durst. Die zweite Säule zeigt die Gesamtmenge des von unseren Freunden getrunkenen

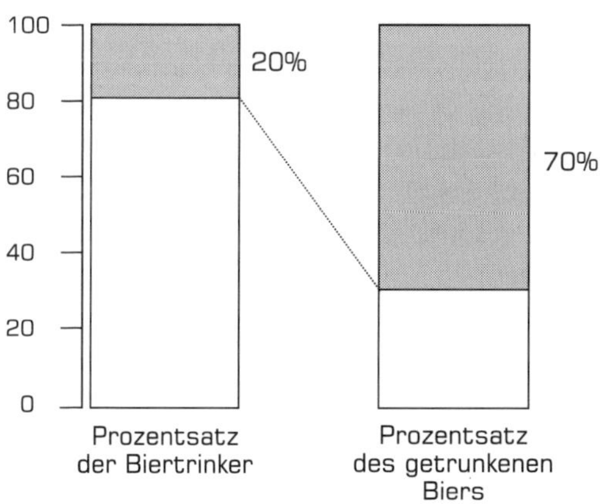

Abbildung 8

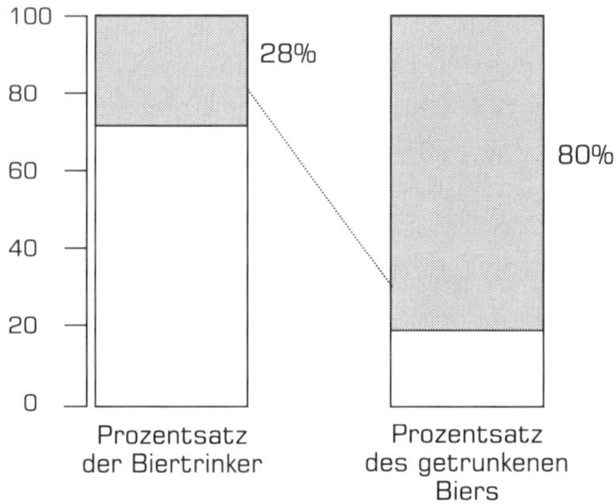

Abbildung 9

Biers. An jedem Punkt können wir sehen, wieviel Bier ein bestimmter Prozentsatz unserer Freunde konsumiert hat.

Abbildung 8 illustriert, was wir anhand der Tabelle herausgefunden (und auch aus Abbildung 7 entnommen) haben: daß die oberen 20 Prozent der Biertrinker für 70 Prozent des Bierkonsums verantwortlich waren. Die Säulen in Abbildung 8 stellen die Daten nicht wie Abbildung 7 von links nach rechts, sondern von oben nach unten dar. Aber es spielt keine Rolle, welche Darstellungsweise Sie bevorzugen.

Wenn wir veranschaulichen wollen, welcher Prozentsatz unserer Freunde 80 Prozent des Biers getrunken hat, müssen wir die Säulen ein wenig anders gestalten, wie in Abbildung 9, um ein 80/28-Verhältnis zu skizzieren: 28 Prozent unserer Freunde haben 80 Prozent des Biers konsumiert.

Wozu dient die 80/20-Analyse?

In der Regel bietet die 80/20-Analyse einen Ansatz, das beschriebene Verhältnis zu verändern oder besser zu nutzen.

Eine mögliche Anwendungsweise liegt in der Orientierung an den wesentlichen Ursachen des Verhältnisses, das heißt an den 20 Prozent, die zu 80 Prozent (oder eben der genauen jeweiligen Zahl) des Ergebnisses führen. Wenn 70 Prozent des Bierkonsums auf das Konto von 20 Prozent der Biertrinker gehen, sollte sich eine Brauerei auf diese Gruppe konzentrieren, um einen möglichst hohen Anteil dieser 20 Prozent als Kunden zu gewinnen und ihren Bierverbrauch vielleicht noch weiter zu steigern. In der Praxis könnte die Brauerei die 80 Prozent, die nur 30 Prozent des Biers trinken, sogar völlig ignorieren und sich damit ihre Marketingaufgabe immens erleichtern.

Ähnlich steht es auch mit einem Unternehmen, das 80 Prozent seiner Gewinne mit 20 Prozent seiner Kunden erzielt. Ausgehend von dieser Information sollte sich das Unternehmen darauf konzentrieren, diese 20 Prozent auch weiterhin zufriedenzustellen und das Geschäft mit ihnen vielleicht noch auszubauen. Das ist viel einfacher und lohnender, als der gesamten Kundengruppe Aufmerksamkeit zu schenken. Und wenn das Unternehmen feststellt, daß 80 Prozent seiner Gewinne auf 20 Prozent seiner Produkte zurückzuführen sind, dann sollte es seine Anstrengungen bündeln, um noch mehr von diesen Produkten zu verkaufen.

Vergleichbares gilt für die Anwendung der 80/20-Analyse außerhalb des Geschäftslebens. Wenn Sie das Vergnügen an Ihren Freizeitaktivitäten analysieren und dabei herausfinden, daß 80 Prozent des Vergnügens auf Aktivitäten basiert, die nur 20 Prozent Ihrer Freizeit ausmachen, dann wäre es doch sinnvoll, das entsprechende Zeitkontingent von 20 Prozent auf mindestens 80 Prozent hochzuschrauben.

Nehmen wir den Straßenverkehr als ein weiteres Beispiel. 80 Prozent der Staus ereignen sich auf 20 Prozent der Straßen. Wenn Sie jeden Tag die gleiche Strecke zur Arbeit fahren, wissen Sie, daß ungefähr 80 Prozent der Verzögerungen an 20 Prozent der Kreuzungen auftreten. Daher wäre es vernünftig, wenn sich die Ordnungshüter auf die Verkehrsregelung an diesen besonders stauintensiven Kreuzungen konzentrieren würden. Die Kosten für solche Maßnahmen an 100 Prozent der Kreuzungen rund um die Uhr wären natürlich zu hoch, aber die Ausgabe würde sich bestimmt lohnen, wenn sich die verkehrsregelnden Maßnahmen auf 20 Prozent der Örtlichkeiten und 20 Prozent der Zeit beschränken würden.

Der zweite wesentliche Ansatz der 80/20-Analyse orientiert sich an den »leistungsschwachen« Anstrengungen, die nur 20 Prozent des Ergebnisses erzielen. Vielleicht lassen sich die gelegentlichen Biertrinker zu einem erhöhten Konsum überreden, etwa durch ein milderes Produkt. Vielleicht finden Sie Möglichkeiten, den Spaß an den langweiligen Freizeitaktivitäten zu erhöhen. Im Bildungswesen ahmen interaktive Unterrichtssysteme mittlerweile die Technik von Collegelehrern nach, die wahllos Fragen an verschiedene Studenten stellen, um die Regel außer Kraft zu setzen, derzufolge 80 Prozent der Unterrichtsbeteiligung von 20 Prozent der Studenten bestritten werden. In US-Einkaufszentren wurde festgestellt, daß 70 Prozent des Gegenwertes aller Einkäufe auf Frauen (also rund 50 Prozent der Bevölkerung) entfallen.[4] Eine Möglichkeit zur Ankurbelung des Verkaufs an Männer wäre vielleicht die Einrichtung spezieller Geschäfte für sie. Dieser zweite Ansatz der 80/20-Analyse ist zwar sehr nützlich und ist im industriellen Sektor für die Produktivitätssteigerung leistungsschwacher Fabriken mit großem Erfolg eingesetzt worden, aber im allgemeinen führt er zu mehr Arbeit und zu weniger lohnenden Ergebnissen als der erste Ansatz.

Die 80/20-Analyse darf nicht linear angewandt werden

Im Zusammenhang der Anwendungsmöglichkeiten der 80/20-Analyse sollten potentielle Gefahren nicht unerwähnt bleiben. Wie jede einfache und effektive Methode kann auch die 80/20-Analyse mißverstanden und falsch angewandt werden. Statt zu einer ungewöhnlichen Einsicht zu führen, muß sie dann als Rechtfertigung für die üblichen Plattheiten herhalten. Eine verkehrt und auf lineare Weise eingesetzte 80/20-Analyse kann Sie in die Irre leiten – Sie müssen ständig vor falscher Logik auf der Hut sein.

Ich möchte dies mit einem Beispiel aus meinem neuen Berufsfeld illustrieren: dem Buchhandel. Man kann unschwer nachweisen, daß zu den meisten Zeiten und in den meisten Verkaufsstellen 20 Prozent der Buchtitel 80 Prozent der verkauften Bücher ausmachen. Wer das 80/20-Prinzip verinnerlicht, wird davon nicht überrascht sein. Und was liegt näher als der Schluß, daß Buchläden das Sortiment angebotener Bücher begrenzen oder sich sogar weitgehend oder ausschließlich auf die »Bestseller« konzentrieren sollten. Aber das wäre ein Trugschluß, denn interessanterweise hat die Einschränkung des Sortiments in den meisten Fällen nicht zu einem Anstieg, sondern zu einem Rückgang der Gewinne geführt.

Das beinhaltet jedoch keine Widerlegung des 80/20-Prinzips, und zwar aus zwei Gründen. Die entscheidende Frage ist ja nicht die Verteilung des Buchumsatzes, sondern die Wünsche der Kunden. Wenn Kunden einen Buchladen aufsuchen, möchten sie ein vernünftiges Sortiment von Büchern vorfinden (im Gegensatz etwa zu einem Kiosk oder Supermarkt, wo sie diese Angebotspalette nicht erwarten). Buchläden sollten sich auf die 20 Prozent der Kunden konzentrieren, mit denen sie 80 Prozent ihrer Gewinne erzielen, und dazu müssen sie sich nach den Wünschen dieser Kunden richten.

Der zweite Grund hat etwas mit der Einschätzung der Verkaufszahlen zu tun. Selbst wenn man die Kunden zunächst unbeachtet läßt und nur die Bücher berücksichtigt, kommt es nicht auf die Verteilung der Umsatzzahlen an – die 20 Prozent der Bücher, die 80 Prozent des Verkaufs ausmachen –, sondern auf die Verteilung der Gewinne – die 20 Prozent der Buchtitel, mit denen 80 Prozent der Gewinne erzielt werden. Zumeist sind dies eben nicht die sogenannten Bestseller, die Bücher berühmter Autoren. Eine US-Studie hat gezeigt, daß »Bestseller rund 5 Prozent des Gesamtumsatzes repräsentieren«[5]. Die wirklichen Bestseller sind oft die Bücher, die zwar den Sprung in die Hitlisten nicht schaffen, von denen aber jahraus jahrein zuverlässig und oft mit einer hohen Gewinnspanne eine bestimmte Menge verkauft wird. Dieselbe Studie bemerkt dazu: »Den Kernbestand bilden Bücher, die sich Jahr für Jahr verkaufen. Sie sind die ›80‹ in der 80/20-Regel und machen in bestimmten Sparten oft den Löwenanteil am Umsatz aus.«

Dieses Beispiel ist lehrreich. Es steht keineswegs im Widerspruch zum 80/20-Prinzip, weil die wesentlichen Fragen stets darauf zielen sollten, welche Kunden und Produkte 80 Prozent der Gewinne erzeugen. Aber es zeigt, wie gefährlich es ist, nicht mit genügend Klarheit über die Anwendung der Analyse nachzudenken. Seien Sie wählerisch und unkonventionell, wenn Sie das 80/20-Prinzip verwenden. Vertrauen Sie nicht darauf, daß das, worauf alle gebannt starren – in diesem Fall die Bücher auf der neuesten Bestsellerliste –, wirklich entscheidend ist. Das ist lineares Denken. Die wertvollsten Einsichten aus einer 80/20-Analyse stammen immer aus der Betrachtung nichtlinearer Verhältnisse, die von anderen übersehen werden. Darüber hinaus dürfen Sie nicht vergessen, daß die 80/20-Analyse auf der Momentaufnahme einer Situation zu einem bestimmten Zeitpunkt beruht und weitere Entwicklungen nicht erfaßt. Wenn Sie daher aus Versehen das falsche oder ein unvollständiges Bild einfangen, kommen Sie zu einer ungenauen Einschätzung.

Sinn und Zweck des 80/20-Denkens

Die 80/20-Analyse ist ein äußerst nützliches Instrument. Aber die meisten Menschen sind von Natur aus keine Analytiker, und selbst Analytiker können nicht vor jeder anstehenden Entscheidung die Daten untersuchen, weil ihr Leben sonst vollkommen zum Stillstand käme. Die meisten wichtigen Entscheidungen werden nicht aufgrund von Analysen getroffen. Das war früher so, und daran wird sich auch in Zukunft nichts ändern, selbst wenn unsere Computer noch so schlau werden. Wenn wir also das 80/20-Prinzip als Leitfaden für unser Leben nutzen wollen, brauchen wir eine Methode, die weniger analytisch ist und uns unmittelbar zur Verfügung steht. Wir brauchen *80/20-Denken.*

80/20-Denken ist mein Ausdruck für die nichtquantitative Anwendung des 80/20-Prinzips auf das Alltagsleben. Wie bei der 80/20-Analyse gehen wir von der Hypothese einer möglichen Unausgewogenheit zwischen Aufwand und Ertrag aus, aber statt Daten zu sammeln und zu analysieren, nehmen wir eine Schätzung vor. 80/20-Denken setzt voraus, daß wir in der Masse der unwichtigen Dinge die wenigen wichtigen Dinge und Ereignisse erkennen. Je mehr wir uns darin üben, desto besser sind wir in der Lage, trotz der vielen Bäume den Wald zu sehen.

80/20-Denken ist viel zu nützlich, als daß man es auf Ursachen beschränken sollte, bei denen eine vollständige Analyse der Daten möglich ist. Auf jede quantitativ ermittelte Erkenntnis sollten hundert durch Intuition und den persönlichen Eindruck erschlossene Einsichten kommen. 80/20-Denken darf durch Daten unterstützt, aber nicht durch sie eingeschränkt werden.

80/20-Denken bedeutet, daß wir uns ständig die Frage stellen: Was sind die 20 Prozent, die zu den 80 Prozent führen? Wir dürfen uns nie einbilden, daß wir die Antwort automatisch kennen, sondern müssen uns immer die Zeit für kreatives Nachdenken nehmen. Was sind die wenigen wesentlichen Anstrengungen oder Ursachen, die sich von den vielen unwesentlichen unterscheiden? Wo ist die ergreifende Melodie, die im Hintergrundslärm zu versinken droht?

Die Ergebnisse des 80/20-Denkens werden genauso eingesetzt wie die der 80/20-Analyse: im Hinblick auf einen Verhaltenswandel und in der Regel konzentriert auf die wichtigsten 20 Prozent. Ob das 80/20-Denken funktioniert, erkennen Sie daran, daß sich die Effektivität vervielfacht. Maßnahmen, die sich aus dem 80/20-Denken ergeben, sollten uns dazu verhelfen, mit viel weniger viel mehr zu erreichen.

Wenn wir uns auf das 80/20-Prinzip stützen, *unterstellen* wir nicht, daß seine Resultate gut oder schlecht sind oder daß die von uns beobachteten starken Kräfte unbedingt gut sein müssen. Wir *beurteilen*, ob sie (aus unserer Sicht) gut sind, und entscheiden dann, ob wir der Minderheit starker Kräfte einen weiteren Stoß in die richtige Richtung geben oder ihre Wirksamkeit unterbinden.

Das 80/20-Prinzip stellt die gängige Lehrmeinung auf den Kopf

Folgende Verhaltensweisen gehören zur Anwendung des 80/20-Prinzips:

- außerordentliche Produktivität feiern, statt durchschnittliche Anstrengungen zu vermehren;
- nach Abkürzungen suchen, statt die volle Strecke zu laufen;
- mit möglichst wenig Aufwand unser Leben kontrollieren;
- nicht erschöpfend, sondern selektiv vorgehen;
- in wenigen Bereichen nach Spitzenleistungen streben, statt nach guten Leistungen in vielen Bereichen;
- im Alltagsleben so viel wie möglich delegieren oder als Auftrag vergeben, statt sich für Eigentätigkeit vom Finanzamt bestrafen zu lassen (nach Möglichkeit Gärtner, Automechaniker, Innenarchitekten und andere Spezialisten beauftragen, statt die Arbeiten selbst durchzuführen);
- Karriere und Arbeitgeber mit größter Sorgfalt auswählen und, wenn möglich, andere beschäftigen, statt selbst beschäftigt zu werden;
- *nur* das tun, was wir am besten können und was uns am meisten Spaß macht;
- unter die alltägliche Oberfläche des Lebens blicken, um Ironien und Merkwürdigkeiten zu entdecken;
- in jedem wichtigen Bereich überlegen, wo 20 Prozent der Anstrengungen zu 80 Prozent des Ertrags führen können;
- zur Ruhe kommen, weniger arbeiten und sich auf eine begrenzte Zahl äußerst wertvoller Ziele konzentrieren, bei denen das 80/20-Prinzip für uns arbeitet, statt jeder sich bietenden Chance nachzujagen;
- die wenigen Glückssträhnen in unserem Leben, wenn wir unseren kreativen Gipfel erreichen und die Sterne unseren Erfolg verheißen, bis zur Neige auskosten.

Das 80/20-Prinzip kennt keine Grenzen

Kein Lebensbereich kann sich dem Einfluß des 80/20-Prinzips entziehen. Wie die sechs blinden indischen Weisen, die die Gestalt eines Elefanten zu erkennen versuchten, verstehen die meisten Anwender des 80/20-Prinzips nur einen Bruchteil seiner Reichweite und Kraft. Wer ein 80/20-Denker werden möchte, muß aktiv und kreativ mitwirken. Wenn Sie vom 80/20-Denken profitieren wollen, müssen *Sie* selbst dieses Denken praktizieren!

Und warum nicht gleich damit anfangen? Wenn Sie mit Anwendungsmöglichkeiten für Ihr Unternehmen beginnen möchten, lesen Sie weiter im zweiten Teil, der sich mit den meisten wichtigen Ansätzen des 80/20-Prinzips im Geschäftsleben befaßt. Wenn Sie sich zunächst mehr für eine entscheidende Verbesserung Ihres Privatlebens durch das 80/20-Prinzip interessieren, blättern Sie weiter zum dritten Teil, der auf völlig neuartige Weise das 80/20-Prinzip mit dem Gewebe unseres Alltagslebens verknüpft.

Zweiter Teil

Unternehmenserfolg muß kein Zufall sein

3
Der heimliche Kult

Wir sehen jetzt durch einen Spiegel in einem dunkeln Wort, dann aber von Angesicht zu Angesicht. Jetzt erkenne ich stückweise, dann aber werde ich erkennen, gleichwie ich erkannt bin.

1. Brief an die Korinther 13:12

Es läßt sich schwer abschätzen, bis zu welchem Grad das 80/20-Prinzip im Geschäftsleben bereits bekannt ist. Dies ist höchstwahrscheinlich das erste Buch über das Thema, aber bei meinen Nachforschungen fand ich mühelos mehrere hundert Zeitungsartikel, die sich auf die Anwendung der 80/20-Gesetzmäßigkeit in den verschiedensten Unternehmen aus aller Welt beziehen. Zahlreiche erfolgreiche Unternehmen und Geschäftsleute schwören auf das 80/20-Prinzip, und die meisten MBA-Absolventen haben zumindest schon einmal davon gehört. Wenn man allerdings bedenkt, daß das 80/20-Prinzip das Leben von Hunderten von Millionen Menschen – wenn auch vielleicht ohne ihr Wissen – beeinflußt hat, dann mutet es doch seltsam an, wie wenig Aufhebens davon gemacht wird. Es ist an der Zeit, etwas daran zu ändern.

Die erste 80/20-Welle: die Qualitätsrevolution

Die Qualitätsrevolution zwischen 1950 und 1990 veränderte die Qualität und den Wert von Markenverbrauchsgütern und anderen Erzeugnissen. Die Qualitätsbewegung zielte durch die Anwendung von statistischen und Verhaltensmethoden auf eine ständig steigende Produktqualität bei gleichzeitig sinkenden Kosten. Das heute bei vielen Produkten fast verwirklichte Endziel ist eine Nullquote von

Produktdefekten. Es spricht einiges dafür, daß die Qualitätsrevolution der bedeutendste Motor für den steigenden Lebensstandard in aller Welt seit 1950 war.

Die Bewegung blickt auf eine interessante Geschichte zurück. Ihre beiden großen Prediger, Joseph Juran (1904 geboren) und W. Edwards Deming (1900 geboren), waren beide Amerikaner (obgleich Juran in Rumänien zur Welt kam). Der eine war Elektroingenieur, der andere Statistiker. Unabhängig voneinander entwickelten sie nach dem Zweiten Weltkrieg ihre Ideen, stießen aber bei den Großunternehmen der USA auf kein Interesse für das Streben nach außerordentlicher Qualität. 1951 veröffentlichte Juran die Erstausgabe des *Quality Control Handbook*, die später zur Bibel der Qualitätsbewegung werden sollte, aber damals unbeachtet blieb. Offene Ohren fanden Juran und Deming in Japan, wo sie sich in der Folge auch beide niederließen. Mit ihrer bahnbrechenden Arbeit verwandelten sie die in den frühen fünfziger Jahren für ihre schlechten Imitationen bekannte Wirtschaft des Landes in einen Vorreiter für hohe Qualität und Produktivität.

Erst als japanische Waren wie Motorräder und Fotokopierer den amerikanischen Markt überschwemmten, wurde die Qualitätsbewegung von den meisten amerikanischen (und anderen westlichen) Großunternehmen ernst genommen. Seit 1970 und verstärkt ab 1980 initiierten Juran, Deming und ihre Anhänger eine ähnlich erfolgreiche Transformation westlicher Qualitätsstandards, die zu enormen Verbesserungen im Hinblick auf Qualitätsniveau und -beständigkeit sowie zu drastisch sinkenden Fehlerquoten und deutlichen Kostensenkungen führten.

Das 80/20-Prinzip war eine der tragenden Säulen der Qualitätsbewegung. Joseph Juran war einer der eifrigsten Verfechter dieses Prinzips, das er als »Paretoprinzip« oder als »Regel der wenigen Wesentlichen« bezeichnete. In der Erstausgabe seines *Quality Control Handbook* schrieb Juran, daß »Ausfälle« (Produkte, die aufgrund ihrer minderwertigen Qualität aussortiert werden müssen) nicht auf eine große Zahl von Ursachen zurückzuführen sind:

Die Ausfälle folgen immer einer ungleichmäßigen Verteilung, so daß ein kleiner Prozentsatz der Qualitätsmerkmale zu einem hohen Prozentsatz des Qualitätsverlustes führt.*

Ergänzend bemerkt er dazu in der Fußnote:

*Der Ökonom Pareto fand heraus, daß der Reichtum genauso ungleichmäßig verteilt ist. Es gibt viele weitere Belege dafür – die Verteilung der Verbrechen bei Kriminellen, die Verteilung von Unfällen bei gefährlichen Vorgängen usw. Paretos Prinzip der ungleichen Verteilung ließ sich sowohl auf die Verteilung des Reichtums als auf die Verteilung von Qualitätsausfällen anwenden.[1]

Juran wandte das 80/20-Prinzip auf die statistische Qualitätskontrolle an. Bei diesem Ansatz geht es um die Ermittlung von Problemen, die Qualitätsmängel verursachen, und ihre Anordnung in der Reihenfolge ihrer Bedeutung: von den wichtigsten – die 20 Prozent der Defekte, die 80 Prozent der Qualitätsprobleme auslösen – bis zu den unwichtigsten. Sowohl Juran als auch Deming bedienten sich immer häufiger des Begriffs 80/20, um die Diagnose der wenigen Defekte zu fördern, die die meisten Probleme verursachen.

Sobald die »wenigen wesentlichen« Gründe für mangelnde Qualität identifiziert sind, werden die Bemühungen zur Lösung dieser Probleme gebündelt, statt alle Schwierigkeiten gleichzeitig anzupacken.

Mit der Entwicklung der Qualitätsbewegung von der starken Betonung der Qualitätskontrolle hin zu der Auffassung, daß Qualität von Anfang an in den Fertigungsprozeß einfließen muß, und dem weiteren Fortschreiten zum Total Quality Management und zu immer raffinierteren Softwareanwendungen sind auch die 80/20-Methoden immer stärker in den Blickpunkt gerückt, mit denen heute fast alle Praktiker im Qualitätsbereich vertraut sind. Dies läßt sich auch in vielen Presseartikeln der letzten Jahre erkennen.

So stellt zum Beispiel Ronald J. Recardo in einem Artikel in der *National Productivity Review* die Frage:

Welche Lücken wirken sich nachteilig auf Ihre strategisch wichtigsten Kunden aus? Wie bei vielen anderen Qualitätsproblemen gilt auch hier Paretos Gesetz: Wenn Sie die kritischsten 20 Prozent Ihrer Qualitätslücken schließen, realisieren Sie damit 80 Prozent der erreichbaren Vorteile. Zu diesen 80 Prozent gehören in der Regel auch Ihre bahnbrechenden Verbesserungen.[2]

Ein anderer Autor befaßt sich mit der Sanierung von Unternehmen:

Bei jedem Schritt des Unternehmensprozesses müssen Sie sich die Frage stellen, ob er etwas zum Wert beiträgt oder eine entscheidende Unterstützungsfunktion darstellt. Wenn weder das eine noch das andere zutrifft, handelt es sich um Verschwendung, die Sie abstellen müssen. [Das ist] eine Neuauflage der 80/20-Regel: Sie können 80 Prozent der Verschwendung beseitigen, wenn Sie 20 Prozent dessen ausgeben, was die Eliminierung von 100 Prozent Verschwendung kosten würde. Sie sollten den schnellen Nutzen suchen.[3]

Das 80/20-Prinzip wurde auch von der Ford Electronics Manufacturing Corporation für ein Qualitätsprogramm eingesetzt, das den Shingopreis gewonnen hat:

Auf der Basis der 80/20-Regel (80 Prozent des Wertes erstreckt sich auf 20 Prozent des Produktionsvolumens) werden Just-in-Time-Programme angewandt, und besonders kostenintensive Einsatzformen werden ständig analysiert. Die Überwachung der Arbeits- und Gemeinkostenleistung wurde durch die Analyse der Fertigungslaufzeit nach Produktlinien abgelöst. Auf diese Weise erreichte man eine Verringerung der Laufzeit um 95 Prozent.[4]

Auch in neuer Software zur Steigerung der Qualität hat das 80/20-Prinzip seinen Platz:

[Mit dem ABC DataAnalyzer] werden Daten in den Tabellenbereich eingegeben oder importiert, wo man sie hervorheben und einen von sechs Schaubildtypen anklicken kann: Histogramme, Kontrolldiagramme, Laufdiagramme, Streudiagramme, Kuchendiagramme und Paretodiagramme.

Das Paretodiagramm beruht auf der 80/20-Regel, die zum Beispiel zeigen kann, daß man von 1000 Kundenbeschwerden ungefähr 800 lösen kann, wenn man nur 20 Prozent der Ursachen korrigiert.[5]

Auch für die Gestaltung und Entwicklung von Produkten wird das 80/20-Prinzip immer stärker herangezogen. So wird zum Beispiel in einer Würdigung des Einsatzes von Total Quality Management im Pentagon erklärt:

Entscheidungen aus der Anfangszeit des Entwicklungsprozesses schreiben den größten Teil der Lebenszykluskosten fest. Die 80/20-Regel erklärt diesen Zusammenhang: 80 Prozent der Lebenszykluskosten sind normalerweise nach nur 20 Prozent der Entwicklungszeit gebunden.[6]

Die Auswirkungen der Qualitätsrevolution auf die Zufriedenheit der Kunden, den Wert der Produkte sowie auf die Wettbewerbsposition einzelner Unternehmen und sogar ganzer Nationen sind kaum beachtet worden, obgleich sie wirklich enorm waren. Das 80/20-Prinzip hat sich offenkundig als einer der »wenigen wesentlichen« Einflüsse auf diese Bewegung erwiesen. Aber der unterschwellige Einfluß des 80/20-Prinzips reicht noch weiter. Auch in einer zweiten Revolution, aus deren Verbindung mit der ersten die heutige globale Konsumgesellschaft hervorging, spielte dieses Prinzip eine Schlüsselrolle.

Die zweite 80/20-Welle: die Informationsrevolution

Die Informationsrevolution, deren Anfänge bis in die sechziger Jahre zurückreichen, hat Arbeitsgewohnheiten und Effizienz breiter Unternehmensbereiche verändert. Mittlerweile geht die Entwicklung noch einen Schritt weiter und hat den Kern der Unternehmen erfaßt, die zur beherrschenden Kraft der modernen Gesellschaft geworden sind. Das 80/20-Prinzip war und ist ein Schlüsselbaustein der Informationsrevolution, der ihre Richtung von Beginn an auf intelligente Weise mitbestimmt hat.

Möglicherweise aufgrund ihrer Nähe zur Qualitätsbewegung waren die Computer- und Softwareexperten der Informationsrevolution im allgemeinen mit dem 80/20-Prinzip vertraut und griffen immer wieder darauf zurück. Nach der Zahl der Computer- und Softwareartikel zu urteilen, die sich auf das 80/20-Prinzip beziehen, wird es von den meisten Hardware- und Softwareentwicklern verstanden und in ihrer täglichen Arbeit verwendet.

Die Informationsrevolution erzielte am meisten Wirkung, wenn sie auf die 80/20-Konzepte Selektivität und Einfachheit baute. Dies belegen die Äußerungen der Leiter von zwei verschiedenen Projekten:

Klein, aber fein. Nicht schon am ersten Tag bis zum xten Grad vorausplanen. Die Investitionsrendite folgt normalerweise der 80/20-Regel: 80 Prozent des Erfolgs sind in den einfachsten 20 Prozent des Systems zu finden, und die letzten 20 Prozent des Ergebnisses stammen von den kompliziertesten 80 Prozent des Systems.[7]

Auch bei Apple bediente man sich zur Entwicklung des Apple Newton Message Pad, einer elektronischen Organisationshilfe für den persönlichen Gebrauch, des 80/20-Prinzips:

Die Newton-Ingenieure machten sich eine leicht abgewandelte Fassung [von 80/20] zunutze: Sie fanden heraus, daß man mit nur 0,1 Prozent des Vokabulars einer Person 50 Prozent dessen machen kann, was man mit einem kleinen Handcomputer machen möchte.[8]

Im Softwarebereich gewinnt das 80/20-Prinzip gleichfalls immer größere Bedeutung. Ein Beispiel ist das 1994 entwickelte Programm RISC:

RISC beruht auf einer Variante der 80/20-Regel. Diese Regel geht davon aus, daß 80 Prozent der Software-Zeit auf die Ausführung von nur 20 Prozent der verfügbaren Befehle entfällt. Bei den RISC-Prozessoren ... wird die Leistung dieser 20 Prozent optimiert. Chipgröße und Kosten halten sich in Grenzen, weil die anderen 80 Prozent eliminiert werden.[9]

Die Anwender von Software wissen, daß deren Gebrauch trotz unglaublicher Effizienz 80/20-Mustern folgt. Ein Entwickler meint dazu:

Die Geschäftswelt beachtet schon lange die 80/20-Regel. Auf Software trifft diese Regel besonders zu, wo 80 Prozent der Anwendungen eines Produkts nur 20 Prozent seiner Fähigkeiten nutzen. Das heißt, die meisten von uns zahlen für Dinge, die wir nicht wollen oder brauchen. Allmählich scheinen das auch die Softwareentwickler zu begreifen, und viele sind der Meinung, daß sich das Problem mit modularen Anwendungen lösen läßt.[10]

Die Gestaltung der Software ist von entscheidender Bedeutung, weil die am häufigsten benutzten Funktionen auch am leichtesten zu bedienen sein sollten. Der gleiche Ansatz wird für neue Datenbankdienste verwendet:

Wie gehen WordPerfect und andere Softwareentwickler vor? Zuerst ermitteln sie, was die Kunden hauptsächlich wollen und wie sie es machen wollen – die alte 80/20-Regel (in 80 Prozent der Zeit werden 20 Prozent der Funktionen des Programms benutzt). Gute Softwareentwickler machen vielverwendete Funktionen so einfach, automatisch und einleuchtend wie möglich.

Die Übertragung dieses Ansatzes auf heutige Datenbankdienste würde bedeuten, daß man die gebräuchlichsten Kundenanwendungen ständig im Auge behält ... Wie oft rufen Kunden bei Unterstützungsdiensten an, um zu fragen, welche Datei sie nehmen müssen oder wo sie eine Datei finden? Gute Softwaregestaltung würde solche Anrufe überflüssig machen.[11]

Wo man auch hinsieht, konzentrieren sich effektive Innovationen im Informationsbereich – in der Speicherung, Auffindung und Verarbeitung von Daten – auf 20 Prozent oder weniger der wesentlichen Bedürfnisse.

Die Informationsrevolution hat noch einen weiten Weg vor sich

Die Informationsrevolution ist die subversivste Kraft, die sich je auf das Geschäftsleben ausgewirkt hat. Schon hat das Phänomen der »Informationsmacht« Arbeiter und Techniker mit Wissen und Befugnissen ausgestattet, hat Macht und oft auch Arbeitsplätze von Managern der mittleren Führungsebene vernichtet, die früher durch ihr spezifisches Wissen geschützt waren. Die Informationsrevolution hat auch zu einer räumlichen Dezentralisierung der Unternehmen geführt: Telefon, Fax, PC, Modem sowie die stetige Verkleinerung und Mobilität dieser Technologien sind bereits dabei, die Macht von Unternehmensverwaltungen und der in ihnen Beschäftigten zurückzudrängen. Folgerichtig müßte die Informationsrevolution sogar zur Abschaffung des Managementberufs führen und damit für wichtige Kunden der Unternehmen eine viel größere Wertschöpfung durch direkten Kontakt mit den »Machern« ermöglichen.[12] Der Wert automatisierter Informationen steigt exponentiell, viel schneller als wir sie verwenden können. Der Schlüssel zur effektiven Nutzung dieser Macht liegt heute und auch in Zukunft in der Selektivität: in der Anwendung des 80/20-Prinzips.

Peter Drucker weist die Richtung:

> Eine Datenbank, und sei sie noch so umfangreich, ist noch keine Information. Sie ist das Material, aus dem die Information entsteht ... Die unverzichtbarsten Informationen eines Unternehmens sind, wenn überhaupt, dann meist nur in rudimentärer und unorganisierter Form vorhanden. Denn ein Unternehmen benötigt nichts so dringend für seine Entscheidungen – und vor allem die strategischen – wie Daten darüber, was außerhalb seiner Grenzen vorgeht. Nur außerhalb des Unternehmens liegen Resultate, Chancen und Bedrohungen.[13]

Drucker argumentiert, daß wir neue Methoden zum Messen der Wertschöpfung brauchen. Ian Godden und ich nennen diese Instrumente, an denen einige wenige Unternehmen bereits arbeiten, »automatisierte Leistungsbeurteilungen«[14]. Aber weit über 80 Prozent (wahrscheinlich sogar 99 Prozent) der Ressourcen der Informationsrevolution werden dafür verwendet, das gleiche wie früher zu zählen, nur besser, statt Maßstäbe für echte Wertschöpfung zu entwickeln und zu vereinfachen. Der kleine Bruchteil der Anstrengungen, der mit Hilfe der Informationsrevolution eine völlig andere Art von Unternehmen schafft, wird einen weitreichenden Einfluß ausüben.

Das 80/20-Prinzip ist immer noch eines der bestgehüteten Geschäftsgeheimnisse

Wenn man die Bedeutung des 80/20-Prinzips und seinen Bekanntheitsgrad bei Managern bedenkt, dann ist es eigentlich erstaunlich, wie verschwiegen das Thema behandelt wird. Selbst der Ausdruck »80/20« hat sich nur langsam und ohne sichtbare Nachwirkungen durchgesetzt. Dieser unsystematische Gebrauch und die zögerliche Verbreitung des 80/20-Prinzips haben dazu geführt, daß sein Potential auch von denen, die das Konzept begriffen haben, noch lange nicht ausgeschöpft wird. Dabei ist es überaus vielseitig. Es läßt sich auf jede Branche und Organisation, jede Funktion innerhalb eines Unternehmens und auf jede Einzelaufgabe mit Erfolg anwenden. Das 80/20-Prinzip kann Vorstandsvorsitzenden, Linienmanagern, Fachspezialisten und jedem Wissensarbeiter bis hinunter zum neuesten Auszubildenden eine große Hilfe sein. Und trotz seiner vielfältigen Anwendungsmöglichkeiten liegt dem 80/20-Prinzip eine einheitliche Logik zugrunde, die erklärt, weshalb es funktioniert und so wertvoll ist.

Wie das 80/20-Prinzip im Geschäftsleben wirkt

Angewandt auf die Geschäftswelt unterstützt das 80/20-Prinzip einen Leitgedanken: mit möglichst geringem Einsatz von Mitteln und Energie möglichst viel Gewinn zu erwirtschaften.

Die klassischen Ökonomen des 19. und frühen 20. Jahrhunderts entwickelten eine Theorie des wirtschaftlichen Gleichgewichts und der unternehmerischen Tätigkeit, die noch immer vorherrscht. Die Theorie lautet, daß die Unternehmen bei vollkommenen Wettbewerbsbedingungen keine überhöhten Erträge erzielen und die Rentabilität entweder bei Null liegt oder den »normalen« Kapitalkosten entspricht, die in der Regel durch einen bescheidenen Zinssatz festgelegt sind. Die Theorie ist zwar in sich schlüssig, weist jedoch leider einen kleinen Schönheitsfehler auf: Sie läßt sich auf keine realen wirtschaftlichen Prozesse übertragen und schon gar nicht auf die Tätigkeit eines einzelnen Unternehmens.

Die 80/20-Theorie des Unternehmens

Im Gegensatz zur Theorie des vollkommenen Wettbewerbs ist die 80/20-Theorie des Unternehmens verifizierbar (wie durch viele Fälle belegt) und auch hilfreich als Ansatz für konkrete Maßnahmen. Die 80/20-Theorie des Unternehmens umfaßt folgende Punkte:

- In jedem Markt können einige Anbieter die Bedürfnisse der Kunden viel besser zufriedenstellen als andere. Diese Anbieter realisieren die höchsten Preise und sichern sich die größten Marktanteile.
- In jedem Markt können einige Anbieter die Kosten im Verhältnis zu den Umsatzerlösen viel besser minimieren als andere. Das heißt, diese Anbieter kosten bei gleichen Leistungen und Umsatzerlösen weniger, oder sie können die gleichen Leistungen mit niedrigeren Kosten erreichen.
- Manche Anbieter erzielen viel höhere Überschüsse als andere. (Ich spreche lieber von Überschüssen als von Gewinnen, weil mit letzteren meist nur die Gewinnausschüttungen an die Aktionäre gemeint sind. Das Konzept des Überschusses umfaßt die verfügbaren Mittel für Gewinne und Reinvestitionen, die über das Maß dessen hinausgehen, was zur Erhaltung des Status quo notwendig ist.) Höhere Überschüsse haben mindestens eine der folgenden Wirkungen: 1) größere Reinvestitionen in Produkte oder Dienstleistungen, um Qualität und Attraktivität des Angebots zu steigern; 2) Investitionen für die Eroberung von Marktanteilen durch größere Verkaufs- und Marketinganstrengungen; 3) höhere Erträge für Mitarbeiter, so daß man die fähigsten Kräfte im Markt halten und anlocken kann; und/oder 4) höhere Erträge für Aktionäre mit der Folge, daß die Aktienpreise steigen und die Kapitalkosten sinken, was wiederum Investitionen und/oder Akquisitionen erleichtert.
- Im Laufe der Zeit werden 80 Prozent des Marktes von höchstens 20 Prozent der Anbieter versorgt, die in der Regel auch höhere Gewinne verbuchen.

In diesem Entwicklungsstadium kann die Marktstruktur ein Gleichgewicht erreichen, das sich allerdings ziemlich deutlich von dem Modell des vollkommenen Wettbewerbs unterscheidet. Innerhalb des 80/20-Gleichgewichts bieten einige Wettbewerber – die größten – den Kunden einen besseren Gegenwert für ihr Geld und erzielen höhere Gewinne als die kleineren Konkurrenten. Dies läßt sich in der wirtschaftlichen Praxis häufig beobachten, auch wenn es nach der ökonomischen Theorie des vergangenen

Jahrhunderts unmöglich ist. Wir können unsere realistischere Theorie als 80/20-Gesetz des Wettbewerbs bezeichnen.

Aber die Wirklichkeit verharrt selten lange in einem ruhigen Gleichgewicht. Früher oder später (meistens früher) führen Innovationen der Konkurrenz zu Veränderungen der Marktstruktur.

- Sowohl existierende als auch neue Anbieter streben nach Innovationen und versuchen, möglichst viel von einem kleinen Teil des Marktes (eines »Marktsegmentes«) zu erobern, den sie relativ leicht vor der Konkurrenz verteidigen können. Eine Segmentierung in dieser Form ist möglich, wenn man Produkte oder Dienstleistungen anbietet, die speziell auf bestimmte Kundentypen abgestimmt sind. Im Laufe der Zeit wird sich die Zahl der Segmente innerhalb eines Marktes erhöhen.

Für jedes dieser Segmente gilt das 80/20-Gesetz des Wettbewerbs. In diesen Segmenten können entweder überwiegend oder ausschließlich spezialisierte Unternehmen oder aber Anbieter mit breiterem Spektrum tätig sein. Ob sie eine führende Stellung in einem Segment erreichen, hängt jedoch in jedem Fall davon ab, ob sie mit möglichst geringem Einsatz von Energie und Kosten einen möglichst hohen Ertrag erzielen. In jedem Segment werden manche Unternehmen viel mehr Erfolg als andere haben und einen immer größeren Teil des Marktsegments erobern.

Jedes große Unternehmen ist in einer Vielzahl von Segmenten tätig, das heißt, in einer Vielzahl von Kunden/Produkt-Kombinationen, die im Hinblick auf maximale Erträge eine jeweils eigene Erfolgsformel erfordern und/oder einen Wettbewerb mit jeweils verschiedenen Konkurrenten mit sich bringen. In einigen dieser Segmente erzielt das einzelne Großunternehmen riesige Überschüsse und in anderen geringere Überschüsse (oder sogar Defizite). Daher kann man in der Regel davon ausgehen, daß 80 Prozent der Überschüsse oder Gewinne mit 20 Prozent der Segmente, 20 Prozent der Kunden und 20 Prozent der Produkte erzielt werden. Am ertragreichsten sind die Segmente meistens (aber nicht immer) dann, wenn das Unternehmen die größten Marktanteile hält und die treuesten (das heißt langjährige und wenig abwanderungswillige) Kunden hat.

- In jedem Unternehmen – wie bei allen von der Natur und menschlichen Bemühungen abhängigen Gebilden – besteht aller Wahrscheinlichkeit nach eine Unregelmäßigkeit zwischen Aufwand und Ergebnis, eine Unausgewogenheit zwischen Anstrengung und Ertrag. Äußerlich schlägt sich dies in der Tatsache nieder, daß einige Märkte, Produkte und Kunden viel gewinnträchtiger sind als andere. Nach innen zeigt sich dieses Prinzip darin, daß einige Ressourcen, seien es Menschen, Fabriken, Maschinen oder der Austausch zwischen ihnen, im Verhältnis zu ihren Kosten einen sehr viel höheren Wert erzeugen als andere. Wenn wir es messen könnten (wie dies zum Beispiel bei der Arbeit von Verkäufern der Fall ist), würden wir feststellen, daß manche Leute einen enormen Überschuß erzielen (der auf sie zurückzuführende Gewinnanteil liegt erheblich über ihren Kosten), während andere nur einen geringen Überschuß oder sogar ein Defizit erarbeiten. Die Unternehmen mit den höchsten Überschüssen erzielen meist auch die höchsten Durchschnittsgewinne pro Mitarbeiter, aber in allen Unternehmen läßt sich eine sehr ungleichmäßige Verteilung der Gewinnerzeugung durch die einzelnen Mitarbeiter beobachten: 80 Prozent der Überschüsse werden in der Regel von 20 Prozent der Mitarbeiter erzielt.
- Auf der Ebene der Einzelressourcen eines Unternehmens, also zum Beispiel einzelner Mitarbeiter, wird 80 Prozent des Wertes aller Wahrscheinlichkeit nach in rund 20 Prozent der Zeit erzeugt, wenn die Mitarbeiter durch eine Kombination verschiedener Umstände – wie persönliche Eigenschaften und genauer Inhalt der Aufgabe – ein Mehrfaches ihrer normalen Effektivität erreichen.
- Die Prinzipien ungleichmäßiger Anstrengungen und Ergebnisse gelten also für alle Ebenen des Geschäftslebens: für Märkte, Marktsegmente, Produkte, Kunden, Abteilungen und Mitarbeiter. Diese Unausgewogenheit – und nicht ein definitorisches Gleichgewicht – prägt die Gesamtheit ökonomischer Tätigkeiten. Offenkundig führen kleine Unterschiede zu großen Konsequenzen. Ein Produkt muß nur einen um 10 Prozent höheren Wert besitzen als ein Konkurrenzerzeugnis, um eine Umsatzdif-

ferenz von 50 Prozent und eine Gewinndifferenz von 100 Prozent zu erzeugen.

Drei praktische Konsequenzen

Eine Konsequenz der 80/20-Theorie des Unternehmens besteht darin, daß erfolgreiche Wettbewerber in Märkten tätig sind, in denen sie mit dem geringsten Aufwand die höchsten Erträge erzielen können. Dies gilt sowohl im absoluten Sinne, das heißt in bezug auf die finanziellen Überschüsse, als auch relativ, das heißt im Vergleich zur Konkurrenz. Als erfolgreich kann man ein Unternehmen nur dann einstufen, wenn es hohe absolute Gewinne (eine hohe Kapitalrendite) erzielt, die (wegen der besseren Gewinnspanne) über denen der Konkurrenz liegen.

Zweitens läßt sich daraus folgern, daß jedes Unternehmen seine Überschüsse beträchtlich steigern kann, wenn es sich auf die Markt- und Kundensegmente konzentriert, in denen es die größten Gewinne erzielt. Dies bringt stets eine Umverteilung der Ressourcen auf die gewinnträchtigsten Segmente mit sich und führt meist auch zu einer Reduzierung des Gesamtumfangs von Ressourcen und Ausgaben (einfach ausgedrückt: weniger Mitarbeiter und andere Kostenfaktoren).

Unternehmen gelangen selten auch nur in die Nähe des höchsten für sie erreichbaren Überschußniveaus, weil die Manager einerseits das Gewinnpotential überhaupt nicht kennen und andererseits oft lieber ein großes Unternehmen leiten als ein außerordentlich gewinnträchtiges.

Drittens ergibt sich die Konsequenz, daß jedes Unternehmen seine Überschüsse steigern kann, wenn es die Ungleichmäßigkeit zwischen Aufwand und Ertrag im eigenen Hause eindämmt. Zu diesem Zweck muß man die Bestandteile des Unternehmens (Mitarbeiter, Fabriken, Verkaufsbüros, Verwaltungseinheiten, Länder) ermitteln, die die höchsten Überschüsse erzielen und sie durch Machtzuwachs und Ressourcenzuteilung fördern; umgekehrt gilt es natürlich auch, die wenig rentablen oder defizitären Ressourcen zu erkunden und sie zu deutlichen Verbesserungen zu ermuntern. Wenn diese ausbleiben, sollten die Aufwendungen für diese Ressourcen eingestellt werden.

Zusammen ergeben diese Grundsätze eine nützliche 80/20-Theorie des Unternehmens, sie dürfen jedoch keinesfalls zu starr und deterministisch ausgelegt werden. Denn diese Grundsätze funktionieren nur, weil sie die Beziehungen in der Natur widerspiegeln, die eine komplizierte Mischung aus Ordnung und Unordnung, aus Regelmäßigkeit und Unregelmäßigkeit darstellen.

Nach Abweichungen Ausschau halten

Um einen Gewinn aus dem 80/20-Prinzip zu ziehen, muß man unbedingt die Beweglichkeit und Kraft der 80/20-Beziehungen erfassen. Andernfalls läuft man Gefahr, das Prinzip zu starr auszulegen und sein volles Potential nicht annähernd ausschöpfen zu können.

Die Welt ist voller kleiner Ursachen, die zusammen gewaltige Wirkungen nach sich ziehen können. Denken sie an einen Topf Milch, der auf dem Herd erhitzt wird. Nach Erreichen einer bestimmten Temperatur verändert die Milch plötzlich ihre Form, schäumt auf und kocht über. Was eben noch ein netter, ordentlicher Topf heiße Milch war, ist im nächsten Augenblick entweder die Schaumkrone eines wunderbaren Cappuccinos oder, wenn man eine Sekunde zu spät kommt, eine Überschwemmung auf der Herdplatte. Im Geschäftsleben ist es ähnlich, wenn es auch etwas länger dauert. In einem Jahr ist IBM unangefochtener Branchenführer mit immensen Gewinnen, und kurz darauf, infolge einer Kombination kleiner Ursachen, ein geblendeter Gigant, der am Rande des Abgrundes dahinstolpert.

Kreative Systeme weichen vom Gleichgewicht ab. Ursache und Wirkung, Aufwand und Ertrag folgen einer nichtlinearen Beziehung. Im Normalfall erhalten Sie nicht das zurück, was sie eingesetzt haben. Manchmal bekommen Sie viel weniger und manchmal viel mehr. Entscheidende Veränderungen innerhalb eines Geschäftssystems können aus scheinbar unbedeutenden Ursachen hervorgehen. Aufgrund minimaler struktureller Unterschiede können Menschen gleicher Intelligenz, Begabung und Einsatzbereitschaft völlig ungleiche Ergebnisse erzielen. Zwar kann man wiederkehrende Ereignismuster beobachten, aber die Ereignisse selbst lassen sich nicht vorausberechnen.

Glückssträhnen erkennen

Aus diesem Grund ist Kontrolle unmöglich. Aber es ist möglich, Ereignisse zu beeinflussen und, wichtiger noch, Abweichungen zu entdecken und aus ihnen Nutzen zu ziehen. Die Kunst der Anwendung des 80/20-Prinzips liegt darin, die vorherrschenden Strömungen und Stimmungen zu erkennen und von dieser Einsicht zu profitieren.

Stellen Sie sich ein verrücktes Spielkasino vor, in dem sich die Roulettescheiben völlig ungleichmäßig drehen. Für alle Zahlen gilt eigentlich eine Gewinnquote von 35 zu 1, aber an den verschiedenen Tischen erscheinen die einzelnen Zahlen mit unterschiedlicher Häufigkeit. An einem erscheint die Fünf alle zwanzig Umdrehungen, an einem anderen erscheint sie nur alle fünfzig Umdrehungen. Wenn Sie am richtigen Tisch auf die richtige Zahl setzen, können Sie ein Vermögen gewinnen. Wenn Sie jedoch darauf beharren, dort auf die Fünf zu setzen, wo sie nur bei jeder fünfzigsten Umdrehung erscheint, wird Ihr gesamtes Geld verschwinden, auch wenn Ihr Startkapital noch so hoch ist.

Wenn Sie herausfinden, wo Ihr Unternehmen viel mehr einnimmt, als es investiert, können Sie den Einsatz erhöhen und einen Volltreffer landen. Und wenn Sie umgekehrt klären, wo Ihr Unternehmen seine Investitionen nicht wiedereinbringt, können Sie den Verlusten einen Riegel vorschieben.

Das »Wo« in diesem Zusammenhang kann überall liegen. Es kann ein Produkt sein, ein Markt, ein Kunde oder Kundentyp, eine Technologie, ein Absatzkanal, eine Abteilung oder ein Geschäftsbereich, ein Land, eine Transaktionsform, aber auch ein Mitarbeiter, ein Mitarbeitertyp oder ein Team. Es kommt darauf an, die wenigen Bereiche hoher Überschüsse aufzuspüren und zu maximieren sowie die Verlustzonen zu erkennen und sich aus ihnen zurückzuziehen.

Wir sind dazu ausgebildet worden, uns in unserem Denken an Ursachen und Wirkungen zu orientieren, an regelmäßigen Beziehungen, an Durchschnittsrenditen, am vollkommenen Wettbewerb und an berechenbaren Resultaten. Die Wirklichkeit sieht anders aus. Die Wirklichkeit ist ein Konglomerat zahlloser Einflüsse, in dem sich die Grenzen zwischen Ursachen und Wirkungen verwischen und die Anstrengungen durch Rückkopplungsschleifen verzerrt werden; in dem das Gleichgewicht vergänglich und oft nur illusorisch ist; in dem es Verteilungsmuster wiederkehrender, aber unregelmäßiger Leistungen gibt; in dem die Unternehmen nicht durch ein Kopf-an-Kopf-Rennen, sondern durch Differenzierung florieren; und in dem einige Glückliche einen Vorsprung im Wettbewerb erreichen und größten Gewinn daraus ziehen.

Aus diesem Blickwinkel betrachtet, sind Unternehmen unglaublich komplexe und ständig sich verändernde Zusammenschlüsse von Kräften, von denen einige der natürlichen Strömung folgen und ein Vermögen verdienen, während andere sich gegen den Strom stellen und riesige Verluste einfahren. Dies bleibt uns meist verborgen, weil wir nicht imstande sind, die Unternehmensrealität zu entwirren, aber auch weil die Buchhaltungssysteme einen beschwichtigenden und gleichmacherischen (die wahren Zusammenhänge verzerrenden) Einfluß ausüben. Trotz seiner Allgegenwart wird das 80/20-Prinzip kaum bemerkt. Im Geschäftsleben ist uns meist nur der Blick auf das Endresultat der Ereignisse möglich, das jedoch keineswegs identisch mit dem Gesamtbild ist. Unter der Oberfläche gibt es widerstreitende positive und negative Anstrengungen, die zusammen den über der Oberfläche sichtbaren Effekt ergeben. Das 80/20-Prinzip ist am nützlichsten, wenn wir alle Kräfte unter der Oberfläche erkennen, um die negativen Einflüsse zu beseitigen und den produktivsten Kräften zur maximalen Entfaltung verhelfen zu können.

Nutzung des 80/20-Prinzip zur Gewinnsteigerung

Genug Geschichte, Philosophie und Theorie! Wir wollen uns jetzt praktischen Fragen zuwenden. Jedes Unternehmen kann aus der praktischen Anwendung des 80/20-Prinzips immensen Nutzen ziehen. Wie das funktioniert, wird in den nächsten Kapiteln verraten.

Die Kapitel 4 bis 7 beschäftigen sich mit den wichtigsten Möglichkeiten zur Gewinnsteigerung durch das 80/20-Prinzip. Den Abschluß des zweiten Teils bildet Kapitel 8 mit Hinweisen zum Einsatz des 80/20-Denkens in Ihrem Geschäftsalltag, was einem Wettbewerbsvorteil gegenüber Ihren Kollegen und Konkurrenten gleichkommt.

Im nächsten Kapitel beginnen wir mit der für jedes Unternehmen wichtigsten Anwendung des 80/20-Prinzips: mit der Ermittlung der besonders gewinnträchtigen sowie der überaus verlustreichen Bereiche. Alle Geschäftsleute glauben diese Bereiche bereits zu kennen und liegen damit fast immer falsch. Wenn sie den richtigen Überblick hätten, würde dies zu einer drastischen Umstrukturierung der Unternehmen führen.

4
Fehler in der Strategie

Wenn Sie Ihre Geschäftsstrategie noch nicht anhand des 80/20-Prinzips überarbeitet haben, können Sie ziemlich sicher sein, daß sie erhebliche Mängel aufweist. Sehr wahrscheinlich haben Sie keinen genauen Überblick darüber, wo Sie die größten Gewinne und Verluste erzielen. Und bestimmt machen Sie zu viele Dinge für zu viele Leute.

Eine Geschäftsstrategie sollte keine beeindruckende und umfassende Gesamtschau sein. Sie sollte mehr einem Blick hinter die Kulissen gleichen, der die genauen Details der Vorgänge zeigt. Um zu einer nützlichen Geschäftsstrategie zu gelangen, müssen Sie sich die verschiedenen Elemente Ihres Unternehmens gewissenhaft ansehen, vor allem, was ihre Rentabilität und Liquidität angeht.

Selbst wenn Ihr Unternehmen nicht sehr klein und überschaubar ist, können Sie mit an Sicherheit grenzender Wahrscheinlichkeit davon ausgehen, daß *Sie mindestens 80 Prozent Ihrer Gewinne und liquiden Mittel mit nur 20 Prozent Ihrer Tätigkeiten und 20 Prozent Ihres Umsatzes erzielen*. Sie müssen nur herausfinden, *welche* 20 Prozent das sind.

Wo erzielen Sie die größten Gewinne?

Welche Teile des Unternehmens werfen große Gewinne ab, welche spielen gerade noch ihren Einsatz ein und welche schneiden katastrophal ab? Um das herauszufinden, führen wir eine 80/20-Analyse der Gewinne nach verschiedenen Geschäftskategorien durch:

- nach Produkten oder Produktgruppen/typen;
- nach Kunden oder Kundengruppen/typen;
- nach jeder anderen für Ihr Unternehmen relevanten Einteilung, für die Daten vorliegen; zum Beispiel nach geographischen Regionen oder nach Absatzkanälen;
- nach Wettbewerbssegmenten.

Wir beginnen bei den *Produkten*. Ihr Unternehmen verfügt mit Sicherheit über Informationen nach Produkten oder Produktgruppen. Sehen Sie sich zu allen den Umsatz des letzten Monats, Quartals oder Jahres an (überlegen Sie, was am zuverlässigsten ist), und errechnen Sie nach Zuteilung aller Kosten die jeweilige Rentabilität.

Wie leicht oder schwer Ihnen dies fällt, hängt vom Stand Ihrer Managementinformationen ab. Vielleicht sind die erforderlichen Daten verfügbar und ohne weiteres zugänglich, aber falls nicht, müssen Sie sie selbst zusammenstellen. Bestimmt liegen Ihnen Angaben über den Umsatz nach Produkten oder Produktlinien und die Bruttospanne (Umsatz minus Umsatzaufwendungen) vor. Die Gemeinkosten des gesamten Unternehmens kennen Sie wohl auch. Diese müssen Sie nun nach einer vernünftigen Formel auf die einzelnen Produktgruppen aufteilen.

Der einfachste Weg wäre eine Kostenaufteilung nach Prozentanteil am Umsatz. Ein wenig Nachdenken wird Sie jedoch davon überzeugen, daß dies kaum zu genauen Ergebnissen führen wird. Zum Beispiel erfordern manche Produkte, gemessen an ihrem Wert, sehr viel Verkaufszeit, andere wieder sehr wenig. Für manche wird sehr viel Werbung gemacht, für andere gar nicht. Einige verlangen komplexe Fertigungsabläufe, andere lassen sich problemlos herstellen.

Teilen Sie alle Kategorien von Gemeinkosten auf die einzelnen Produktgruppen auf, und sehen Sie sich nach Berücksichtigung sämtlicher Kosten die Ergebnisse an.

Im Normalfall erweisen sich einige Produkte, die nur eine Minderheit des Umsatzes darstellen, als äußerst gewinnträchtig; die Mehrheit der Produkte erzielt bescheidene oder unwesentliche Ge-

Produkt	in 1000 $ Umsatz	Ertrag	Umsatz-rendite (%)
Produktgruppe A	3 750	1 330	35,5
Produktgruppe B	17 000	5 110	30,1
Produktgruppe C	3 040	601	25,1
Produktgruppe D	12 070	1 880	15,6
Produktgruppe E	44 110	5 290	12,0
Produktgruppe F	30 370	2 990	9,8
Produktgruppe G	5 030	– 820	–15,5
Produktgruppe H	4 000	– 3 010	–75,3
Gesamt	119 370	13 380	11,2

Abbildung 10: Electronic Instruments Inc., Umsatz- und Gewinntabelle nach Produktgruppen

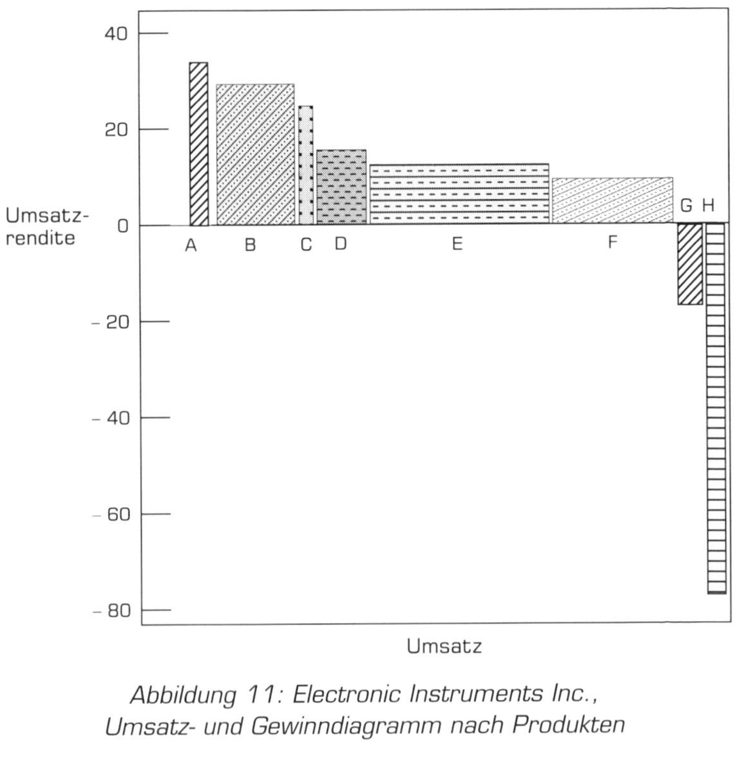

Abbildung 11: Electronic Instruments Inc., Umsatz- und Gewinndiagramm nach Produkten

winne; und einige verzeichnen nach Zuteilung aller Kosten hohe Verluste.

Abbildung 10 zeigt die Zahlen einer Untersuchung, die ich kürzlich für einen Hersteller elektronischer Instrumente durchgeführt habe. Wenn Sie sich lieber Bilder als Zahlen ansehen, werfen Sie einen Blick auf Abbildung 11, die die gleichen Daten visuell darstellt.

Aus Tabelle und Diagramm ersehen wir, daß die Produktgruppe A nur 3 Prozent des Umsatzes, aber 10 Prozent der Gewinne ausmacht. Die Produktgruppen A, B und C sorgen für 20 Prozent des Umsatzes, aber für 53 Prozent der Gewinne. Dies läßt sich durch die Erstellung einer 80/20-Tabelle oder eines 80/20-Diagramms verdeutlichen, wie in den Abbildungen 12 und 13 dargestellt.

	Umsatz in Prozent		Gewinn in Prozent	
Produkt	*Gruppe*	*kumuliert*	*Gruppe*	*kumuliert*
Produktgruppe A	3,1	3,1	9,9	9,9
Produktgruppe B	14,2	17,3	38,2	48,1
Produktgruppe C	2,6	19,9	4,6	52,7
Produktgruppe D	10,1	30,0	14,1	66,8
Produktgruppe E	37,0	67,0	39,5	106,3
Produktgruppe F	25,4	92,4	22,4	128,7
Produktgruppe G	4,2	96,6	-6,1	122,6
Produktgruppe H	3,4	100,0	–22,6	100,0

Abbildung 12: Electronic Instruments Inc.,
80/20-Tabelle nach Produktgruppen

Wir haben zwar noch nicht die 20 Prozent des Umsatzes gefunden, mit denen 80 Prozent der Gewinne erzielt werden, aber wir sind auf dem besten Wege. Immerhin haben wir schon eine 67/30-Verteilung gefunden: 30 Prozent des Produktumsatzes machen 67 Prozent der Gewinne aus. Sie machen sich vielleicht schon die ersten Gedanken über mögliche Maßnahmen zur Steigerung des Umsatzes der Produktgruppen A, B und C. Zum Beispiel können Sie alle Verkaufsanstrengungen von den anderen 80 Prozent des Geschäfts abziehen und die

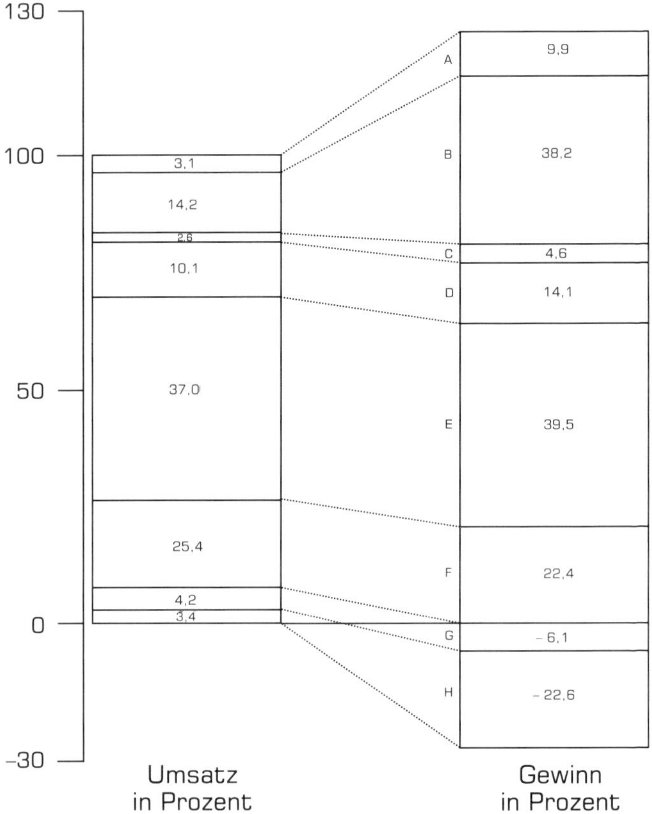

Abbildung 13: Electronic Instruments Inc., 80/20-Diagramm nach Produktgruppen

Verkäufer anweisen, sich auf eine Verdoppelung des Umsatzes der Produkte A, B und C zu konzentrieren und sich um den Rest nicht weiter zu kümmern. Bei einer erfolgreichen Realisierung würde der Umsatz nur um 20 Prozent, aber der Gewinn um 50 Prozent steigen.

Möglicherweise denken Sie bereits an eine Kostensenkung oder Preiserhöhung für die Produktgruppen D, E und F. Und bei den Produktgruppen G und H richten sich die Überlegungen wohl eher auf radikale Kürzungen oder einen völligen Rückzug.

Wie steht es mit der Kundenrentabilität?

Nach den Produkten wenden Sie sich den Kunden zu. Die Analyse ist die gleiche, nur daß Sie sich diesmal die Gesamtkäufe der einzelnen Kunden oder Kundengruppen vornehmen. Manche Kunden zahlen hohe Preise, verursachen aber mit ihrer Nachfrage auch hohe Kosten. Hier handelt es sich oft um kleinere Gruppen. Die Großkunden bereiten wahrscheinlich keine Mühe und nehmen große Stückzahlen eines Produkts ab, aber sie handeln Sie im Preis herunter. Manchmal gleichen sich diese Vor- und Nachteile aus, aber oft auch nicht. Die Zahlen für den Konzern Electronic Instruments Inc. zeigen wir in den Abbildungen 14 und 15.

	in 1000 $		
Kunde	*Umsatz*	*Ertrag*	*Umsatzrendite (%)*
Kundentyp A	18350	7865	42,9
Kundentyp B	11450	3916	34,2
Kundentyp C	43100	3969	9,2
Kundentyp D	46470	– 2370	– 5,1
Gesamt	119370	13380	11,2

Abbildung 14: Electronic Instruments Inc., Umsatz- und Gewinntabelle nach Kundengruppen

Noch ein Wort der Erklärung zu den Kundengruppen. Kunden vom Typ A sind kleine Direktabnehmer, die hohe Preise bezahlen. Sie sind sehr service- und daher auch kostenintensiv, aber die hohen Bruttospannen machen dies mehr als wett. Kunden vom Typ B sind Wiederverkäufer, die meist Großaufträge erteilen und nur geringe Kosten verursachen, aber relativ hohe Preise akzeptieren, vor allem weil die Elektronikkomponenten nur einen Bruchteil ihrer gesamten Produktkosten ausmachen. Kunden vom Typ C sind Exportabnehmer, die sehr hohe Preise bezahlen. Allerdings macht sie ihr

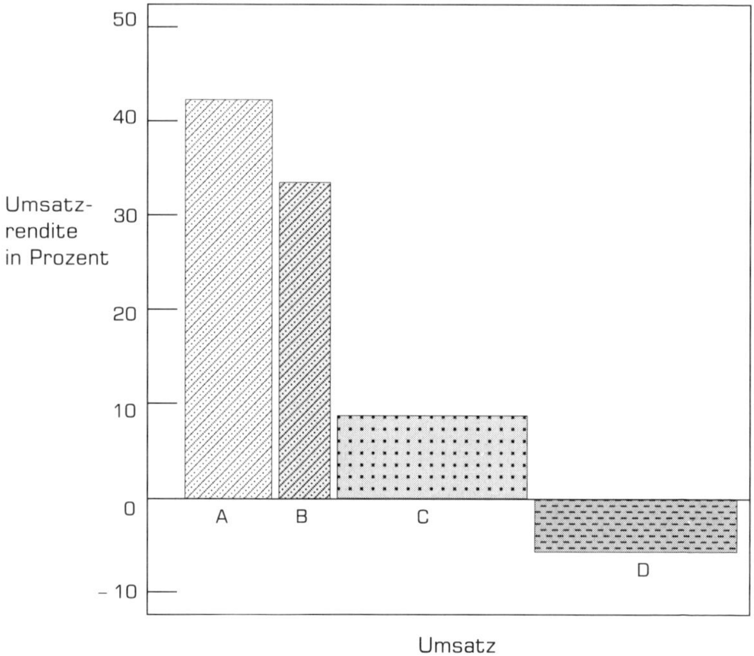

Abbildung 15: Electronics Instruments Inc., Umsatz- und Gewinndiagramm nach Kundengruppen

hoher Serviceaufwand äußerst kostspielig. Kunden vom Typ D sind große Hersteller, die bei den Preisen sehr hart verhandeln und darüber hinaus in großem Umfang technische Unterstützung und Spezialanfertigungen verlangen.

Die Abbildungen 16 und 17 zeigen die 80/20-Tabelle beziehungsweise das 80/20-Diagramm für die Kundengruppen.

Die Zahlen verdeutlichen ein 59/15-Verhältnis und ein 88/25-Verhältnis: Die einträglichste Kundenkategorie macht 15 Prozent des Umsatzes und 59 Prozent der Gewinne aus; und die rentabelsten 25 Prozent der Kunden sorgen für 88 Prozent der Gewinne. Dies ergibt sich einerseits daraus, daß die gewinnträchtigsten Kunden oft auch die rentabelsten Produkte abnehmen, und anderer-

Kunde		Umsatz in Prozent *Gruppe*	*kumuliert*	Gewinn in Prozent *Gruppe*	*kumuliert*
Kundentyp	A	15,4	15,4	58,9	58,9
Kundentyp	B	9,6	25,0	29,3	88,2
Kundentyp	C	36,1	61,1	29,6	117,8
Kundentyp	D	38,9	100,0	–17,8	100,0

Abbildung 16: Electronic Instruments Inc., 80/20-Tabelle nach Kundengruppen

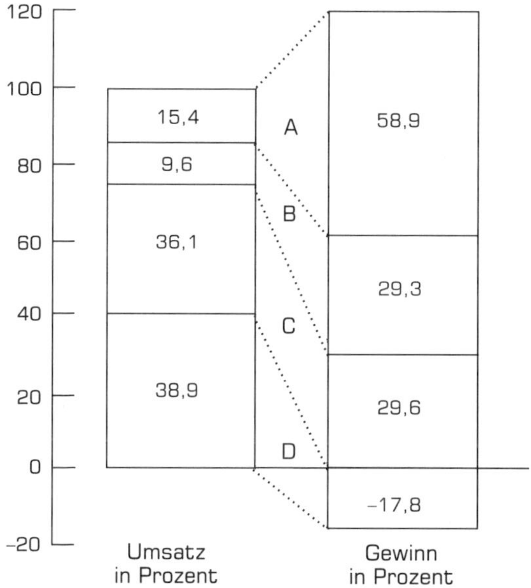

Abbildung 17: Electronic Instruments Inc., 80/20-Diagramm nach Kundengruppen

seits, daß sie im Verhältnis zu ihren Servicekosten höhere Preise bezahlen.

Diese Analyse führte zu einer erfolgreichen Kampagne, um mehr Kunden vom Typ A und B zu gewinnen: kleine Direktabnehmer und Wiederverkäufer. Selbst unter Berücksichtigung der Kosten für die Kampagne war das Resultat äußerst einträglich. Für die Kunden vom Typ C (Exportabnehmer) hob man vereinzelt die Preise an und erreichte bei einigen von ihnen – vor allem durch verstärkten Einsatz des Telefons und Verzicht auf Direktkontakte – eine Senkung der Servicekosten. Für die Kunden vom Typ D (die Großhersteller) fand man individuelle Lösungen. Neun von ihnen machten 97 Prozent des Umsatzes dieser Kundengruppe aus. In einigen Fällen wurden technische Entwicklungsdienste gesondert berechnet; in anderen Fällen wurden die Preise angehoben; und drei Kunden »verlor« man in einem taktischen Preiskampf an den unbeliebtesten Konkurrenten. Die Manager wünschten dem Konkurrenten viel Spaß mit seinen Neukunden!

80/20-Analyse einer Unternehmensberatung

Nach den Produkten und Kunden nehmen Sie sich jede weitere für Ihr Unternehmen relevante Geschäftsaufteilung vor. In unserem Elektronikunternehmen gab es keinen Ansatz für weitere Analysen dieser Art, deshalb wollen wir zur Veranschaulichung die einfache Umsatz- und Gewinnaufteilung einer Unternehmensberatung ansehen, die in den Abbildungen 18 und 19 gezeigt wird.

	in 1000 $		
Geschäfts-aufteilung	*Umsatz*	*Ertrag*	*Umsatz-rendite (%)*
Großprojekte	35 000	16 000	45,7
Kleine Projekte	135 000	12 825	9,5
Gesamt	170 000	28 825	17,0

Abbildung 18: Strategy Consulting Inc., Vergleichstabelle zur Rentabilität großer und kleiner Kunden

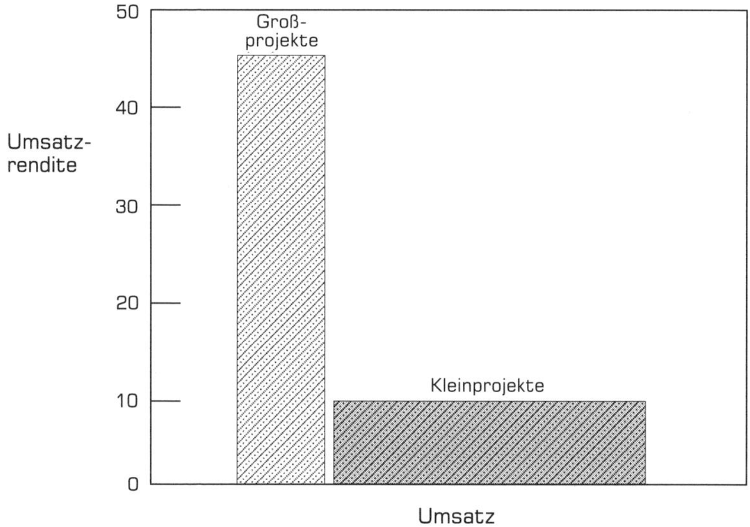

Abbildung 19: Strategy Consulting Inc.,
Vergleichsdiagramm zur Rentabilität großer und kleiner Kunden

Eine weitere Analyse, die in den Abbildungen 20 und 21 dargestellt wird, teilt das Geschäft in »alte« (älter als drei Jahre), »neue« (höchstens sechs Monate) und die dazwischenliegenden Kunden ein.

	in 1000 $		
Geschäfts-aufteilung	*Umsatz*	*Ertrag*	*Umsatz-rendite (%)*
Alte Kunden	43500	24055	55,3
Dazwischenliegende Kunden	101000	12726	12,6
Neue Kunden	25500	– 7956	31,2
Gesamt	170000	28825	17,0

Abbildung 20: Strategy Consulting Inc.,
Vergleichstabelle zur Rentabilität alter und neuer Kunden

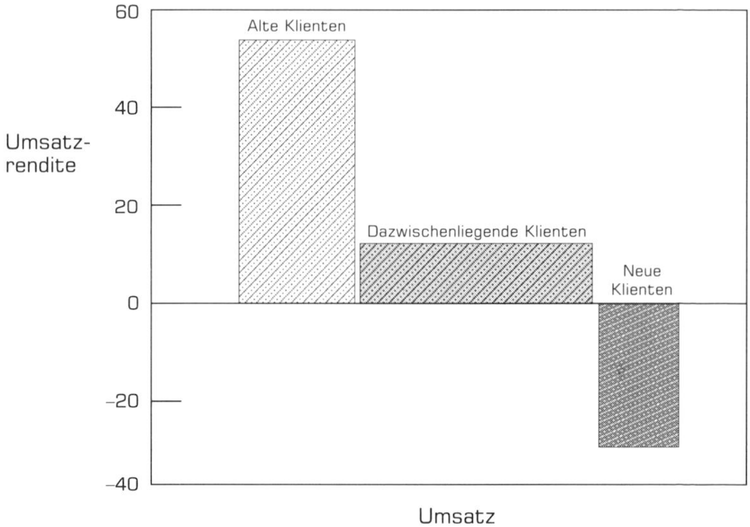

Abbildung 21: Strategy Consulting Inc.,
Vergleichsdiagramm zur Rentabilität alter und neuer Kunden

Diesen Zahlen ist zu entnehmen, daß 26 Prozent der Auftraggeber (alte Kunden) 84 Prozent der Gewinne ausmachten: eine 84/26-Verteilung. Hier mußte man vor allem danach streben, langjährige Kunden zu halten und das Geschäft mit ihnen weiter auszubauen, weil sie am wenigsten preissensibel waren und ihre Aufträge relativ kostengünstig abgewickelt werden konnten. Neukunden ohne langfristiges Potential zur Zusammenarbeit wurden als Verlustgeschäft erkannt, so daß man sich im Hinblick auf die Auftragsakquisition zu einem selektiveren Vorgehen entschloß. Man legte nur noch dann ein Angebot vor, wenn man an die Möglichkeit einer langfristigen Bindung des betreffenden Kunden glaubte.

Die Abbildungen 22 und 23 fassen eine dritte Analyse für die Unternehmensberatung zusammen, die eine Einteilung in drei Projekttypen vornahm: Mergers und Acquisitions (M&A), strategische Analysen und operative Vorhaben.

	in 1000 $		
Geschäfts-aufteilung	*Umsatz*	*Ertrag*	*Umsatz-rendite (%)*
M&A	37 600	25 190	67,0
Strategische Analyse	75 800	11 600	15,3
Operative Projekte	56 600	7 965	14,1
Gesamt	170 000	28 825	17,0

Abbildung 22: Strategy Consulting Inc.,
Vergleichstabelle zur Rentabilität der Projekttypen

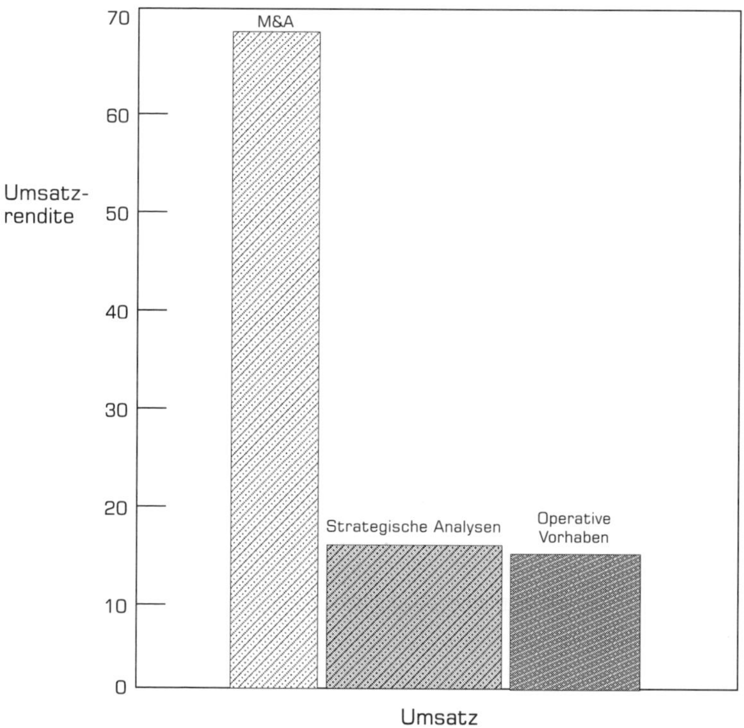

Abbildung 23: Strategy Consulting Inc.,
Vergleichsdiagramm zur Rentabilität der Projekttypen

Diese Aufteilung zeigte ein 87/22-Verhältnis: Die M&A-Projekte waren mit 87 Prozent der Gewinne und 22 Prozent des Umsatzes überaus einträglich. Daraufhin verdoppelte man die Anstrengungen, um mehr M&A-Aufträge zu bekommen.

Operative Projekte für alte Kunden erwiesen sich nach gesonderter Analyse als ungefähr kostendeckend, während man bei operativen Projekten für Neukunden große Verluste machte. Dies führte zu der Entscheidung, solche Aufträge von Neukunden nicht mehr zu übernehmen. Alte Kunden mußten für entsprechende Aufträge deutlich höhere Preise bezahlen oder wurden ermuntert, sie an Agenturen zu vergeben, die sich auf operative Beratung spezialisiert haben.

Segmentierung ist der Schlüssel zum Verständnis und zur Steigerung der Rentabilität

Den besten Ansatz zur Untersuchung der Rentabilität Ihres Unternehmens bildet dessen Aufgliederung in *Wettbewerbssegmente*. Analysen der Produkte, Kunden und anderer relevanter Kriterien sind zwar sehr wertvoll, aber die aufschlußreichsten Einsichten gewinnt man aus der Zusammenfassung von Kunden und Produkten in Kategorien, die in bezug auf die wichtigsten Konkurrenten definiert sind. Das ist nicht so schwierig, wie es vielleicht klingt, aber nur wenige Unternehmen gliedern ihr Geschäft auf diese Weise auf. Daher ist eine kurze Darstellung nötig.

Was ist ein Wettbewerbssegment?

Ein Wettbewerbssegment ist ein Teil Ihres Geschäfts, in dem Sie es mit einem spezifischen Konkurrenten oder einer spezfischen Wettbewerbsdynamik zu tun haben.

Nehmen Sie ein beliebiges Element Ihres Geschäfts: ein Produkt, einen Kunden, eine an einen Kundentyp verkaufte Produktlinie oder eine andere für Sie wichtige Kategorie (Berater würden hier vielleicht an M&A-Projekte denken). Legen Sie sich jetzt zwei einfache Fragen vor:

- *Haben Sie es in diesem Teil Ihres Geschäfts mit einem anderen Konkurrenten zu tun als in anderen Bereichen?*

  Lautet die Antwort Ja, dann handelt es sich um ein eigenes Wettbewerbssegment (fortan kurz: Segment).
  Wenn Sie gegen einen Spezialisten konkurrieren, hängt Ihre Rentabilität davon ab, wie Ihre Produkte und Dienstleistungen im Vergleich zu seinen abschneiden. Was ziehen die Kunden vor? Wie sehen Ihre Gesamtkosten für das Produkt im Vergleich zum Konkurrenten aus? Ihre Rentabiliät wird also nicht zuletzt von Ihrem Konkurrenten abhängen.
  Daher erscheint es vernünftig, diesen Bereich Ihrer Geschäftstätigkeit gesondert zu betrachten und eine eigene Strategie für ihn zu entwickeln, die Ihren Konkurrenten in die Schranken weist oder eine einvernehmliche Regelung mit ihm erlaubt. Nicht weniger sinnvoll erscheint es, auch die Rentabilität dieses Bereichs gesondert zu ermitteln. Möglicherweise erleben Sie eine faustdicke Überraschung.
  Wenn Sie es in einem Bereich mit demselben Konkurrenten zu tun haben wie in einem anderen (die Hauptkonkurrenz für Ihre Produkte A und B stammt aus dem gleichen Unternehmen), müssen Sie sich eine weitere Frage stellen:

- *Ist das Verhältnis der Umsätze und Marktanteile zwischen Ihnen und Ihrem Konkurrenten in beiden Bereichen gleich, oder verfügt er in einem Bereich und Sie im anderen über größere Stärke?*

  Wenn Sie zum Beispiel mit Ihrem Produkt A einen Marktanteil von 20 Prozent besitzen und Ihr Hauptkonkurrent hält mit 40 Prozent einen doppelt so hohen Anteil, dann stellt sich die Frage, ob dieses Kräfteverhältnis auch für Produkt B gilt. Wenn Sie mit Produkt B einen Marktanteil von 15 Prozent halten und Ihr Konkurrent nur 10 Prozent, dann liegen bei den beiden Produkten unterschiedliche Wettbewerbspositionen vor.

Und dafür gibt es natürlich Gründe. Vielleicht bevorzugen die Verbraucher Ihre Marke bei Produkt B und die des Konkurrenten bei Produkt A. Möglicherweise legt der Konkurrent keinen großen Wert auf sein Erzeugnis der Sorte B. Es kann auch sein, daß Sie bei Produkt B eine Effizienz und preisliche Wettbewerbsfähigkeit erreichen, die Ihnen bei Produkt A fehlt. Aber in diesem Stadium müssen Sie die Gründe noch nicht kennen. Sie müssen nur zur Kenntnis nehmen, daß Sie es in beiden Bereichen zwar jeweils mit demselben Konkurrenten, aber mit einer unterschiedlichen Kräfteverteilung zu tun haben. Es handelt sich um getrennte Segmente mit wahrscheinlich unterschiedlicher Rentabilität.

Aus der Orientierung an der Konkurrenz ergeben sich wichtige Geschäftsaufteilungen

Wenn Sie nicht von einer konventionellen Geschäftsdefinition nach Produkten oder der Leistung einzelner Unternehmensabteilungen ausgehen, sondern Wettbewerbssegmente als Grundlage heranziehen, haben Sie den wichtigsten Denkansatz zur Aufteilung Ihrer Geschäftstätigkeit gefunden.

Die Manager des oben beschriebenen Herstellers von Elektronikinstrumenten konnten sich nicht darauf einigen, wie sie ihre Geschäftstätigkeit analysieren sollten. Einige hielten die Produkte für die ausschlaggebende Kategorie. Andere sahen die entscheidende Aufteilung darin, ob die Kunden aus der Pipelinebranche (in etwa Ölgesellschaften) oder aus der Fließfertigungsindustrie (wie zum Beispiel Lebensmittelhersteller) stammten. Eine dritte Gruppierung betonte den großen Unterschied zwischen dem US-Geschäft und dem Export. Da sie von verschiedenen Voraussetzungen ausgingen, die alle etwas für sich hatten, kam man bei der Organisation der Geschäftstätigkeiten und in der Kommunikation untereinander keinen Schritt voran.

Die Aufteilung in Wettbewerbssegmente entzog diesem Streit die Grundlage. Das Vorgehen ist denkbar einfach: Wenn man es weder mit einem anderen Konkurrenten noch mit einer unterschiedlichen Wettbewerbsposition zu tun hat, dann handelt es sich auch nicht um ein eigenes Segment. Im Handumdrehen hatten wir eine klare und für alle verständliche Aufgliederung in Segmente gefunden.

Zunächst war ersichtlich, daß man mit den meisten, aber nicht mit allen Produkten gegen sehr verschiedene Wettbewerber konkurrierte. Wenn es sich um dieselben Konkurrenten handelte und auch eine vergleichbare Wettbewerbsposition vorlag, faßten wir die Produkte in einem Segment zusammen. In den meisten Fällen jedoch wurden die Produkte getrennt eingeordnet.

Dann fragten wir, ob sich die Wettbewerbspositionen in bezug auf Pipelinekunden und in bezug auf Fertigungskunden unterschieden. Mit einer Ausnahme lautete die Antwort bei allen Produkten

Segment	in 1000 $ *Umsatz*	*Ertrag*	*Umsatzrendite (%)*
1	2250	1030	45,8
2	3020	1310	43,4
3	5370	2298	42,8
4	2000	798	39,9
5	1750	532	30,4
6	17000	5110	30,1
7	3040	610	25,1
8	7845	1334	17,0
9	4224	546	12,9
10	13000	1300	10,0
11	21900	1927	8,8
12	18100	779	4,3
13	10841	– 364	– 3,4
14	5030	– 820	–15,5
15	4000	–3010	–75,3
Gesamt	119370	13380	11,2

Abbildung 24: Electronic Instruments Inc., Vergleichstabelle zur Rentabilität der Segmente

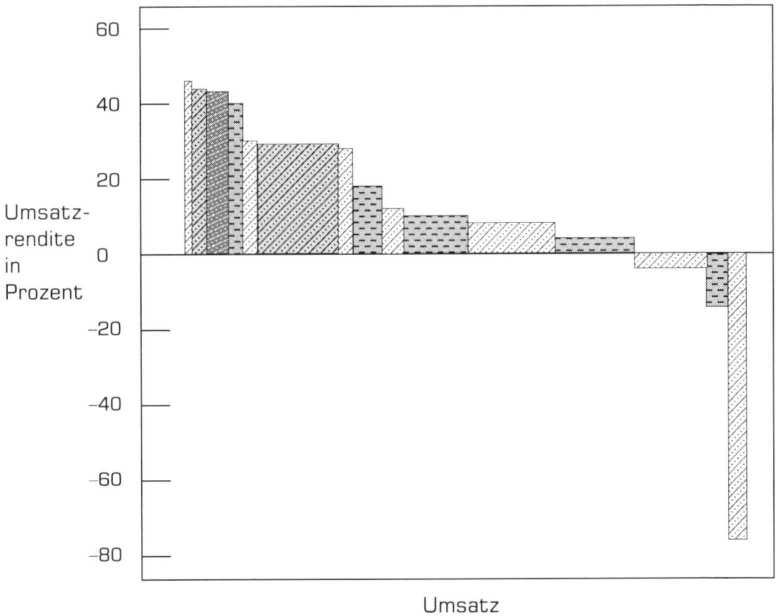

Abbildung 25: Electronic Instruments Inc., Vergleichsdiagramm zur Rentabilität der Segmente

Nein. Bei diesem einen Produkt, den Flüssigkeitsdichte-Geräten, hatte man es mit verschiedenen großen Konkurrenten zu tun. Daher legten wir in diesem Fall zwei Segmente fest: Flüssigkeitsdichte/Pipeline und Flüssigkeitsdichte/Fertigung.

Schließlich stellten wir die Frage, ob man in den Einzelsegmenten in den USA und im internationalen Geschäft mit verschiedenen Wettbewerbern oder in unterschiedlicher Wettbewerbsposition konkurrierte. In den meisten Fällen hieß die Antwort Ja. Ab einer bestimmten Größenordnung stellten wir die gleiche Frage für verschiedene Länder des internationalen Geschäfts: Handelte es sich in Großbritannien, Frankreich oder Asien um denselben Konkurrenten? Wenn es verschiedene Wettbewerber waren, teilten wir das Geschäft in weitere Segmente auf.

So gelangten wir zu einem Mosaik von 15 großen Segmenten

(zur Vermeidung unnötiger Arbeit wurden die kleinen zusammengefaßt), die in der Regel nach Produkten und geographischen Regionen, aber in dem schon bekannten Fall nach Produkt und Kundentypen (Flüssigkeitsdichte/Pipeline/weltweit und Flüssigkeitsdichte/Fertigung/weltweit) aufgeteilt wurden. In jedem Segment stand man einem anderen Konkurrenten gegenüber oder befand sich in einer anderen Wettbewerbsposition. Auf dieser Basis analysierten wir die Aufteilung des Umsatzes und der Gewinne auf die Einzelsegmente, wie es in den Abbildungen 24 und 25 dargestellt wird.

Zur Verdeutlichung der unausgewogenen Verteilung von Umsatz und Gewinnen können wir wiederum eine 80/20-Tabelle (Abbildung 26) und ein 80/20-Diagramm (Abbildung 27) erstellen.

Diesen Zahlen können wir entnehmen, daß die oberen sechs Segmente nur 26,3 Prozent des Gesamtumsatzes, aber 82,9 Prozent der Gewinne ausmachen. Es liegt also eine 83/26-Verteilung vor.

	Umsatz in Prozent		Gewinn in Prozent	
Segment	*Gruppe*	*kumuliert*	*Gruppe*	*kumuliert*
1	1,9	1,9	7,7	7,7
2	2,5	4,4	9,8	17,5
3	4,5	8,9	17,2	34,7
4	1,7	10,6	6,0	40,7
5	1,5	12,1	4,0	44,7
6	14,2	26,3	38,2	82,9
7	2,5	28,8	4,6	87,5
8	6,6	35,4	10,0	97,5
9	3,5	38,9	4,1	101,6
10	10,9	49,8	9,7	111,3
11	18,3	68,1	14,4	125,7
12	15,2	83,3	5,8	131,5
13	9,1	92,4	– 2,7	128,8
14	4,2	96,6	– 6,0	122,6
15	3,4	100,0	–22,6	100,0

Abbildung 26: Electronic Instruments Inc., 80/20-Vergleichstabelle zu Umsatz und Gewinnen nach Segmenten

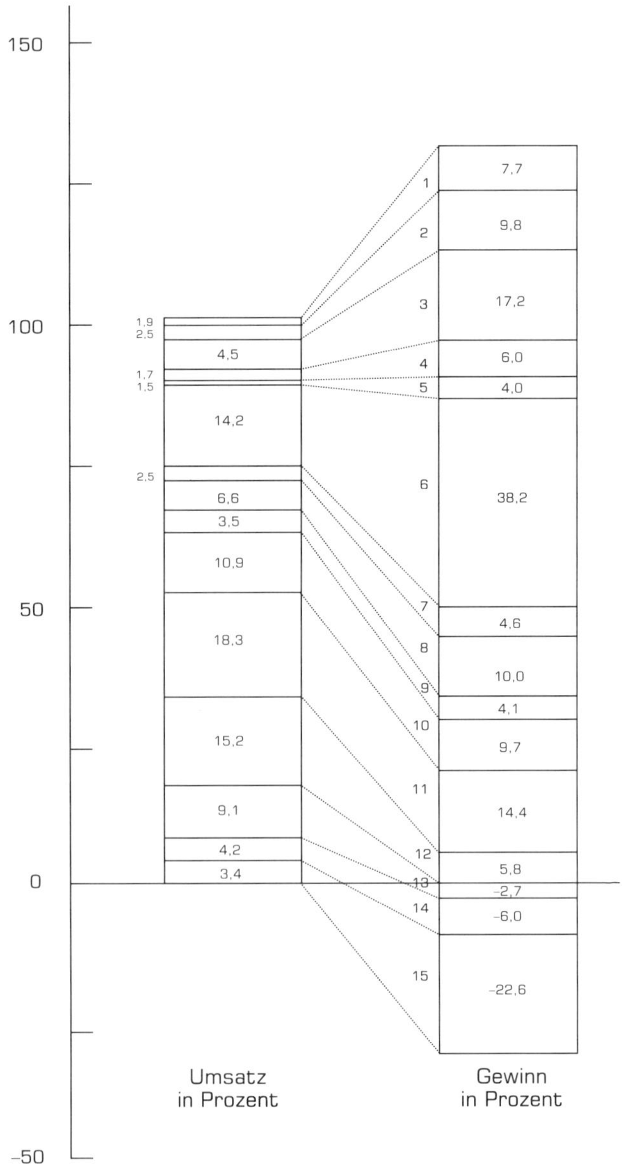

Abbildung 27: Electronic Instruments Inc.,
Vergleichsdiagramm zur Rentabilität nach Segmenten

Was unternahm Electronic Instruments Inc. zur Steigerung der Gewinne?

Die Erkenntnisse aus den Abbildungen 26 und 27 legten eine Gliederung in drei Kategorien nahe.

Die rentabelsten Bereiche des Unternehmens, die Segmente 1 bis 6, wurden als Geschäftsfelder oberster Priorität (A) klassifiziert. Sie sollten aggressiv ausgebaut werden. Über 80 Prozent der Gewinne stammten aus diesen Segmenten, die für sie aufgewandte Managementzeit entsprach jedoch nur ihrem Anteil am Umsatz. Es wurde beschlossen, die Arbeitszeit für diese Geschäftsfelder auf zwei Drittel der Gesamtzeit anzuheben. Der Verkaufsstab konzentrierte seine Bemühungen darauf, den Absatz dieser Produkte bei alten und neuen Kunden zu steigern. Man gelangte zu der Einsicht, daß man sich ein Angebot von Sonderleistungen oder eine leichte Preissenkung erlauben konnte, ohne die hervorragenden Erträge wesentlich zu schmälern.

Der zweite Bereich von Geschäftsfeldern umfaßte die Segmente 7 bis 12. Diese machten zusammen 57 Prozent des Umsatzes und 49 Prozent der Gewinne aus und lagen damit geringfügig unter der Durchschnittsrentabilität. Diese Segmente wurden als Priorität B klassifiziert, obgleich manche Segmente dieser Kategorie (wie etwa 7 und 8) offensichtlich interessanter waren als andere (wie etwa 11 und 12). Die Einordnung nach Priorität für diese Segmente hing nicht zuletzt auch von der Antwort auf die beiden zu Beginn dieses Kapitels gestellten Fragen ab: ob die Segmente einen attraktiven Markt darstellten und wie gut das Unternehmen in den einzelnen Segmenten positioniert war. Die Antwort auf diese beiden Fragen wird im abschließenden Teil dieses Kapitels skizziert.

In dieser Phase traf man die Entscheidung, die Managementzeit für die B-Segmente – ungefähr 60 Prozent des Gesamtaufwands – zu halbieren. Und in einigen der weniger rentablen Segmente wurden die Preise angehoben.

Die dritte Kategorie der Priorität X umfaßte die unrentablen Segmente 13 bis 15. Die Entscheidung darüber, wie man mit diesen und auch den Segmenten der Kategorie B weiterverfahren sollte, wurde zurückgestellt, weil man zunächst die Ergebnisse der Analyse zur Marktattraktivität und zur Wettbewerbsposition des Unternehmens in den einzelnen Märkten abwarten wollte.

Vorläufig konnte man jedoch bereits eine Neueinteilung der Prioritäten vornehmen, die in Abbildung 28 gezeigt wird.

Priorität	*Segmente*	*Umsatz in Prozent*	*Gewinn in Prozent*	*Maßnahmen*
A	1-6	26,3	82,9	Verkauf forcieren Managementzeit erhöhen Preisflexibilität
B	7-12	57,0	48,5	Managementzeit verringern Verkaufsbemühungen verringern Einige Preise anheben
X	13-15	16,7	– 31,4	Wirtschaftlichkeit überprüfen
Gesamt		100,0	100,0	

Abbildung 28: Electronic Instruments Inc.,
Ergebnis der 80/20-Analyse

Vor einer endgültigen Entscheidung über die einzelnen Segmente untersuchte die Geschäftsführung zwei weitere strategische Fragen:

- Stellt das Segment einen attraktiven Markt dar?
- Wie stark ist die Position des Unternehmens in den einzelnen Segmenten?

Abbildung 29 verdeutlicht, zu welchen Strategieentscheidungen Electronic Instruments Inc. letztlich gelangte.

Segment	*Attraktiver Markt?*	*Gute Position des Unternehmens?*	*Rentabilität*
1	Ja	Ja	Sehr hoch
2	Ja	Ja	Sehr hoch
3	Ja	Ja	Sehr hoch
4	Ja	Ja	Sehr hoch
5	Ja	Ja	Hoch
6	Ja	Ja	Hoch
7	Ja	Mäßig	Hoch
8	Ja	Mäßig	Relativ hoch
9	Ja	Nein	Annehmbar
10	Nicht sehr	Ja	Annehmbar
11	Nicht sehr	Ja	Annehmbar
12	Nein	Mäßig	Gering
13	Ja	Steigend	Verluste
14	Nein	Mäßig	Verluste
15	Nein	Nein	Verluste

Tabelle 29 : Electronic Instruments Inc., strategische Diagnose

Welche Maßnahmen folgten dieser Diagnose?

Alle A-Segmente erwiesen sich auch als attraktive Märkte mit starkem Wachstum, mit hohen Eintrittsschranken für neue Wettbewerber, mit einer die Kapazitäten übersteigenden Nachfrage, mit großer Verhandlungsstärke gegenüber Kunden und Komponentenlieferanten und ohne Bedrohung durch konkurrierende Technologien. Dies erklärt, weshalb alle Wettbewerber in diesen Märkten hohe Gewinne erzielten.

Auch die Antwort auf die zweite Frage fiel für unseren Instrumentenhersteller positiv aus: Er hatte in diesen Segmenten eine starke Position, das heißt er besetzte einen hohen Marktanteil und war einer der drei führenden Anbieter. Seine Technologie war von überdurchschnittlicher Qualität und schnitt auch im Kostenvergleich besser ab als der Durchschnitt seiner Konkurrenten.

Da dies auch die gewinnreichsten Segmente waren, bestätigte die Analyse die Folgerungen aus dem 80/20-Gewinnvergleich. Die Segmente 1 bis 6 behielten also oberste Priorität, und man verstärkte die Bemühungen, durch Ankurbelung des Verkaufs an alte Kunden und Akquisition neuer Kunden den Geschäftsumfang in diesen Segmenten auszudehnen.

Für einige Segmente der Kategorie B konnte man nun die Strategie präzisieren. Segment 9 war interessant. Die Rentabilität war zwar nur mäßig, aber der Markt war äußerst attraktiv, und die anderen Anbieter erfreuten sich hoher Gewinne. Der niedrige Marktanteil und die hohen Kosten in diesem Segment waren weitgehend auf die Verwendung alter Technologie zurückzuführen.

Eine Modernisierung dieser Technologie hätte große Anstrengungen erfordert und enorme Kosten verursacht. Deshalb entschied man sich dafür, das Segment »abzuschöpfen«, das heißt, alle Bemühungen zur Verteidigung des Geschäftsfeldes einzustellen und die Preise anzuheben. Als Folge erwartete man Umsatzeinbußen und kurzfristige Gewinnsteigerungen. Tatsächlich führten diese Maßnahmen zu höheren Gewinnspannen, aber zunächst kaum zu Umsatzrückgängen, denn es stellte sich heraus, daß auch viele Kunden an die alte Technologie gebunden waren und gar nicht die Möglichkeit hatten, den Zulieferer zu wechseln, solange sie noch nicht auf die neue Technologie umgestellt hatten. Die Rentabilität in diesem Segment stieg deshalb von 12,9 Prozent auf über 20 Prozent, aber man war sich natürlich darüber im klaren, daß dieser Trend nicht anhalten würde.

In den Segmenten 10 und 11 hielt der Instrumentenhersteller große Marktanteile, aber es handelte sich um strukturell unattraktive Märkte. Der Markt schrumpfte, und es gab Überkapazitäten, so daß die Kunden bei Preisverhandlungen alle Trümpfe in der Hand hatten. Trotz seiner Stellung als Marktführer beschloß das Unternehmen, sich in diesen Segmenten nicht mehr zu engagieren und alle Neuinvestitionen einzustellen.

Aus anderen Gründen wurde die gleiche Entscheidung auch für das Segment 12 getroffen. Der Markt war noch unattraktiver, und das Unternehmen besaß nur einen bescheidenen Anteil. Alle neuen Marketingprogramme und Investitionen wurden auf Eis gelegt.

Und wie stand es mit der Kategorie X der drei unrentablen Segmente? Hier kam man zu dem Schluß, daß die Segmente 13 und 14 große, aber vollkommen unattraktive Märkte darstellten, in denen das Unternehmen ohnehin nur eine kleine Rolle spielte, und man entschied, sich aus beiden Segmenten zurückzuziehen. In einem Fall verkaufte man einen Teil einer Fabrik an einen Konkurrenten. Dadurch konnte man einerseits die Verluste stoppen und andererseits – wenn auch geringe – Einnahmen erzielen und einige Arbeitsplätze retten. Im anderen Fall mußte der Betrieb völlig eingestellt werden.

Anders verfuhr man mit Segment 13, das ebenfalls der Kategorie X angehörte. Das Unternehmen machte in diesem Geschäftsfeld zwar Verluste, aber es handelte sich um einen strukturell attraktiven Markt mit einem Jahreswachstum von 10 Prozent und hohen Erträgen für die meisten Wettbewerber. Nach Zuordnung aller Kosten ergab sich für den Instrumentenhersteller zwar ein Verlust in diesem Segment, aber man erzielte eine beträchtliche Bruttospanne. Der Grund dafür war, daß man in diesem Markt erst seit einem Jahr präsent war und sehr viel in Technologie und Verkaufsmaßnahmen investieren mußte. Aber der Marktanteil nahm zu, und wenn man dieses Wachstumstempo beibehalten konnte, durfte das Unternehmen darauf hoffen, schon in drei Jahren einer der größten Anbieter zu sein. Spätestens dann konnte man mit hohen Gewinnen rechnen. Also entschied man, die Anstrengungen in Segment 13 noch weiter zu verstärken, um durch den zielstrebigen Ausbau des Geschäftsumfangs so schnell wie möglich die Gewinnzone zu erreichen.

Die 80/20-Analyse sollte nicht zu Trugschlüssen verleiten

Segment 13 aus unserem Beispiel veranschaulicht, daß eine 80/20-Analyse der Gewinnsituation nicht zu allen richtigen Antworten führt. Sie ist nur die Momentaufnahme eines Zustands zu einem bestimmten Zeitpunkt und kann kein Bild eines Trends oder der Kräfte zeichnen, die zu einer Veränderung der Rentabilität führen könnten. Eine Rentabilitätsanalyse des 80/20-Typs ist eine notwendige, aber nicht ausreichende Voraussetzung einer guten Strategie.

Andererseits stimmt es natürlich, daß man auf dem Weg zu guten Gewinnen am besten damit anfängt, sich keine Verluste mehr zu leisten. Immerhin ist es auffallend, daß die einfache 80/20-Gewinnanalyse für vierzehn von fünfzehn Segmenten ein annähernd richtiges Ergebnis erbracht und damit über 90 Prozent des Umsatzes zutreffend beschrieben hat. Das heißt aber nicht, daß die strategische Analyse mit der 80/20-Analyse bereits abgeschlossen ist, sondern daß sie von ihr ausgehen sollte. Eine erschöpfende Antwort erhalten Sie erst, wenn Sie die Attraktivität der Segmentmärkte und die Stärke des Unternehmens in den einzelnen Segmenten beleuchten. Die Maßnahmen des Instrumentenherstellers werden in Abbildung 30 zusammengefaßt.

Segmente	*Priorität*	*Merkmale*	*Maßnahmen*
1-6	A	Attraktive Märkte Große Marktanteile Hohe Rentabilität	Starke Betonung durch Management Größere Absatzbemühungen Flexibilität für Absatzausbau
7-8	B	Attraktive Märkte Mäßige Position Gute Rentabilität	Position halten Keine Sonderinitiativen
9	C	Attraktiver Markt Schlechte Technologie, niedriger Marktanteil	Abschöpfen (Kosten senken, Preise anheben)
10-11	C	Unattraktive Märkte Hohe Marktanteile Annehmbare Rentabilität	Geringere Anstrengungen

12	C–	Unattraktiver Markt Mäßige Position Schwache Rentabilität	Viel geringere Anstrengungen
13	A	Attraktiver Markt Position nicht kostendeckend, aber mit Aufwärtstrend	Rasch Marktanteile gewinnen
14-15	Z	Unattraktive Märkte Mäßige/schwache Position Unrentabel	Verkaufen/Schließen

Abbildung 30: Electronic Instruments Inc.,
Maßnahmen nach Segmenten aufgrund aller 80/20-Analysen

Das 80/20-Prinzip als Leitfaden für die Zukunft

Wir sind am Schluß unserer strategischen Überprüfung vorhandener Geschäftssegmente angelangt, für die sich die 80/20-Gewinnanalysen als unerläßliche Voraussetzung erwiesen haben. Aber mit der Entwicklung einer Segmentstrategie haben wir den strategischen Nutzen des 80/20-Prinzips noch lange nicht ausgeschöpft. Das Prinzip besitzt auch immensen Wert für die Erkundung der nächsten Schritte, die Ihr Unternehmen einleiten sollte.

Wir neigen zu der Annahme, daß unsere Organisationen, Unternehmen und Branchen am Leistungslimit arbeiten. Wir neigen zu der Vorstellung, daß unsere Wirtschaft in einem hart umkämpften Wettbewerb eine Art Gleichgewicht oder sogar Endzustand erreicht hat. Nichts könnte weiter von der Wahrheit entfernt sein!

Viel besser beraten wären Sie mit der Prämisse, daß Ihre Branche ein heilloses Durcheinander ist und viel effektiver organisiert werden könnte, um die Wünsche der Kunden zu erfüllen. Und was Ihr Unternehmen angeht, könnten Sie sich das ehrgeizige Ziel setzen, es in den nächsten zehn Jahren so grundlegend umzuwandeln, daß die Mitarbeiter später kopfschüttelnd zueinander sagen werden: »Unglaublich, daß wir das früher so gemacht haben. Wir müssen verrückt gewesen sein!«

Innovation heißt die Devise, die absolut zentral ist für die Realisierung zukünftiger Wettbewerbsvorteile. Meist erscheint uns Innovation als etwas Schwieriges, aber durch kreative Anwendung des 80/20-Prinzips kann Innovation kinderleicht sein und auch Spaß machen. Vielleicht finden Sie bei den folgenden Ideen brauchbare Ansätze:

- 80 Prozent der Unternehmensgewinne weltweit werden von 20 Prozent der Unternehmensbranchen erzielt. Machen Sie sich eine Liste der ertragreichsten Branchen, die Sie kennen – etwa Pharmazie oder Unternehmensberatung – und stellen Sie sich die Frage, ob Ihre Branche nicht diesem Beispiel folgen kann.
- 80 Prozent der Gewinne in jeder Branche werden von 20 Prozent der Unternehmen erzielt. Wenn Ihr Unternehmen nicht dazugehört – woran fehlt es Ihnen im Vergleich zu den Branchenführern?
- 80 Prozent des von Kunden wahrgenommenen Werts bezieht sich auf 20 Prozent der Tätigkeiten eines Unternehmens. Wo liegen diese 20 Prozent in Ihrem Fall? Was hält Sie davon ab, mehr davon zu machen? Was hält Sie davon ab, eine verbesserte Fassung dieser 20 Prozent zu realisieren?
- 80 Prozent der Tätigkeiten einer Branche führen zu lediglich 20 Prozent des Nutzens für ihre Kunden. Wo liegen diese 80 Prozent? Was spricht dagegen, sie aufzugeben? Wenn Sie zum Beispiel ein Bankier sind, weshalb haben Sie Zweigstellen? Wenn Sie Dienstleistungen anbieten, warum nicht per Telefon oder Personalcomputer? Wo könnte weniger mehr sein, wie zum Beispiel bei der Selbstbedienung? Könnte man den Kunden dafür gewinnen, einige der Dienste selbst zu übernehmen?
- 80 Prozent des Nutzens eines Produkts oder einer Dienstleistung können mit 20 Prozent der Kosten realisiert werden. Viele Verbraucher würden ein aufs Nötigste reduziertes und sehr preisgünstiges Produkt kaufen. Gibt es das in Ihrer Branche schon?

- 80 Prozent der Gewinne einer Branche stammen von 20 Prozent der Kunden. Kauft ein unverhältnismäßig hoher Anteil dieser Kunden bei Ihnen? Wenn nein, was müßten Sie tun, damit es so kommt?

Wozu Mitarbeiter?

Zur Verdeutlichung möchte ich Sie an einige umwälzende Branchenentwicklungen der Vergangenheit erinnern. Meine Großmutter hatte einen Tante-Emma-Laden an einer Straßenecke. Sie bekam Bestellungen, sortierte sie zusammen, und dann wurden sie von mir (oder einem zuverlässigeren Jungen) auf dem Fahrrad ausgeliefert. Dann öffnete in der Stadt ein Supermarkt. Dort mußten die Kunden ihre Lebensmittel selbst aus den Regalen holen und dann mit nach Hause nehmen. Dafür bot der Supermarkt ein größeres Sortiment, niedrigere Preise und einen Parkplatz. Schon bald strömten die Kunden meiner Großmutter in den Supermarkt.

Manche Branchen, wie etwa die Tankstellen, verstanden die Vorteile der Selbstbedienung sehr schnell. Andere, wie etwa der Möbelhandel und das Bankgewerbe, meinten, das sei nichts für sie. Doch immer wieder beweisen neue Wettbewerber – im Möbelhandel zum Beispiel Ikea –, daß die alte Idee der Selbstbedienung noch quicklebendig ist.

Discountkonzepte bieten gleichfalls immer wieder Ansätze für Umwälzungen in einer Branche. Man bietet eine kleinere Auswahl, weniger Schnickschnack, weniger Service und viel günstigere Preise. 80 Prozent des Umsatzes konzentrieren sich auf 20 Prozent der Produkte – also führt man nur diese. Einer meiner früheren Arbeitgeber, ein Weinladen, führte 30 verschiedene Sorten Rotwein aus Bordeaux. Wer brauchte eine solche Auswahl? Das Geschäft wurde von einer Discountkette übernommen, und ein paar Häuser weiter öffnete ein Weindepot.

Wer hätte vor fünfzig Jahren gedacht, daß die Leute Fastfood-Lokale wollen? Und wer macht sich heute klar, daß zugängliche Megarestaurants, die in glamourösem Ambiente ein begrenztes und berechenbares Menü zu akzeptablen Preisen bieten, aber ihre Tische nur für neunzig Minuten vergeben, eine ernste Bedrohung für traditionelle, von ihren Besitzern geführte Restaurants darstellen?

Weshalb werden immer noch Menschen in Bereichen eingesetzt, in denen man mit Maschinen viel kostengünstiger arbeiten könnte? Wann werden Fluggesellschaften anfangen, ihre Passagiere mit Robotern zu bedienen? Die meisten von uns ziehen Menschen vor, aber Maschinen sind viel zuverlässiger und billiger. Sie können 80 Prozent des Nutzens zu 20 Prozent der Kosten realisieren. In manchen Fällen wie bei Geldautomaten bieten sie zu einem Bruchteil der Kosten einen viel besseren und auch schnelleren Service. Im kommenden Jahrhundert werden nur noch komische alte Käuze wie ich lieber mit Menschen Umgang pflegen – und selbst ich werde meine Zweifel haben.

Sind Teppiche veraltet?

Das Weitere möchte ich Ihrer Phantasie überlassen. Nur noch einen letzten Fall, in dem das 80/20-Prinzip für ein Unternehmen zur Grundlage eines fulminanten Erfolges und womöglich gar zum Anstoß für den Wandel einer ganzen Branche wurde.

Die Rede ist von dem Teppichhandelsunternehmen Interface Corporation in Georgia, das mittlerweile einen Jahresumsatz von 800 Millionen Dollar erzielt. Früher verkaufte es Teppiche, heute verpachtet es sie, und zwar genauer gesagt Teppichfliesen. Interface erkannte, daß 80 Prozent des Verschleißes bei einem normalen Teppich nur 20 Prozent der Fläche betrifft. Das heißt, Teppiche werden in der Regel ersetzt, obwohl der größte Teil der Fläche noch völlig in Ordnung ist. Im Rahmen des Leasingvertrages von Interface werden die Teppiche regelmäßig inspiziert, und jede abgenutzte oder beschädigte Fliese wird ausgetauscht. Dies führt sowohl für Interface als auch für den Kunden zu geringeren Kosten. Auf diese Weise hat eine banale 80/20-Beobachtung das Geschäft eines Unternehmens revolutioniert und könnte in Zukunft für die ganze Branche zu weitreichenden Umwälzungen führen.

Schluß

Das 80/20-Prinzip deutet darauf hin, daß Ihre Strategie mangelhaft ist. Wenn Sie den größten Teil Ihrer Gewinne mit einem kleinen Teil Ihrer Tätigkeit erzielen, sollten Sie Ihr Unternehmen auf den Kopf stellen und sich darauf konzentrieren, diesen kleinen Teil auszubauen. Aber auch das ist nur ein Teil der Antwort. Hinter dem Gebot, die Kräfte zu bündeln, verbirgt sich eine noch folgenschwerere Wahrheit über das Geschäftsleben, auf die wir im nächsten Kapitel zu sprechen kommen.

5
Je einfacher, desto besser

> Meine Bemühungen zielen auf Einfachheit. Im allgemeinen besitzen die Menschen so wenig, und selbst das Lebensnotwendige kostet soviel (ganz zu schweigen von dem Komfort, auf den meiner Ansicht nach jeder einen Anspruch hat), weil fast alles, was wir machen, viel komplizierter ist als notwendig. Unsere Kleidung, unsere Nahrung, unsere Haushaltseinrichtung – alles könnte viel einfacher sein als jetzt und gleichzeitig besser aussehen.
>
> *Henry Ford*[1]

Im letzten Kapitel haben wir gesehen, daß die Einzelbestandteile fast aller Unternehmen eine sehr unterschiedliche Rentabilität aufweisen. Das 80/20-Prinzip legt uns eine kaum glaubliche Arbeitshypothese nahe: daß ein Fünftel des Umsatzes in einem normalen Unternehmen zu vier Fünfteln den Gewinn und die Liquidität bestreitet. Und umgekehrt wird in einem Durchschnittsunternehmen ein Fünftel des Gewinns und der Liquidität mit vier Fünfteln des Umsatzes erwirtschaftet. Dies ist in der Tat eine befremdliche Hypothese. Angenommen, ein solches Unternehmen erzielt einen Umsatz von 100 Millionen Mark und einen Gesamtgewinn von 5 Millionen Mark. Wenn das 80/20-Prinzip stimmt, müssen 20 Millionen Mark Umsatz einen Gewinn von 4 Millionen Mark abwerfen – eine Umsatzrendite von 20 Prozent –, während 80 Millionen Mark Umsatz nur zu einem Gewinn von 1 Million Mark führen – eine Umsatzrendite von lediglich 1,25 Prozent. Das heißt, das obere Fünftel ist *sechzehn* Mal so rentabel wie der Rest des Geschäfts.

Das Erstaunliche daran ist, daß man mit dieser Hypothese in der Praxis meist voll ins Schwarze oder zumindest nicht weit daneben trifft.

Wie kann das sein? Intuitiv würde man sicherlich einräumen, daß einige Unternehmenszweige wesentlich einträglicher sind als andere. Aber sechzehn Mal so rentabel? Unmöglich! In der Tat wollen Manager, die eine Rentabilitätsuntersuchung nach Produktlinien in

Auftrag geben, die Resultate zuerst oft nicht wahrhaben. Und selbst wenn sie die Annahmen überprüft und verifiziert haben, können sie es noch immer nicht fassen.

Im nächsten Stadium weigern sich die Manager häufig, sich von den 80 unrentablen Prozent des Geschäfts zu trennen. Ihre auf den ersten Blick vernünftige Begründung lautet, daß diese 80 Prozent einen großen Beitrag zur Bestreitung der Gemeinkosten leisten. Der Verzicht darauf, so meinen sie, würde zu einem Absinken der Gewinne führen, weil man nicht von heute auf morgen die Gemeinkosten um 80 Prozent senken könne.

Angesichts solcher Einwände geben Analysten oder Berater meist nach. Nur aus den besonders verlustreichen Geschäftszweigen zieht man sich zurück. Und es werden nur geringe Anstrengungen unternommen, um die äußerst gewinnträchtigen Bereiche auszubauen.

All dies läuft auf einen bedauerlichen Kompromiß hinaus, der auf einem Mißverständnis beruht. Nur wenige Manager stellen sich die Frage, weshalb die unrentablen Bereiche so schlechte Ergebnisse erzielen. Und noch weniger Manager denken darüber nach, ob man nicht nur theoretisch, sondern auch praktisch ein Unternehmen realisieren könnte, das sich nur aus den rentabelsten Bestandteilen zusammensetzt und auf 80 Prozent der Beteiligung an den Gemeinkosten verzichtet.

In Wahrheit ist der unrentable Geschäftszweig deshalb unrentabel, *weil* er die Gemeinkosten verursacht und weil das Unternehmen wegen der vielen verschiedenen Geschäftszweige ungeheuer kompliziert wird. Und in Wahrheit verursachen die profitablen Geschäftszweige nur einen sehr geringen Teil der Gemeinkosten. Man *könnte* ein ausschließlich aus den rentablen Bereichen zusammengesetztes Unternehmen formen, und man *könnte* dabei die gleichen absoluten Renditen erzielen, wenn man die Dinge anders organisieren würde.

Und warum ist das so? In beiden Fällen ist der Grund der gleiche: Je einfacher, desto besser.

Geschäftsleute scheinen die Komplexität zu lieben. Kaum hat eine einfache Geschäftsidee großen Erfolg, schon setzen die Manager ungeheure Energie daran, sie zu komplizieren. Aber Komplexität verträgt sich nicht mit Unternehmensrenditen. In dem Maße, wie die Komplexität eines Unternehmens zunimmt, fallen seine Erträge. Das liegt nicht nur daran, daß man die Tätigkeiten auch auf Randbereiche ausdehnt, sondern auch daran, daß sich nichts so ungünstig auf die Gewinnentwicklung auswirkt wie der Hang zur Komplizierung eines Unternehmens.

Aber dieser Trend läßt sich umkehren. Ein komplexes Unternehmen kann durch Vereinfachung immense Gewinnsteigerungen erreichen. Dazu muß man nur die Kosten der Komplexität (und den Wert der Einfachheit) verstehen und den Mut aufbringen, sich von vier Fünfteln des Gemeinkostenballastes zu trennen.

Je komplizierter, desto schlechter

Die Verfechter des 80/20-Prinzips werden keinen durchgreifenden Wandel der Wirtschaft herbeiführen können, solange es ihnen nicht gelingt, den Nutzen der Einfachheit zu beweisen. Solange die Unternehmensverantwortlichen nicht davon überzeugt sind, werden sie nie bereit sein, 80 Prozent ihres bestehenden Geschäfts und ihrer Gemeinkosten aufzugeben.

Daher müssen wir zu den Grundlagen zurückkehren und gängige Anschauungen über die Ursachen des Unternehmenserfolgs widerlegen. Dazu müssen wir uns in die aktuelle Auseinandersetzung über Vor- und Nachteile eines großen Unternehmensumfangs einschalten. Mit der Auflösung dieser Streitfrage können wir dann auch zeigen, daß ein Unternehmen desto besser läuft, je einfacher es ist.

Denn in der Struktur der Ökonomie vollzieht sich eine interessante, noch nicht dagewesene Entwicklung. Seit der Industriellen Revolution sind die Unternehmen immer größer geworden und haben sich immer weiter verzweigt. Bis zum Ende des 19. Jahrhunderts gab es hauptsächlich nationale und regionale Unternehmen, die den größten Teil ihrer Umsätze im Inland erzielten und nur in einer Sparte tätig waren. Der Beginn des 20. Jahrhunderts hat eine Reihe von Umwälzungen gebracht, die sowohl die Wirtschaft als auch den Alltag betrafen. Zunächst kam es – vor allem dank Henry Fords sensationell erfolgreichem Kreuzzug zur »Demokratisierung« des Automobils – zur Blütezeit des Fließbands, das die Umsätze eines Durchschnittsunternehmens um ein Vielfaches steigerte, Markenartikel für den Massenmarkt möglich machte, zu einer drastischen Senkung der Herstellungskosten führte und in der Folge den größten Unternehmen immer größere Macht verlieh. Dann traten die sogenannten multinationalen Unternehmen auf den Plan, zunächst in Amerika und Europa, später auf der ganzen Welt. Dann entstanden die Konzerne, eine neue Art von Großunternehmen, die sich nicht mehr auf eine Sparte beschränkten und ihre Tätigkeit rasch auf viele Industriesektoren und Zigtausende von Produkten ausdehnten. Dann erhielt der Wachstumsdrang der Unternehmen durch feinliche Übernahmen und ihre Verfeinerung neue Nahrung. Und die Entschlossenheit vor allem japanischer Unternehmensführer, in ihren Prioritätsmärkten eine weltweit führende Stellung und einen möglichst großen Marktanteil zu erobern, untermauerte in den letzten dreißig Jahren die – beinahe zum Kult erhobene – Relevanz der Unternehmensgröße.

Aus mehreren Gründen sahen die ersten 75 Jahre des 20. Jahrhunderts eine fortschreitende und scheinbar unaufhaltsame Expansion der Unternehmensgröße, ein Prozeß, der bis vor kurzem auch für den Marktanteil der größten Unternehmen in allen Geschäftssparten galt. Aber in den letzten zwei Jahrzehnten hat sich dieser Trend deutlich umgekehrt. 1979 entfielen 60 Prozent des Bruttoinlandsprodukts der USA auf die Fortune-500-Unternehmen des Landes. Anfang der neunziger Jahre war der Vergleichswert auf 40 Prozent gesunken.

Heißt das, je kleiner, desto besser?

Nein. Mit Sicherheit nicht. Es spricht absolut nichts gegen die seit langem bestehende Überzeugung von Unternehmensführern und -strategen, daß Größe und Marktanteil von hohem Nutzen sind. Wenn das Unternehmen wächst, kann es die Fixkosten und vor allem die Gemeinkosten, die im Zeitalter effizienter Fabriken den Löwenanteil der Kosten ausmachen, auf das größere Volumen verteilen. Und wer einen größeren Marktanteil hält, kann höhere Preise festsetzen. Das Unternehmen mit dem größten Marktanteil, dem besten Ruf, den beliebtesten Marken und den treuesten Kunden besitzt gegenüber den Konkurrenten mit niedrigerem Marktanteil einen deutlichen Vorteil bei der Preisgestaltung.

Aber wie erklärt es sich dann, daß größere Unternehmen Marktanteile an kleinere verlieren? Und warum lassen sich Größenvorteile und höhere Marktanteile in der Praxis nicht in höhere Rentabilität umsetzen? Warum schießen die Umsätze in die Höhe, während die Umsatz- und Kapitalrendite entgegen den Vorhersagen der Theorie fallen?

Die Kosten der Komplexität

Die entscheidende Antwort liegt in den *Kosten der Komplexität*. Das Problem ist nicht die zunehmende Größe, sondern die zunehmende Komplexität.

Vergrößerung ohne zusätzliche Komplexität führt immer zu niedrigeren Stückkosten. Wenn ein Kunde mehr von einem Produkt oder einer Dienstleistung abnimmt, die aber selbst unverändert bleiben, folgt daraus stets eine Steigerung der Gewinne.

Aber zusätzliche Größe bedeutet nur selten eine simple Erhöhung der Anzahl. Auch bei ein und demselben Kunden entsteht der zusätzliche Umsatz meist daraus, daß ein existierendes Produkt abgewandelt wird, daß ein neues Produkt angeboten wird und/oder daß der Service erweitert wird. Dies verursacht hohe Gemeinkosten, die meist verborgen, aber immer sehr real sind. Und bei Neukunden ist es noch viel schlimmer. Nicht nur, daß die Anlockung von neuen Kunden mit hohen Anfangskosten verbunden ist, meist haben sie auch andere Bedürfnisse als die alten Kunden und steigern damit Komplexität und Kosten.

Interne Komplexität verursacht enorme verborgene Kosten

Auch wenn sich das neue Geschäft nur geringfügig vom alten unterscheidet, steigen meistens die Kosten, und zwar nicht nur im Verhältnis zum Umsatzwachstum, sondern weit darüber hinaus. Denn Komplexität bremst einfache Systeme und macht das Eingreifen von Managern notwendig, um den neuen Anforderungen gerecht zu werden. Die Kosten für die vorübergehende Einstellung und den folgenden Neubeginn von Arbeitsschritten, für die Kommunikation (und das Scheitern der Kommunikation) zwischen Zusatzkräften und vor allem für die »Lücken« in der Arbeitsproduktivität, wenn teilweise ausgeführte Arbeiten bis zum Eingreifen Dritter unterbrochen und erst später wieder aufgenommen werden, bis die nächste Lücke erreicht ist – all diese Kosten sind enorm und besonders heimtückisch, weil sie weitgehend unsichtbar bleiben. Und eine zwischen verschiedenen Abteilungen, Gebäuden und Ländern stattfindende Kommunikation führt zu noch schlimmeren Ergebnissen.

Dieser Zusammenhang wird in Abbildung 31 dargestellt. Wettbewerber B ist größer als Wettbewerber A, hat jedoch trotzdem höhere Kosten. Aber nicht, weil die Größenkurve – zusätzlicher Umsatz ergibt niedrigere Kosten – nicht stimmt, sondern weil B das zusätzliche Umsatzvolumen um den Preis höherer Komplexität erkauft hat. Das zieht einen massiven Effekt nach sich, der weit über den aus dem Vergleich mit A erkennbaren Kostenanstieg hinausgeht. Die Größenvorteile werden durch den Anstieg der Komplexität zunichte gemacht.

Einfachheit und das 80/20-Prinzip

Das Wissen um die Kosten der Komplexität bringt uns in der Debatte um die richtige Größe von Unternehmen einen entscheidenden Schritt voran. Der Schlüssel zum Erfolg heißt nicht: je kleiner, desto besser. Wenn alle anderen Faktoren gleich sind, dann gilt im

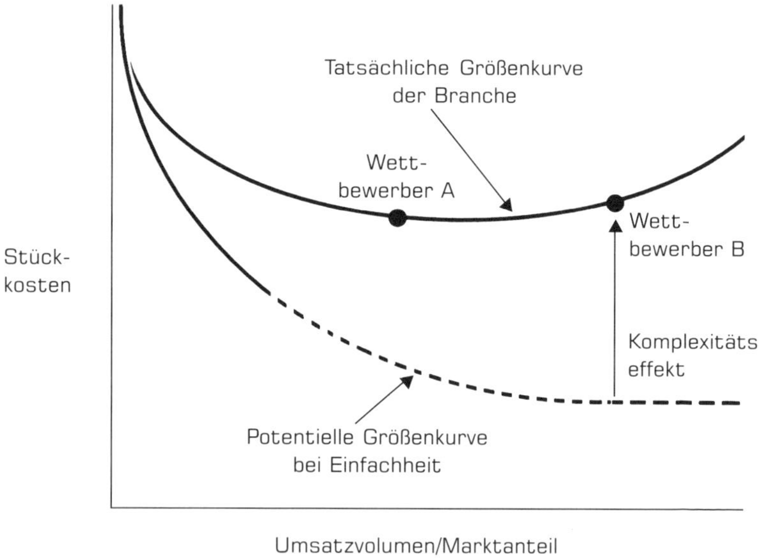

Abbildung 31: Die Kosten der Komplexität

Gegenteil: je größer, desto besser. Aber alle anderen Faktoren sind in der Praxis nicht gleich. Wenn Größe mit zunehmender Komplexität einhergeht, bedeutet dies eine Wende zum Schlechteren. Nur eines läßt sich mit Sicherheit sagen: je einfacher, desto besser.

Selbst die Managementforscher erkennen mit einiger Verzögerung den Wert der Einfachheit an. Vor einigen Jahren befaßte sich eine sorgfältige Untersuchung unter der Leitung von Günter Rommel[2] mit 39 mittelständischen deutschen Unternehmen und fand dabei heraus, daß sich die Gewinner nur durch ein Merkmal von den weniger erfolgreichen Firmen unterschieden: Einfachheit. Die Gewinner verkauften ein kleineres Sortiment von Produkten an weniger Kunden und kauften selbst bei weniger Zulieferern ein. Die Untersuchung gelangt zu dem Schluß, daß sich komplizierte Produkte am besten von einem einfach strukturierten Unternehmen verkaufen lassen.

Diese bahnbrechende Erkenntnis erklärt, weshalb die zunächst so unbegreiflichen Folgerungen des 80/20-Prinzips für Unternehmensgewinne durchaus zutreffen können. Ein Fünftel des Umsatzes kann zu vier Fünfteln der Gewinne führen. Die oberen 20 Prozent des Umsatzes können sechzehn Mal so rentabel sein wie die restlichen 80 Prozent (oder unendlich rentabler, wenn die restlichen 80 Prozent Verluste verzeichnen). Mit der Devise »Je einfacher, desto besser« kommen wir den Gründen für das Funktionieren des 80/20-Prinzip sehr viel näher.

- Schlichte Marktanteile sind viel wertvoller als bisher angenommen. Die Erträge reiner Größe wurden verdeckt durch die Kosten für Komplexität. Und die einzelnen Unternehmensteile verfügten in der Konkurrenz zu jeweils verschiedenen Wettbewerbern meist auch über eine verschieden starke Wettbewerbsposition. Wenn ein Unternehmen eine eng umrissene Nische dominiert, erzielt es wahrscheinlich ein Mehrfaches dessen an Gewinnen, was es in einer von einem Konkurrenten beherrschten Nische erzielen würde.
- Reife, einfache Geschäftselemente können erstaunliche Gewinne verbuchen. Wer die Zahl der Produkte, Kunden und Zulieferer einschränkt, darf meist mit höheren Gewinnen rechnen. Das liegt zum Teil an dem Luxus, sich nur auf die einträglichsten Kunden und Tätigkeiten konzentrieren zu können, aber auch an der Möglichkeit, die Komplexitätskosten – in Form von Gemeinkosten und Management – drastisch zu senken.
- Bei verschiedenen Produkten greifen Unternehmen oft in sehr unterschiedlichem Ausmaß auf die Dienste von Zulieferern zurück (im Jargon: Outsourcing). Outsourcing bietet einen hervorragenden Ansatz zur Verminderung von Kosten und Komplexität. Am besten überlegen Sie sich, in welchem Bereich der Wertschöpfungskette (F&E, Fertigung, Vertrieb, Verkauf, Marketing, Kundendienst) Ihr Unternehmen den größten relativen Vorsprung besitzt, und vergeben alles andere an selbständige Auftragnehmer. Dadurch entledigen Sie sich der meisten Komplexitätskosten und erreichen eine einschneidende Reduzierung der

Belegschaft. Darüber hinaus können Sie neue Produkte schneller auf den Markt bringen. Das Resultat: viel niedrigere Kosten und häufig auch wesentlich höhere Preise.

- Die Devise der Einfachheit kann auch bedeuten, zentrale Funktionen und Kosten gänzlich abzuschaffen. Wenn Sie nur in einer Sparte tätig sind, brauchen Sie keine Hauptverwaltung, keine regionalen Hauptverwaltungen und keine Fachzentralen. Die Auflösung der Hauptverwaltung kann sich geradezu elektrisierend auf die Gewinnentwicklung auswirken. Denn das entscheidende Problem von Hauptverwaltungen liegt nicht in ihren Kosten, sondern darin, daß sie den Mitarbeitern, die die eigentliche Arbeit verrichten und den vom Kunden gewünschten Wert schaffen, echte Verantwortung und Initiative wegnehmen. Zum ersten Mal müßten Unternehmen ihre Struktur nicht mehr an der Managementhierarchie ausrichten und könnten sich direkt auf die Bedürfnisse der Kunden konzentrieren.

  In einem Unternehmen mit Zentrale ziehen die einzelnen Unternehmensbereiche in unterschiedlichem Ausmaß Kosten und Einmischungen der Verwaltung auf sich. Die rentabelsten Produkte und Dienstleistungen bleiben meist sich selbst überlassen und müssen auf »Hilfe« aus der Zentrale verzichten. Und wenn 80/20-Untersuchungen zur Gewinnsituation durchgeführt werden, werden die Manager oft bestürzt feststellen, daß die vernachlässigten Bereiche die größten Gewinne erzielen. Aber das ist kein Zufall. (Ein bedauerlicher Nebeneffekt einer 80/20-Analyse besteht mitunter darin, daß die einträglichsten Bereiche von den Topmanagern viel mehr beachtet werden und danach in der Hitparade der Rentabilität allmählich nach unten abrutschen.)
- Schließlich weisen einfache Geschäftsbereiche häufig auch größere Nähe zum Kunden auf. Es gibt weniger Behinderungen durch das Management. Kunden können sich Gehör verschaffen und sich in ihrem Wert bestätigt fühlen. Dafür sind sie auch bereit, einen deutlich höheren Preis zu bezahlen. Das Selbstwertgefühl ist für Kunden mindestens genauso wichtig wie der Wunsch nach hoher Qualität. Einfachheit senkt nicht nur die Kosten, sie erhöht auch die Preise.

Beitrag zu den Gemeinkosten: eine der lahmsten Ausreden für Tatenlosigkeit

Oft wenden Manager gegen die Resultate einer 80/20-Analyse ein, daß sie sich nicht nur auf die einträglichsten Segmente konzentrieren können. Sie verweisen darauf, daß die weniger rentablen und sogar die unrentablen Bereiche einen positiven Beitrag zu den Gemeinkosten leisten. Eine lahmere und eigennützigere Rechtfertigung ist kaum vorstellbar.

Wenn Sie sich auf die rentabelsten Segmente konzentrieren, können Sie sie in den meisten Fällen unglaublich schnell ausbauen – mit einem Jahreswachstum von 20 Prozent oder sogar mehr. Ausgehend von deren starker Wettbewerbsposition und Kundenbasis haben Sie es viel leichter als bei dem Bestreben, mit dem gesamten Unternehmen ein Wachstum zu erreichen. Die Notwendigkeit zur Deckung der Gemeinkosten durch unrentable Bereiche kann auf diese Weise rasch der Vergangenheit angehören.

Aber Sie müssen gar nicht warten. »Wenn dir dein Auge Ärgernis schafft, reiß es aus!« Beseitigen Sie die ärgerlichen Gemeinkosten einfach. Wenn Sie es wirklich wollen, schaffen Sie es auch. Die weniger rentablen Segmente können manchmal mit oder ohne Gemeinkosten verkauft und immer eingestellt werden. (Hören Sie nicht auf die Buchhalter, die über die »Austrittskosten« lamentieren, denn ein Großteil davon sind nur Zahlen auf einem Blatt, die zu keinen Barkosten führen. Und selbst wenn Barkosten entstehen, sind diese durch den hohen Wert der Einfachheit meist viel schneller amortisiert, als Ihnen die Erbsenzähler weismachen wollen.) Die dritte und oft einträglichste Option besteht darin, diese Segmente abzuschöpfen und den Verlust von Marktanteilen bewußt in Kauf zu nehmen. Sie trennen sich von den weniger einträglichen Kunden und Produkten, stellen Service und Verkaufsmaßnahmen weitgehend ein, erhöhen die Preise und sehen zu, wie der Umsatz jährlich um 5 bis 20 Prozent abnimmt – ganz im Gegensatz zu Ihren Gewinnen.

Auf die einfachsten 20 Prozent bauen

Alles Einfache und Standardisierte ist bei weitem produktiver und kosteneffektiver als Komplexität. Die einfachen Botschaften stoßen auf großen und allgemeinen Anklang bei Kollegen, Verbrauchern und Lieferanten. Die einfachsten Strukturen und Arbeitsprozesse sind zugleich die attraktivsten und kostengünstigsten. Wenn der Kunde Zugang zu Ihrem Geschäftssystem hat, ergibt sich daraus – wie bei allen Formen von Selbstbedienung – Auswahl, Wirtschaftlichkeit, Schnelligkeit und Ausgabenfreudigkeit.

Versuchen Sie bei allen Produktsortimenten, Arbeitsprozessen, Marketingbotschaften, Absatzkanälen, Produktdesigns, Fertigungsverfahren, Dienstleistungen und Meinungsumfragen die einfachsten 20 Prozent zu ermitteln. Kultivieren Sie diese 20 Prozent. Verfeinern Sie sie, bis es nicht mehr einfacher geht. Standardisieren Sie Ihr Angebot einfacher Produkte oder Dienstleistungen auf einer möglichst universellen und globalen Basis. Verzichten Sie auf Flitter und Firlefanz. Streben Sie bei den einfachsten 20 Prozent nach höchster Qualität und Beständigkeit. Wenn etwas kompliziert wird, vereinfachen Sie es; und wenn das unmöglich ist, beseitigen Sie es.

Der Kampf gegen die Komplexität bei Corning

Wie kann ein angeschlagenes Unternehmen anhand des 80/20-Prinzips die Komplexität vermindern und die Gewinne steigern? Eine hervorragende Fallstudie dazu liefert Corning, das in Greenville, Ohio und in Kaiserslautern Keramikgrundformen für Autoauspuffsysteme herstellt.[3]

1992 ging das US-Geschäft schlecht, und im folgenden Jahr verzeichnete auch der deutsche Markt starke Einbußen. Statt in Panik zu verfallen, nahmen die Manager die Rentabilität all ihrer Produkte sehr genau unter die Lupe.

Wie fast jedes Unternehmen der Welt verwendete das Management von Corning einen Standardkostenansatz, um sich über die Einführung oder Weiterführung von Produkten zu entscheiden. Doch diese Standardkostensysteme verschleiern die wahre Rentabilität von Produkten, weil sie nicht zwischen Produkten mit hohem und niedrigem Umsatz unterscheiden. Als man bei Corning die variablen Kosten – wie Überstunden, Ausbildung, Ausrüstungsmodifikationen und Ausfallzeiten – zuordnete, löste das Ergebnis großes Staunen aus.

Nehmen wir als Beispiel zwei in Kaiserslautern gefertigte Produkte: die einfache, symmetrisch gestaltete Keramikform R10, die in hohen Stückzahlen hergestellt wurde; und die ungleichmäßig gestaltete Form R5, die ein viel geringeres Produktionsvolumen aufwies. Die Standardkosten für R5 lagen um 20 Prozent höher als bei R10. Aber als man die Kosten für die zusätzliche Arbeit der Ingenieure und Montagearbeiter zur Fertigung der R5 erfaßte, ergab sich ein unglaublicher Kostenfaktor, der ungefähr 500 000 Prozent höher lag als für R10-Produkte.

Bei näherem Hinsehen erwiesen sich die Daten jedoch als stichhaltig. Die R10 fertigte sich praktisch von alleine. Die Herstellung der R5 hingegen mußte von teuren Ingenieuren überwacht und betreut werden, um die Spezifikationen einzuhalten. Wenn man also ausschließlich auf die Herstellung von R10-Produkten umstellen würde, benötigte man viel weniger Ingenieure. Und genau so kam es. Durch den Verzicht auf Produkte, die wenig zum Umsatz beitrugen und Verluste einbrachten, konnte man die Zahl der Ingenieure um 25 Prozent verringern.

Das 50/5-Prinzip

Die Corning-Analyse tendierte immer wieder zu einem besonders nützlichen Verwandten des 80/20-Prinzips: das 50/5-Prinzip.

Dieses Prinzip besagt, daß 50 Prozent der Kunden, Produkte, Komponenten und Zulieferer eines Unternehmens in der Regel weniger als 5 Prozent des Umsatzes und der Gewinne beitragen. Die

Trennung von den umsatzschwachen (und wertvernichtenden) 50 Prozent bildet den Schlüssel zur Verringerung der Komplexität.

Bei Corning funktionierte das 50/5-Prinzip. Von den 450 in Greenville hergestellten Produkten führten die Hälfte zu 96,3 Prozent des Umsatzes; die anderen 50 Prozent waren nur zu 3,7 Prozent am Umsatz beteiligt. Und je nach analysiertem Zeitraum ergab sich in der deutschen Fabrik, daß die leistungsschwachen 50 Prozent nur 2 bis 5 Prozent des Umsatzes ausmachten. An beiden Standorten führten die unteren 50 Prozent zu Verlusten.

Mehr ist weniger

Wer nur Augen für den Umsatz hat, strebt zielsicher auf den Abgrund zu. Diese einseitige Orientierung führt zu unwesentlichen Produkten, unwesentlichen Kunden und zu deutlich komplexerer Managementarbeit. Da Komplexität für Manager sowohl interessant als auch lohnend ist, wird sie oft so lange toleriert oder gar gefördert, bis sie unerschwinglich wird. Bei Corning waren die Fabriken randvoll mit unrentablen, komplizierten Geschäftsfaktoren. Also entschloß man sich zu einem radikalen Schnitt: Die Zahl der Produkte wurde um mehr als die Hälfte verringert. Statt 1000 Zulieferbetriebe kamen jetzt nur noch die 200 zum Zuge, die vorher schon 95 Prozent aller Lieferungen bestritten hatten (eine 95/5-Verteilung). Die Organisation wurde rationalisiert und abgeflacht.

Inmitten eines Marktrückgangs gab Corning Geschäftszweige auf. Das mag merkwürdig klingen, aber es klappte. Schon bald erreichte das nun einfachere und kleinere Unternehmen wieder die Gewinnzone. Weniger war mehr.

Manager lieben Komplexität

An diesem Punkt stellt sich die Frage, weshalb angeblich gewinnorientierte Unternehmen zur Komplexität neigen, obwohl dadurch offensichtlich Wert vernichtet wird.

Eine wichtige Antwort lautet leider, daß Manager Komplexität lieben. Komplexität wirkt anregend und ist eine intellektuelle Herausforderung. Sie erleichtert langweilige Routinearbeit und schafft interessante Aufgaben für Manager. Manche Leute sind der Meinung, daß sich Komplexität heimlich einschleicht, wenn man nicht aufpaßt. Mag sein – aber Komplexität wird auch von Managern gefördert, wie sie umgekehrt von ihr gefördert werden. Die meisten Unternehmen scheinen, selbst wenn sie nach außen hin nur kommerziell und kapitalistisch orientiert sind, Verschwörungen der Manager gegen die Interessen der Kunden, der Aktionäre und der Welt schlechthin. Wenn Unternehmen nicht in einer ökonomischen Krise stecken oder von einer ungewöhnlichen Führungspersönlichkeit geleitet werden, die mehr für Anleger und Kunden als für Manager eintritt, ist ein Übermaß an Managementaktivität praktisch unvermeidlich. Dies liegt im Interesse der verantwortlichen Managementklasse.[4]

Kostensenkung durch Einfachheit

Im Geschäftsleben herrscht wie im normalen Leben eine natürliche Tendenz zu übermäßiger Komplexität. Alle Unternehmen, und besonders die großen und komplexen, sind ineffizient und verschwenderisch. Sie konzentrieren sich nicht auf das für sie Wesentliche. Sie sollten den Nutzen ihrer Kunden und potentiellen Kunden mehren. Jede Tätigkeit, die nicht dieses Ziel verfolgt, ist unproduktiv. Aber die meisten großen Unternehmen leisten sich ein ungeheures Ausmaß an kostspieligen, unproduktiven Tätigkeiten.

Jeder Mensch und jede Organisation ist das Ergebnis eines Zusammenschlusses von Kräften, die immerzu im Streit miteinander liegen. Dieser Streit wird zwischen den vielen Unwesentlichen und den wenigen Wesentlichen ausgetragen. Die vielen Unwesentlichen verursachen die vorherrschende Trägheit und Ineffektivität. Die wenigen Wesentlichen sind die bahnbrechenden Strömungen von Effektivität, brillanter Begabung und genauer Abstimmung. Die meisten Tätigkeiten bringen wenig Nutzen und Veränderung. Einige wenige starke Handlungen sind von durchschlagender Wirkung. Der Streit läßt sich nur schwer beobachten, denn es sind dieselbe Person, dieselbe Abteilung und dasselbe Unternehmen, die sowohl eine Unmenge von schwachen (oder negativen) Ergebnissen als auch eine bescheidene Dosis äußerst wertvoller Leistungen hervorbringen. Aber für uns ist nur das Gesamtresultat zu erkennen; wir verpassen den Schrott, aber auch die Juwelen.

Dies erlaubt den Schluß, daß es in jedem Unternehmen immer ein großes Potential zur Kostensenkung und zur Verbesserung des Nutzens für den Kunden gibt: Es muß nur vereinfachen, was es gut macht, und beenden, was es schlecht macht.

Vergessen Sie nicht:

- Verschwendung gedeiht durch Komplexität; Effektivität setzt Einfachheit voraus;
- das Gros aller Tätigkeiten wird immer zwecklos, wenig durchdacht, schlecht geleitet, in der Ausführung verschwenderisch und für Kunden ziemlich irrelevant sein;
- ein kleiner Teil der Tätigkeiten wird immer unglaublich effektiv sein und von den Kunden geschätzt werden; wahrscheinlich ist es nicht der Bereich, den Sie vermuten, sondern etwas, das unter einer dicken Schicht wenig effektiver Aktivitäten verborgen liegt;
- alle Unternehmen sind eine Mischung produktiver und unproduktiver Kräfte: Mitarbeiter, Beziehungen und Anlagen;
- schlechte Leistungen sind immer hausgemacht und werden von einer Minderheit von Spitzenleistungen gestützt;
- durchgreifende Verbesserungen sind immer möglich, wenn man anders vorgeht und weniger macht.

Denken Sie immer an das 80/20-Prinzip: Wenn Sie die Leistungen Ihres Unternehmens überprüfen, kann es durchaus sein, daß ein Viertel oder Fünftel der Tätigkeiten zu drei Vierteln oder vier Fünfteln der Gewinne führt. Bauen Sie dieses Viertel oder Fünftel aus. Und verbessern Sie die Effektivität des Rests oder trennen Sie sich davon.

Kostensenkung mit dem 80/20-Prinzip

Alle effektiven Techniken zur Kostensenkung beruhen auf drei 80/20-Erkenntnissen: *Vereinfachung* durch Einstellung unrentabler Tätigkeiten, *Konzentration* auf einige entscheidende Verbesserungskriterien, und *Leistungsvergleich*. Die beiden letzten Punkte werden im folgenden näher ausgeführt.

Selektiv vorgehen

Packen Sie nicht alles mit der gleichen Energie an. Kostensenkung ist eine teure Angelegenheit!

Ermitteln Sie die Bereiche mit dem größten Einsparungspotential (vielleicht nur 20 Prozent der Geschäftstätigkeiten) und konzentrieren Sie 80 Prozent Ihrer Kräfte darauf.

Verzetteln Sie sich nicht in eine Mikroanalyse. Die 80/20-Regel kann hier sehr hilfreich sein. Fragen Sie sich, wo am meisten Zeit verschwendet wird, wo in Ihren bestehenden Arbeitsprozessen 80 Prozent der Verzögerungen und Kosten auftreten, und überlegen Sie sich, wie Sie dagegen vorgehen könnten.[5]

Um Erfolg zu haben, muß man abwägen, was wirklich zählt ... die meisten Unternehmen entsprechen Paretos Regel: 80 Prozent der wichtigen Dinge werden durch 20 Prozent der Kosten unterstützt ... Zum Beispiel wurde in einer Untersuchung der Einzahlungszentrale von Pacific Bell festgestellt, daß 25 Prozent der Zeit in der Zentrale auf die Bearbeitung von 0,1 Prozent der Zahlungen entfiel. Ein Drittel der Zahlungen wurden zweimal und manche sogar mehrmals bearbeitet.[6]

Bei der Senkung von Kosten und Verbesserung der Produkt- oder Servicequalität sollten Sie vor allem daran denken, daß gleiche Kosten nicht unbedingt zur gleichen Kundenzufriedenheit führen. Einige Kostenbestandteile sind ungeheuer produktiv, doch die meisten Kostenfaktoren stehen in keinem Zusammenhang zu dem, was die Kunden wünschen und schätzen. Ergründen und vervielfachen Sie die wenigen produktiven Kostenfaktoren und nehmen Sie Abschied vom Rest.

Durch die 80/20-Analyse Verbesserungsbereiche erkennen

Mit Hilfe einer 80/20-Analyse kann man die Gründe für das Auftreten bestimmter Probleme herausfinden und die Kräfte auf die entscheidenden Verbesserungsbereiche konzentrieren. Um ein einfaches Beispiel zu nehmen: Sie führen einen Verlag und stellen fest, daß Ihre Satzkosten 30 Prozent über dem veranschlagten Etat liegen. Ihr Herstellungsleiter nennt Ihnen 1000 Gründe für die Kostenüberziehung. Manchmal verspäten sich die Autoren mit ihren Manuskripten, manchmal dauert die Fahnenkorrektur oder die Erstellung des Registers länger als geplant, in vielen Fällen ist das Buch länger als vorgesehen, die Tabellen und Zahlen müssen häufig korrigiert werden, und viele andere Gründe mehr.

In dieser Situation können Sie sich zum Beispiel einen bestimmten Zeitraum vornehmen, sagen wir drei Monate, und die Ursachen für alle außerplanmäßigen Satzkosten sorgfältig überwachen. Halten Sie den Hauptgrund für jede Überziehung und auch deren finanzielle Größenordnung fest.

Abbildung 32 listet die Ursachen in der Reihenfolge ihrer Bedeutung auf.

	Ursachen	*Anzahl*	*Prozentsatz*	*kumulierter Prozentsatz*
1	Korrekturen der Autoren zu spät	45	30,0	30,0
2	Originalmanuskript der Autoren zu spät	37	24,7	54,7
3	Zu viele Korrekturen der Autoren	34	22,7	77,4
4	Zahlen müssen korrigiert werden	13	8,6	86,0
5	Buch länger als geplant	6	4,0	90,0
6	Fahnenkorrektur zu spät	3	2,0	92,0

7	Register zu spät	3	2,0	94,0
8	Genehmigungen zu spät	2	1,3	95,3
9	Satzcomputerfehler	1	0,67	96,0
10	Satzkorrekturfehler	1	0,67	96,6
11	Zeitplanänderung Lektorat	1	0,67	97,3
12	Zeitplanänderung Marketing	1	0,67	98,0
13	Zeitplanänderung Druck	1	0,67	98,7
14	Brand in Druckerei	1	0,67	99,3
15	Rechtsstreit mit Setzer	1	0,67	100,0
	Gesamt	150	100	100

Abbildung 32: Ursachen für die Überziehung der Satzkosten eines Verlags

Abbildung 33 setzt diese Informationen in ein 80/20-Diagramm um. Hierzu zeichnet man die Ursachen in abnehmender Reihenfolge ihrer Bedeutung als Säulen ein, trägt die Zahl der Ursachen pro Säule auf der linken vertikalen Achse und den kumulativen Prozentsatz auf der rechten vertikalen Achse ein. Dadurch gewinnt man einen deutlichen Überblick über die Daten.

Aus Abbildung 33 läßt sich ablesen, daß drei der fünfzehn Probleme (also genau 20 Prozent) nahezu 80 Prozent der außerplanmäßigen Kosten verursachen. Nach den ersten fünf Ursachen flacht die kumulative Kurve schnell ab und zeigt damit an, daß die nachfolgenden Ursachen nicht weiter ins Gewicht fallen.

Die drei Hauptursachen stehen alle in Zusammenhang mit den Autoren. Der Verlag könnte dieses Problem zum Beispiel dadurch lösen, daß er in die Verträge mit den Autoren eine Klausel setzt, nach der sie selbst für zusätzliche Satzkosten durch eigene Verspätungen oder zu zahlreiche Korrekturen aufkommen müssen. Mit einer kleinen Veränderung dieser Art ließe sich das Problem zu 80 Prozent beheben.

Manchmal ist es hilfreicher, das 80/20-Diagramm auf der Grundlage der finanziellen Auswirkungen des Problems (oder der Marktchance) zu erstellen. Die Methode bleibt jedoch genau die gleiche.

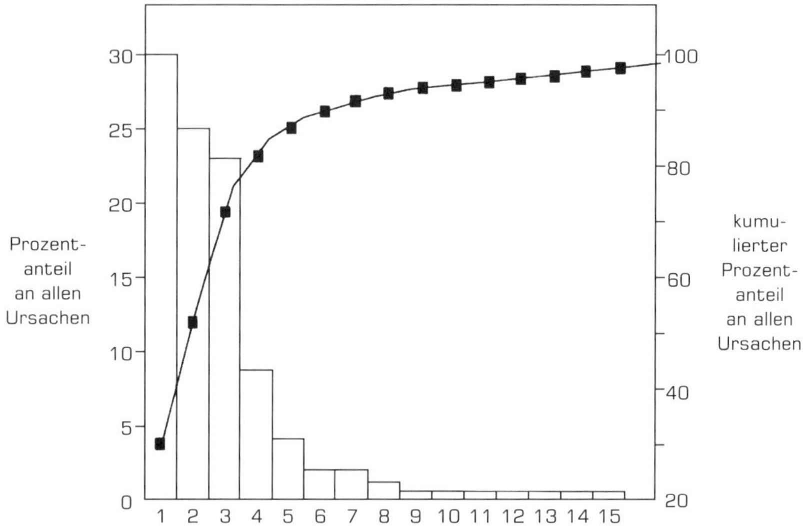

Abbildung 33: 80/20-Diagramm zu den Ursachen für die Überziehung der Satzkosten eines Verlages

Leistungsvergleich

Das 80/20-Prinzip lehrt uns, daß es immer einige wenige Bereiche hoher Produktivität und sehr viele Bereiche geringer Produktivität gibt. Alle effektiven Einsparungsmethoden der vergangenen 30 Jahre sind von dieser Erkenntnis ausgegangen (und haben dabei häufig die Bedeutung des 80/20-Prinzips anerkannt), um Leistungen miteinander zu vergleichen. Dabei muß die Mehrheit der leistungsschwachen Faktoren entweder ihren Rückstand aufholen (meistens liegt die Zielvorgabe zwischen 75 und 90 Prozent der Spitzenleistungen) oder ihren Abschied nehmen.

Dies ist nicht der Ort für genaue Rezepte zur Kostensenkung und Wertsteigerung wie Benchmarking, beste erwiesene Praxis oder Reengineering. All diese Ansätze sind systematische Fortführungen des 80/20-Prinzips und können, wenn (ein großes Wenn) sie konsequent verfolgt werden, zu einer enormen Leistungssteigerung führen. Allzu häufig jedoch entwickeln sich diese Techniken zur vergänglichen Managementmode oder zum reinen Selbstzweck. Die Erfolgschancen solcher Programme stehen sehr viel besser, wenn sie im Kontext des einfachen 80/20-Prinzips gesehen werden, das allen radikalen Einschnitten zugrunde liegen sollte:

- nur eine Minderheit der Geschäftstätigkeiten ist nützlich;
- der Wert für die Kunden wird nur selten gemessen und ist immer ungleichmäßig verteilt;
- große Entwicklungssprünge setzen voraus, daß der Wert für die Kunden und die von diesem Wert bestimmte Zahlungsbereitschaft gemessen und verglichen werden.

Schluß: Macht durch Einfachheit

Das Geschäftsleben steht im Zeichen der Verschwendung, und Komplexität und Verschwendung bedingen sich wechselseitig. Deshalb ist ein einfaches Geschäft immer besser als ein kompliziertes. Größe an sich ist wertvoll, und deshalb ist ein größeres Unternehmen bei gleichem Grad von Komplexität besser als ein kleines. Am besten ist also ein großes und einfaches Unternehmen.

Wer etwas Großes schaffen will, muß etwas Einfaches schaffen. Wer ernsthaft darauf bedacht ist, den Kunden mehr für ihr Geld zu bieten, muß nur darauf achten, die Komplexität zu verringern. Jedes große Unternehmen schleppt viele blinde Passagiere mit – unrentable Produkte, Arbeitsprozesse, Zulieferer, Kunden und vor allem Manager. Diese blinden Passagiere behindern die Entwicklung des Handels. Fortschritt setzt Einfachheit voraus; und Einfachheit erfordert Entschlossenheit. Dies erklärt, warum so selten nach dem Grundsatz gehandelt wird: je einfacher, desto besser.

6
Die richtigen Kunden finden

> Wer die Gründe für seinen Erfolg analysiert, weiß, daß die 80/20-Regel stimmt. 80 Prozent des Wachstums, der Rentabilität und der Zufriedenheit sind auf 20 Prozent der Kunden zurückzuführen. Unternehmen sollten daher zumindest die oberen 20 Prozent ermitteln, um zu einer klaren Vorstellung wünschenswerter Neukunden für ihr künftiges Wachstum zu gelangen.
>
> *Vin Manaktala*[1]

Das 80/20-Prinzip ist von zentraler Bedeutung für die richtige Art von Verkauf und Marketing sowie für ihre Verbindung mit der Gesamtstrategie eines Unternehmens. Wir werden im weiteren Verlauf dieses Kapitels näher auf diese Frage eingehen. Zunächst müssen wir jedoch einiges an pseudointellektuellem Unterholz über Industrialisierung und Marketing aus dem Weg räumen. Zum Beispiel ist häufig die Rede davon, daß wir in einem postindustriellen Zeitalter leben, daß sich die Unternehmen nicht mehr an der Produktion, sondern am Marketing und vor allem an den Kunden orientieren sollten. Das ist bestenfalls eine Halbwahrheit. Um zu erklären, weshalb, ist ein kurzer historischer Exkurs nötig.

Vor der Industrialisierung konzentrierten sich die meisten Unternehmen auf ihre Märkte – ihre wichtigen Kunden –, ohne weiter darüber nachzudenken. Marketing als eigene Funktion oder Aktivität war nicht notwendig. Die kleinen Unternehmen konnten sich auch auf andere Weise um ihre Kunden kümmern.

Dann kam die Industrielle Revolution, die zur Bildung von Großunternehmen, zur Spezialisierung (Adam Smiths Nadelfabrik) und schließlich zur Fließbandfertigung führte. Die Großunternehmen zeigten eine natürliche Tendenz, die Bedürfnisse der Kunden den Erfordernissen kostengünstiger Massenproduktion unterzuordnen. Henry Ford machte die berühmte Äußerung, daß die Kunden sein Model T in jeder Farbe haben könnten, solange sie schwarz sei. Bis in die späten fünfziger Jahre waren die Großunternehmen durchweg produktionsorientiert.

Heutzutage lachen hochspezialisierte Marketingexperten und Geschäftsleute über diese einseitige Ausrichtung. Aber zu seiner Zeit war Fords Ansatz genau der richtige. Seine Pioniertat, die Waren zu vereinfachen und kostengünstiger zu gestalten sowie gleichzeitig ihre Attraktivität zu steigern, bildete den Grundstein der heutigen Konsumgesellschaft. Produkte aus der kostengünstigen Fabrik sorgten dafür, daß Waren aus immer höheren Marktkategorien für Kunden erschwinglich wurden, die vorher von diesen Märkten ausgeschlossen waren. Die Schaffung des Massenmarktes führte zu einer Kaufkraft, die es vorher nicht gegeben hatte, und damit zu einem positiven Kreislauf mit immer kostengünstigerer Produktion, höherem Konsum, mehr Arbeitsplätzen, größerer Kaufkraft, höherer Stückproduktion, geringeren Stückkosten, höherem Konsum ... und so weiter in einer fortschreitenden, wenngleich nicht ununterbrochenen Spirale nach oben.

In diesem Lichte betrachtet war Henry Ford alles andere als ein produktionsbesessener Hinterwäldler. Er war ein kreatives Genie, das den Durchschnittsverbrauchern einen großen Dienst erwies. 1909 erklärte er, seine Mission sei die »Demokratisierung des Automobils« – ein damals absolut lächerliches Ziel, denn nur reiche Leute besaßen ein Auto. Aber bekanntlich setzte das Model T, das zu einem Bruchteil der Kosten früherer Autos gebaut wurde, eine völlig neue Entwicklung in Gang. Im guten wie im schlechten, und insgesamt doch wohl viel eher im guten, schöpfen wir heute aus dem »Füllhorn«[2] einer von Ford veränderten Welt.

Die Massenindustrialisierung und -innovation hörte nicht bei den Autos auf. Viele Produkte vom Kühlschrank über den Walkman bis hin zur CD-Rom hätten nicht das Ergebnis von Marktforschung sein können. Niemand im 19. Jahrhundert hätte Tiefkühlkost gewollt, weil es keine Gefrierschränke gab. Alle bahnbrechenden Entdekkungen vom Feuer und vom Rad bis heute waren Erfolge der Produktion, die dann ihre eigenen Märkte schuf. Es ist Unsinn zu sagen, daß wir in einem postindustriellen Zeitalter leben. Dienstleistungen werden jetzt auf die gleiche Weise Gegenstand der Industrialisierung wie die materiellen Güter in der sogenannten industriellen Ära. Einzelhandel, Landwirtschaft, Sprache, Unterhaltung, Ausbildung, Reinigungsarbeiten, Hotelgewerbe und sogar die Kunst der Gastronomie – sie alle waren früher ausschließlich einzelnen Dienstleistern vorbehalten und galten als unerschließbar für den Massen- und Exportmarkt. Inzwischen werden all diese Bereiche zügig industrialisiert und zum Teil sogar globalisiert.[3]

Die Wiederentdeckung des Marketings in den sechziger Jahren und des Kunden in den neunziger Jahren

Der Erfolg des produktionsorientierten Ansatzes und seiner Betonung der Fertigung, der Produktionsausweitung und Kostensenkung brachte zuletzt die Mängel dieses Vorgehens selbst ans Licht. Anfang der sechziger Jahre forderten Business-School-Professoren wie Theodore Levitt die Manager auf, sich mehr am Marketing zu orientieren. In seinem legendären Artikel in der *Harvard Business Review* mit dem Titel »Marketing Myopia« (»Marketing-Kurzsichtigkeit«) ermunterte er die Industrie, statt auf die Produktion von Gütern auf die Zufriedenheit der Kunden zu setzen. Das neue Evangelium verbreitete sich wie ein Lauffeuer. Die Geschäftsleute überschlugen sich förmlich, um Herz und Verstand ihrer Kunden zu gewinnen. Ein relativ neuer Zweig der Wirtschaftstheorie, die Marktforschung, erlebte eine rasante Expansion, um herauszufinden, was die Kunden wollten. Marketing wurde zum heißesten Thema an den Business-Schools, und Marketingmanager lösten die im Produktionsbereich groß gewordene Vorgängergeneration als Unternehmensführer ab. Der Massenmarkt war tot; Produkt- und Verbrauchersegmentierung lautete die Devise der Eingeweihten. In jüngerer Zeit, in den achtziger und neunziger Jahren, wurden Kundenzufriedenheit, Kundenorientierung und Kundennähe zu Zielen der fortschrittlichsten und erfolgreichsten Unternehmen.

Der kundenorientierte Ansatz ist zwar richtig, aber auch gefährlich

Marketingorientierung und Kundennähe sind absolut richtige Ziele. Aber sie können auch zu gefährlichen und sogar verhängnisvollen Nebeneffekten führen. Wenn die Produktpalette auf zu viele Bereiche ausgedehnt wird oder wenn die Ausrichtung am Kunden dazu führt, immer mehr unwesentliche Käufer anzulocken, steigen die Stückkosten, und die Gewinne fallen. Eine Ausweitung des Sortiments zieht infolge der wachsenden Komplexität einen starken Anstieg der Gemeinkosten nach sich. Fabrikkosten liegen mittlerweile so niedrig, daß sie nur einen kleinen Teil der Wertschöpfung eines Unternehmens ausmachen – meist weniger als 10 Prozent des Verkaufspreises für ein Produkt. Die überwiegende Mehrheit der Unternehmenskosten fällt außerhalb der Fabrik an. Und diese Kosten können fatale Folgen haben, wenn das Produktsortiment zu groß ist.

Und ganz ähnlich kann auch eine übertriebene Jagd nach Kunden zu einem sprunghaften Anstieg der Marketing- und Verkaufskosten sowie zu höheren Logistikkosten führen. Besonders gefährlich ist dies, wenn dadurch die Verkaufspreise nicht nur für die neuen, sondern auch für die alten Kunden auf einem permanent niedrigeren Niveau bleiben.

Hier zeigt sich einmal mehr die Bedeutung des 80/20-Prinzips. Es ermöglicht eine Synthese des produktions- und des marketingorientierten Ansatzes, die in beiden Bereichen vor allem die Rentabilität in den Mittelpunkt stellt (im Gegensatz zur heute sehr verbreiteten unrentablen Kundenorientierung).

Marketing nach dem 80/20-Prinzip

Jedes Unternehmen sollte sich auf die richtigen Märkte und Kunden konzentrieren, die meist nur eine kleine Minderheit des Marktanteils ausmachen, den das Unternehmen hält. Die gängige Lehrmeinung zur Marketing- und Kundenorientierung ist gewöhnlich nur zu 20 Prozent korrekt.

Drei goldene Regeln sollte man beachten:

- Die Marketingarbeit und das gesamte Unternehmen sollten sich auf die 20 Prozent der bestehenden Produktlinie konzentrieren, die nach Zuordnung aller Kosten zu 80 Prozent der Gewinne führen.
- Die Marketingarbeit und das gesamte Unternehmen sollten sich ganz besonders darum bemühen, jene 20 Prozent der Kunden, die 80 Prozent des Umsatzes und/oder der Gewinne ausmachen, zu erfreuen, für immer zu halten und zu noch mehr Käufen zu ermuntern.
- Zwischen Produktion und Marketing besteht kein echter Konflikt. Erfolg im Marketing erzielen Sie nur dann, wenn Sie der angesprochenen Kundengruppe etwas Besonderes bieten, das sie nirgends sonst findet oder das Teil eines konkurrenzlosen Produkt-/Service-/Preispakets ist. Dies trifft wahrscheinlich nicht auf mehr als 20 Prozent Ihres bestehenden Produktsortiments zu; und diesen 20 Prozent verdanken Sie mit hoher Wahrscheinlichkeit 80 Prozent Ihrer echten Gewinne. Und wenn keine Ihrer Produktlinien diese Voraussetzungen erfüllt, liegt Ihre einzige Hoffnung in der Innovation. Und dann heißt es für den kreativen Marketingexperten, sich an den Produkten zu orientieren. Denn Innovation ist immer produktorientiert. Ohne ein neues Produkt oder eine neue Dienstleistung gibt es keine Innovation.

Marketingorientierung in den wenigen richtigen Produkt- und Marktsegmenten

Wahrscheinlich führen Produkte, die 20 Prozent Ihres Umsatzes ausmachen, nach Berücksichtigung aller Kosten zu 80 Prozent Ihres Gewinns. Und noch wahrscheinlicher ist es, daß Sie 80 Prozent der Erträge mit 20 Prozent der Produkte erzielen. Bill Roatch, der Kosmetikeinkäufer des Einzelhändlers Raley's in Sacramento, Kalifornien, bestätigt dies:

80 Prozent Ihres Gewinns stammen von 20 Prozent der Produkte. Die Frage [für einen Einzelhändler] ist, wieviel von den anderen 80 Prozent er aus dem Angebot nehmen kann [ohne an Status in der Kosmetikbranche zu verlieren] ... Fragt man die Kosmetikgeschäfte, heißt es, solche Einschnitte tun weh. Die Einzelhändler dagegen meinen, daß man einiges herausnehmen kann.[4]

Die logische Konsequenz wäre hier, die Verkaufsfläche für die rentabelsten und meistgekauften Lippenstifte zu vergrößern und einige der selten gekauften Produkte aus dem Sortiment zu nehmen. Dann kann man zu den rentabelsten 20 Prozent in Zusammenarbeit mit den Lieferanten dieser Topprodukte eine großangelegte Verkaufsaktion durchführen. Natürlich werden immer scheinbar plausible Gründe angeführt, weshalb man die unrentablen 80 Prozent benötigt. In diesem Fall ist es die Furcht, durch die Verkleinerung des Sortiments »an Status zu verlieren«. Solche Rechtfertigungen beruhen auf der merkwürdigen Auffassung, daß Käufer gerne viele Produkte ausgestellt sehen, die sie überhaupt nicht kaufen wollen und die sie letztendlich von dem gewünschten Produkt ablenken. In 99 Prozent der Fälle, in denen dies überprüft worden ist, hat sich gezeigt, daß die Herausnahme solcher Randprodukte die Gewinne steigert und die Wahrnehmung der Kunden nicht im geringsten beeinflußt.

Ein Hersteller von Autopflegeprodukten – Wachse, Poliermittel und weiteres Autoreinigungszubehör – vermarktete seine Produkte über Autowaschanlagen. Das erschien logisch, da die Besitzer der Autowaschanlagen durch jeden Verkauf eines Pflegeprodukts einen Umsatzzuwachs erzielen konnten, einfach indem sie die Produkte auf Flächen ausstellten, die sonst keinem Zweck dienten. Dabei ging man von der Vereinbarung aus, daß sie die Produkte deutlich sichtbar ausstellen und sich auch um ihren Verkauf bemühen sollten.

Nachdem das Unternehmen verkauft wurde, führte das neue Management eine umfassende Umsatzanalyse durch und fand heraus, daß »die klassische 80/20-Regel zutraf – 80 Prozent des Unternehmensumsatzes wurden in 20 Prozent der Verkaufsstellen erzielt«.[5] Als der neue Vorstandsvorsitzende 50 Autowaschanlagen aufsuchte, die nur minimale Umsätze vorweisen konnten, stellte er fest, daß die Produkte des Unternehmens in irgendeiner verborgenen Ecke oder an anderen ungünstigen Stellen standen, wo sie einen schlechten Eindruck hinterließen oder sogar ganz vergessen wurden.

Der Vorstandsvorsitzende hielt den Besitzern eine Standpauke und forderte sie auf, ihre Verkaufsdisplays besser in Schuß zu halten. Seine Anstrengungen waren vergeblich. Er hätte sich mehr auf die besten 20 Prozent der Waschanlagen konzentrieren sollen. Was machten diese richtig? Ließ sich das noch verbessern? Was hatten sie gemeinsam? Wie konnte man mehr solcher Verkaufsstellen finden? Die umsatzstarken Verkaufsstellen gehörten zu professionell geführten Ketten. Er wäre besser beraten gewesen, diese Verkaufsstellen zu kultivieren, statt die Ein-Mann-Betriebe zu mehr Leistung zu ermahnen.

Orientierung an den wenigen richtigen Kunden

So wichtig die Konzentration auf die wenigen besten Produkte auch sein mag, sie fällt trotzdem viel weniger ins Gewicht als die Orientierung an den wenigen besten Kunden. Dies haben viele erfolgreiche Marketingexperten begriffen. Dazu möchte ich einige Beispiele zitieren. In der Telekommunikation:

> Richten Sie Ihre Aufmerksamkeit dorthin, wo eine echte Bedrohung durch die Konkurrenz besteht. In den meisten Fällen gilt noch immer die 80/20-Regel: 80 Prozent des Umsatzes stammen von 20 Prozent der Kunden. Finden Sie heraus, wer die umsatzstärksten Kunden sind, und setzen Sie alles daran, ihre Bedürfnisse zu erfüllen.[6]

Im Auftragsmanagement:

> Denken Sie an die alte 80/20-Regel. Bleiben Sie in engem Kontakt zu den 20 Prozent Ihrer Kunden, die 80 Prozent Ihres Geschäfts ausmachen. Gehen Sie jeden Sonntagabend die Auftragsakten durch und schreiben Sie eine Nachricht, schicken Sie eine Karte oder nehmen Sie sich vor, jeden anzurufen, mit dem Sie schon zu lange keinen Kontakt mehr hatten.[7]

Seit 1994 hat American Express viele Kampagnen zur Stärkung seiner Franchiseposition bei Händlern und Kunden durchgeführt, die für den größten Teil seines Umsatzes verantwortlich sind. Carlos Viera, der Verkaufsleiter von American Express in Südflorida, meint dazu:

Es ist die alte 80/20-Regel: Das weitaus größte Geschäft kommt von 20 Prozent des Marktes. Diese Kampagne ist fast ein PR-Feldzug, damit die Leute mehr mit ihren Kunden zum Abendessen gehen.[8]

Erfolgreiches Marketing hängt vor allem von der Ausrichtung an der relativ kleinen Zahl von Kunden ab, die sich im Konsum Ihrer Produkte oder Dienstleistungen besonders aktiv zeigen. Einige wenige Kunden kaufen sehr viel, während eine große Zahl von Kunden sehr wenig kauft. Diese können ignoriert werden. Es zählt nur die Gruppe der Hauptkunden, die viel und häufig konsumiert. Emmis Broadcasting, zu dem die Sender WQHT und WRKS gehören, hat mit großem Erfolg Marketingkampagnen durchgeführt, die ausschließlich dem Zweck dienten, das Stammpublikum zu noch mehr Hörkonsum zu bewegen:

Statt 12 Stunden verbringen sie jetzt 25 Stunden pro Woche mit ihrem Lieblingssender ... wir konzentrieren uns mit all unseren Stationen auf die 80/20-Regel des Konsums ... wir sprechen jeden einzelnen aus unserem Zielpublikum an und holen auch noch die letzte Viertelstunde aus ihnen heraus.[9]

Sich an 20 Prozent der Kunden zu orientieren ist viel leichter, als sich an 100 Prozent zu wenden. Nähe zu allen Kunden ist so gut wie unmöglich. Aber es ist sehr wohl möglich und vor allem auch lohnenswert, die wesentlichen 20 Prozent zu kultivieren.

Vier Schritte zur Bindung von Hauptkunden

Sie können die wichtigen 20 Prozent nur ins Auge fassen, wenn Sie sie kennen. Unternehmen mit einem begrenzten Kundenstamm können dies Kunde für Kunde ergründen. Unternehmen, die an Zehntausende oder gar Millionen von Verbrauchern verkaufen, müssen ihre Kunden (es könnte sich zum Beispiel um Absatzkanäle handeln) und auch das Profil der Groß- und Vielverbraucher kennen.

Zweitens müssen Sie ihnen einen wirklich außerordentlichen oder sogar »unglaublichen« Service bieten. Um eine schlagkräftige Versicherungsgesellschaft der Zukunft aufzubauen, meint Berater Dan Sullivan, »würde man 20 Vertragsverhältnisse schließen und sie voll mit Service abdecken. Nicht mit normalem und auch nicht mit gutem Service. Mit unglaublichem Service. Man würde die Wünsche der Kunden wenn möglich vorwegnehmen und bei jeder Bitte wie ein mobiles Einsatzkommando losstürmen.«[10] Das Geheimnis des Erfolgs liegt also darin, einen erstaunlichen Service zu bieten, der weit über die Pflicht und die gültigen Branchenstandards hinausgeht. Das kann kurzfristig zu höheren Kosten führen, wird sich aber langfristig mit Sicherheit rechnen.

Drittens sollten Sie neue Produkte und Dienstleistungen direkt auf die Gruppe der Hauptkunden abstimmen und sie ausschließlich für sie und mit ihnen entwickeln. Wenn Sie eine Erhöhung Ihres Marktanteils anstreben, versuchen Sie vor allem, mehr an Ihre derzeitigen Hauptkunden zu verkaufen. Dabei kommt es im allgemeinen nicht nur auf das Verkaufsgeschick an. Und es kommt auch nicht in erster Linie darauf an, den Absatz der vorhandenen Produkte zu steigern, auch wenn Kampagnen für Vielkäufer fast immer zu hohen kurzfristigen und langfristigen Gewinnen führen. Einen viel höheren Stellenwert hat jedoch die Verbesserung vorhandener Produkte oder die Einführung neuer Produkte, die von den Hauptkunden gewünscht und nach Möglichkeit zusammen mit ihnen entwickelt werden. Innovationen sollten immer aus der Beziehung zu dieser Gruppe entstehen.

Schließlich sollten Sie danach streben, Ihre Hauptkunden langfristig zu halten. Ihre Hauptkunden sind Geld auf der Bank. Wenn einer von ihnen ausfällt, wirkt sich das nachteilig auf Ihre Gewinne aus. Außerordentliche Anstrengungen zur Bindung der Hauptkunden, die auf den ersten Blick nicht unbedingt gewinnfördernd wirken, werden über kurz oder lang dennoch zu einer Ertragssteigerung führen. Mit außerordentlichem Service kann man die Hauptkunden zu einem erhöhten Konsum ermuntern und dadurch auch die kurzfristigen Gewinne verbessern. Aber die Rentabilität stellt nur ein nachgeordnetes Kriterium für die Gesundheit eines Unternehmens dar. Der entscheidende Maßstab für die Gesundheit eines Unternehmens liegt in der Stärke, Tiefe und Länge der Beziehungen zu seinen Hauptkunden. Kundentreue ist das Fundament, auf dem die Rentabilität beruht. Wenn Sie Ihre Hauptkunden verlieren, wird Ihnen die Basis Ihres Geschäfts entzogen, auch wenn Sie sich noch so sehr anstrengen, um die Gewinne kurzfristig anzukurbeln. Wenn Ihre Hauptkunden abwandern, sollten Sie das Unternehmen so schnell wie möglich verkaufen oder das Management entlassen – entlassen Sie sich selbst, wenn Sie der Chef sind – und alle erdenklichen drastischen Maßnahmen ergreifen, um die Hauptkunden wiederzugewinnen oder zumindest weitere Verluste zu verhindern. Wenn die Hauptkunden dagegen zufrieden sind, ist auch das langfristige Wachstum des Geschäfts gewährleistet.

Die Konzentration auf die Hauptkunden muß zur unternehmensweiten Obsession werden

Nur die Ausrichtung an den wesentlichen 20 Prozent der Kunden macht die Marketingarbeit zum zentralen Prozeß eines Unternehmens. Zu Beginn dieses Kapitels haben wir uns mit dem Übergang von der Produktionsorientierung zur Marketingorientierung beschäftigt. Dabei gelangten wir zu dem Schluß, daß die sogenannten Exzesse des Marketingansatzes auf den Versuch einer Ausrichtung an der Gesamtheit der Kunden zurückzuführen waren. Für die wesentlichen 20 Prozent der Kunden kann kein Exzeß exzessiv genug sein. Sie können sich finanziell und kräftemäßig voll verausgaben in dem Wissen, daß Ihnen eine hervorragende Rendite sicher ist.

Ihr Unternehmen kann nicht die Nähe zu 100 Prozent der Kunden suchen, aber zu 20 Prozent sehr wohl. Die Orientierung an diesen 20 Prozent steht im Mittelpunkt der Aufgabe jedes Marketingmitarbeiters. Aber darüber hinaus sollte die Orientierung an diesen Kunden auch für jeden anderen Mitarbeiter des Unternehmens im Mittelpunkt stehen. Der Kunde bemerkt und beurteilt die Anstrengungen aller Mitarbeiter eines Unternehmens, ob sie ihm persönlich begegnen oder nicht. In diesem Sinne erschließt das 80/20-Prinzip Neuland. Es ist von zentraler Bedeutung für die Marketingarbeit, es rückt die Marketingarbeit in den Mittelpunkt des Unternehmens, aber es macht das Marketing auch zur Aufgabe aller Mitarbeiter des Unternehmens. Und für sie alle muß Marketing bedeuten, die Zufriedenheit der wesentlichen 20 Prozent der Kunden immer weiter zu steigern.

Verkauf

Der Verkauf steht in enger Beziehung zum Marketing. Beide agieren an vorderster Front, von ihnen wird der Kunde angesprochen, und – genauso wichtig – er findet Gehör. 80/20-Denken ist für den Verkauf nicht weniger entscheidend als für das Marketing.

Wer hervorragende Verkaufsleistungen erzielen möchte, darf sich nicht an Durchschnittswerten orientieren, sondern muß in 80/20-Größenordnungen denken. Durchschnittliche Verkaufsleistungen können sehr irreführend sein. Manche Verkäufer verdienen im Jahr 300 000 Mark, während die große Mehrheit nur knapp über dem Mindestlohn liegt. Angesichts solcher Unterschiede haben Durchschnittsleistungen keinerlei Aussagekraft.

Bei jedem Verkaufsstab, zu dem man eine 80/20-Analyse durchführt, wird sich zwischen Umsatz und Verkäufern eine unausgewogene Verteilung ergeben. Die meisten einschlägigen Untersuchungen zeigen, daß die leistungsstärksten Verkäufer zwischen 70 und 80 Prozent der Umsätze erzielen.[11] Ohne Kenntnis des 80/20-Prinzips mag dies bemerkenswert erscheinen. Aber für jeden Unternehmer weist dieses Ergebnis auf einen zentralen Ansatz, mit dem man in kurzer Zeit die Gewinne steigern kann. Auf kurze Sicht sind die Gewinne mit keinem Faktor so eng verbunden wie mit dem Umsatz. Welche Rolle spielt nun das 80/20-Prinzip für den Verkauf, und welche Konsequenzen sollten wir daraus ziehen?

Es gibt zwei Hauptgründe dafür, daß die Abschlußquoten einzelner Verkäufer so deutliche Unterschiede aufweisen. Der erste bezieht sich auf Fragen der reinen Verkäuferleistung, der zweite auf strukturelle Fragen der Kundenorientierung.

Verkäuferleistung

Nehmen wir an, Ihre Analyse führt in etwa zu den gleichen Ergebnissen wie eine kürzlich durchgeführte Untersuchung: 20 Prozent Ihres Verkaufspersonals erzielt 73 Prozent Ihres Umsatzes. Welche Maßnahmen sollten Sie ergreifen?

Ein naheliegendes, aber oft vernachlässigtes Gebot der Stunde heißt, *die Leistungsstarken an sich zu binden*. Folgen Sie nicht der alten Maxime, »wenn etwas nicht kaputt ist, muß man es auch nicht reparieren«. Wenn es nicht kaputt ist, müssen Sie alles daran setzen, daß es nicht kaputtgeht. Außer der Nähe zum Kunden sollte die Nähe zu Ihren Topverkäufern das Wichtigste für Sie sein. Sorgen Sie für ihre Zufriedenheit und verlassen Sie sich dabei nicht allein aufs Geld.

Zweitens sollten Sie *mehr Verkäufer des gleichen Typs engagieren*. Damit sind nicht unbedingt Mitarbeiter mit gleicher Qualifikation gemeint. Persönlichkeit und Einstellung zählen unter Umständen weit mehr. Bringen Sie Ihre Verkaufsstars in einem Raum zusammen und finden Sie heraus, was sie gemeinsam haben. Oder besser noch, bitten Sie sie, Ihnen bei der Suche nach ähnlichen Mitarbeitern zu helfen.

Drittens müssen Sie *ergründen, wann Ihre Spitzenkräfte am meisten verkaufen und was in diesen Situationen anders ist*. Denn das 80/20-Prinzip gilt für Zeit und Menschen gleichermaßen: Jeder Ihrer Verkäufer erzielt 80 Prozent seiner Abschlüsse wahrscheinlich in 20 Prozent seiner Arbeitszeit. Versuchen Sie, die sogenannten Glückssträhnen und ihre Gründe zu erfassen. Ein Kenner der Materie bemerkt dazu:

> Wenn Sie im Verkauf tätig sind, denken Sie an Ihre beste Phase zurück. Was haben Sie in dieser Woche anders gemacht? Ich weiß nicht, ob Ballspieler oder Verkäufer abergläubischer sind ... aber die Erfolgreichen in beiden Bereichen überlegen sich die Bedingungen, die während ihrer

Glückssträhne herrschten, und vermeiden es, auch nur das Geringste daran zu ändern. Im Gegensatz zu einem Ballspieler tun Sie allerdings in solch einem Fall als Verkäufer besser daran, die Unterwäsche zu wechseln.[12]

Viertens sollten Sie *alle Mitarbeiter dazu ermuntern, die Methoden mit der höchsten Erfolgsquote anzuwenden.* Ob Werbung, persönliche Verkaufsbesuche, gezielte Briefaktionen oder Telefonanrufe – forcieren Sie die Methode, die Zeit und Geld am wirkungsvollsten nutzt. Hierfür könnten Sie eine eigene Analyse vornehmen, aber unter Umständen ist es schneller und billiger, die Arbeitseinteilung der Topverkäufer zu beobachten.

Fünftens können Sie *ein erfolgreiches Team aus einem Bereich durch ein erfolgloses Team aus einem anderen Bereich* ablösen. Verstehen Sie dies als echtes Experiment, um herauszufinden, ob das gute Team die strukturellen Schwierigkeiten überwinden kann oder umgekehrt. Wenn das gute Team die harte Nuß knackt, während das andere Team scheitert, fragen Sie das erste Team nach Lösungsmöglichkeiten. Möglicherweise bietet sich eine Aufteilung der Teams auf beide Bereiche an. Einer meiner Auftraggeber erzielte in jüngerer Zeit riesige Erfolge im internationalen Verkauf, aber das Inlandsteam war demotiviert und verlor Marktanteile. Ich schlug einen Tausch der Teams vor. Der Vorstandsvorsitzende wandte dagegen ein, daß die Fremdsprachenfähigkeiten von den Mitgliedern des Exportteams im Inlandsmarkt vergeudet seien. Schließlich erklärte er sich bereit, einen jungen Mitarbeiter des internationalen Teams abzuberufen und ihn anstelle des jetzigen Leiters an die Spitze des Inlandsverkaufs zu setzen. Mit einem Mal wurde der unaufhaltsame Verlusttrend umgekehrt. Nicht alle vergleichbaren Geschichten führen zu einem solch glücklichen Ende, aber gerade im Verkauf gilt die Maxime, daß nichts so erfolglos ist wie die Erfolglosigkeit und umgekehrt.

Zuletzt stellt sich auch die Frage nach der Ausbildung des Verkaufsstabs. »Lohnt sich die Investition in die Ausbildung der schwächeren 80 Prozent des Verkaufsstabs, um sie auf ein höheres Leistungsniveau zu führen, oder handelt es sich um Zeitverschwendung, weil so viele von ihnen trotz Ausbildung scheitern werden?«[13] Wie bei jedem Problem sollten Sie das 80/20-Prinzip heranziehen.

Meine Antwort:

- Bilden Sie nur diejenigen aus, die mit ziemlicher Sicherheit noch einige Jahre bei Ihnen bleiben werden.
- Lassen Sie sie von den besten Verkäufern ausbilden und belohnen Sie diese entsprechend der späteren Verkaufsleistung ihrer Trainees.
- Richten Sie die größten Ausbildungsanstrengungen auf diejenigen, die nach dem ersten Ausbildungsabschnitt die besten Leistungen zeigen. Dabei sollten die besten 20 Prozent der Ausgebildeten in den Genuß von 80 Prozent der Ausbildungsmaßnahmen kommen. Stellen Sie die Ausbildung der unteren 50 Prozent ein, außer es zeichnet sich auch hier ein deutlicher Nutzen ab.

Viele Unterschiede in der Verkäuferleistung hängen vom reinen Verkaufsgeschick ab, aber viele auch nicht. Auch diese strukturellen Faktoren kann man aus Sicht des 80/20-Prinzips betrachten.

Mit guten Verkaufstechniken allein ist es nicht getan

Die 80/20-Analyse kann strukturelle Voraussetzungen offenlegen, die weit über die individuelle Kompetenz hinausreichen. Und häufig ist es viel einfacher und auch lohnender, bei diesen strukturellen Faktoren anzusetzen, als sich um Fragen des persönlichen Verdienstes zu kümmern. Sehr viel hängt oft von den Produkten und den Kunden ab:

Nehmen wir den Verkaufsstab. Wir stellen zum Beispiel fest, daß 20 Prozent unserer Verkäufer 73 Prozent unseres Umsatzes erzielen. Wir stellen fest, daß 16 Prozent unserer Produkte 80 Prozent unseres Umsatzes ausmachen; und 22 Prozent unserer Kunden stehen für 77 Prozent des Umsatzes ...

Bei näherer Betrachtung zeigt sich, daß Verkäufer A 100 aktive Kunden hat. 20 Prozent von diesen erzeugen ungefähr 80 Prozent seines Umsatzes. Verkäuferin B deckt 100 Landkreise ab, und 80 Prozent ihrer Kunden sind in 24 Landkreisen konzentriert. Verkäuferin C verkauft 30 verschiedene Produkte. Auf sechs davon entfallen 81 Prozent ihres Umsatzes.[14]

Die Gültigkeit des 80/20-Prinzips für Produkte und Kunden haben wir im Abschnitt über das Marketing bereits angesprochen. Für die verantwortlichen Leiter von Verkaufsstäben empfehlen sich daher folgende Maßnahmen:

- Veranlassen Sie alle Verkäufer, ihre Bemühungen auf die Produkte zu konzentrieren, die für 80 Prozent der Umsätze sorgen. Der Verkaufsstab muß vor allem für den Absatz gewinnträchtiger Produkte belohnt werden, deshalb sollte der Verkauf der rentabelsten Produkte pro umgesetzter Mark viermal soviel Anerkennung finden wie der Verkauf weniger rentabler Produkte.
- Veranlassen Sie die Verkäufer, sich auf die 20 Prozent der Kunden zu konzentrieren, die für 80 Prozent der Umsätze und Gewinne verantwortlich sind. Leiten Sie die Verkäufer dazu an, ihre Kunden nach Umsatz und Gewinn zu ordnen. Sie müssen 80 Prozent ihrer Zeit für die besten 20 Prozent der Kunden aufwenden, auch wenn sie dadurch einige der weniger wichtigen Kunden vernachlässigen.
  Der größere Arbeitsaufwand für die Minderheit umsatzstarker Kunden sollte dazu führen, daß diese mehr kaufen. Wenn die Möglichkeiten zum Verkauf vorhandener Produkte ausgeschöpft sind, sollte sich der Verkaufsstab zum Schutz des bestehenden Geschäfts auf eine Verbesserung der Serviceleistungen konzentrieren und herausfinden, welche Neuprodukte die Hauptkunden wünschen.
- Lassen Sie die umsatz- und gewinnstärksten Kunden unabhängig von geographischen Gegebenheiten nur von einem Verkäufer oder Team betreuen. Erhöhen Sie die Zahl der nationalen Kunden und senken Sie die der regionalen Kunden.
  Als nationale Kunden wurden früher nur Unternehmen gesehen, bei denen ein Einkäufer die volle Verantwortung für die Beschaffung eines Produkts hatte, unabhängig davon, wohin es letztlich geliefert wurde. In diesem Fall war es natürlich sinnvoll, wenn ein nationaler Verkaufsleiter die Betreuung des wichtigen Einkäufers übernahm. Aber zunehmend gilt, daß auch andere Großkunden alleinverantwortlich von einem Verkäufer oder einem

Team betreut werden sollten, auch wenn es viele lokale Einkaufsstellen gibt. Rich Chiarello, der US-Verkaufsleiter von Computer Associates International, beschreibt diese Entwicklung:

Mit den oberen 20 Prozent der Auftraggeber erziele ich 80 Prozent meines Umsatzes. Und diese Unternehmen behandle ich als nationale Kunden. Es ist mir egal, ob ein Vertreter kreuz und quer durchs Land fliegen muß, er ist für diesen Kunden verantwortlich, und wir werden uns über jeden in diesem Unternehmen kundig machen und einen Plan aufstellen, um ihnen unsere Produkte zu verkaufen.

- Senken Sie die Kosten und benutzen Sie für weniger wichtige Kunden das Telefon. Häufig klagen Verkaufsstäbe, daß Rationalisierungsmaßnahmen oder die verstärkte Ausrichtung an Großkunden dazu führen, daß in manchen Absatzgebieten bei weitem nicht mehr alle Kunden vernünftig betreut werden können. Eine Lösung besteht darin, sich von einigen dieser Kunden zu trennen, aber dies sollte nur ein letzter Ausweg sein. Oft fährt man besser, wenn man die 80 Prozent der kleineren Kunden in einem telefonischen Verkaufs- und Bestelldienst zusammenfaßt. Auf diese Weise kann man einen effizienteren und viel kostengünstigeren Service anbieten als durch persönlichen Verkauf.
- Weisen Sie die Verkäufer an, den Kontakt zu alten Kunden wiederaufzunehmen, mit denen sie in der Vergangenheit gute Geschäfte gemacht haben. Das kann heißen, daß an alte Türen geklopft wird oder daß alte Telefonnummern gewählt werden.
  Diese überaus erfolgreiche Verkaufstechnik wird erstaunlicherweise meist vernachlässigt. Ein zufriedener alter Kunde wird aller Wahrscheinlichkeit ein weiteres Mal kaufen. Bill Bain, der Gründer der Unternehmensberatung Bain & Company, machte früher Haustürgeschäfte mit Bibeln im tiefen Süden der USA. Er berichtet von einer Flaute, als er erfolglos von Haus zu Haus lief, ehe es ihm wie Schuppen von den Augen fiel. Er ging zurück zur letzten Käuferin einer Bibel und verkaufte ihr noch eine! Die gleiche Technik verwendet auch einer der erfolgreichsten Immobilienmakler der USA, Nicholas Barsan, ein rumänischer Einwanderer. Er verdient pro Jahr persönliche Provisionen von über eine

Million Dollar, und mehr als ein Drittel davon stammt von alten Kunden. Mr. Barsan klopft wirklich an alte Türen und fragt die Eigenheimbesitzer (die früher seine Kunden waren), ob sie nicht verkaufen wollen.

Wenn man sich diese Struktureinflüsse im Sinne des 80/20-Prinzips zunutze macht, können aus mittelmäßigen gute und aus guten hervorragende Verkäufer werden. Und ein besserer Verkaufsstab wirkt sich unmittelbar auf das Geschäftsergebnis aus. Aber noch wichtiger sind die langfristigen Auswirkungen auf den Marktanteil und die Kundenzufriedenheit, wenn ein Verkaufsstab voller Selbstvertrauen und Entschlossenheit danach strebt, den Hauptkunden nur das Beste zu bieten, und dabei stets ein offenes Ohr für ihre wirklichen Wünsche behält.

Die wenigen wesentlichen Kunden

Manche Kunden sind wesentlich. Die meisten nicht. Manche Verkaufsbemühungen sind unglaublich ergiebig. Die meisten sind ineffizient. Und einige führen sogar zu Verlusten.

Bündeln Sie Ihre Marketing- und Verkaufsanstrengungen dort, wo Sie einer Minderheit lukrativer Kunden etwas Besonderes bieten können, das sie nirgendwo sonst finden – vorausgesetzt, Sie können dabei höhere Gewinne erzielen. Jedes Unternehmen verdankt seinen Erfolg diesem einfachen Prinzip der Vereinfachung.

7
Die zehn wichtigsten geschäftlichen Anwendungsbereiche des 80/20-Prinzips

Die Vielfältigkeit des 80/20-Prinzips ist bemerkenswert. Es läßt sich nahezu in jedem Funktionsbereich zur Lenkung strategischer und finanzieller Verbesserungen einsetzen. Aus diesem Grund stellen meine in Abbildung 34 aufgelisteten zehn wichtigsten Anwendungsgebiete des 80/20-Prinzips unweigerlich eine willkürliche Auswahl dar. Bei der Zusammenstellung der Liste habe ich versucht zu berücksichtigen, in welchem Maße die Geschäftswelt das 80/20-Prinzip in der Vergangenheit bereits verwendet hat. Darüber hinaus bin ich aber auch auf sein aus meiner Sicht bislang unausgeschöpftes Potential eingegangen.

In den vorangehenden Kapiteln sind sechs der wichtigsten Anwendungsbereiche schon abgehandelt worden: Strategie in Kapitel 4 und 5, Qualität und Informationstechnologie in Kapitel 3, Kostensenkung und Serviceverbesserung in Kapitel 5 sowie Marketing und Verkauf in Kapitel 6. In Kapitel 7 werden wir uns mit den anderen vier Anwendungsbereichen des 80/20-Prinzips auf meiner Hitliste befassen.

Entscheidungsfindung und Analyse

Das Geschäftsleben verlangt Entscheidungen: häufig, schnell und nicht selten ohne genaue Vorstellung davon, ob sie nun richtig oder falsch sind. Seit 1950 sind die Unternehmen gesegnet – oder ge-

1 Strategie
2 Marketing
3 Kostensenkung und Serviceverbesserung
4 Marketing
5 Verkauf
6 Informationstechnologie
7 Entscheidungsfindung und Analyse
8 Lagerwirtschaft
9 Projektmanagement
10 Verhandlungsführung

Abbildung 34: Die zehn wichtigsten geschäftlichen Anwendungsbereiche des 80/20-Prinzips

schlagen? – mit einer in Business-Schools, Wirtschaftsprüfungsfirmen und Unternehmensberatungen ausgebildeten Gattung von Experten und Strategen, die jede Frage anhand einer (meist mit umfangreichen und kostspieligen Datenerhebungen verbundenen) Analyse anpacken können. Die Unternehmensanalyse war wahrscheinlich die größte Wachstumsbranche der USA im letzten halben Jahrhundert, und Analyse war auch mitverantwortlich für einige der größten Triumphe der USA, wie zum Beispiel die Landung auf dem Mond und der unglaublich präzise Jagdbombereinsatz im Golfkrieg.

Die angelsächsischen Großunternehmen haben die Analyse übertrieben

Aber die Analyse hat auch ihre Schattenseiten: das Anschwellen zentraler Stäbe, die erst jetzt wieder auf eine angemessene Größe reduziert werden; die Schwäche für die neuesten, von gutbezahlten Beratern aufgetischten Managementmoden; die Begeisterung der Börse für immer raffiniertere Analysen kurzfristiger Erträge, obgleich diese nur einen kleinen Teil des tatsächlichen Wertes eines Unternehmens erfassen; und der Rückzug des intuitiven Selbstvertrauens von leitenden Managern aus so vielen Bereichen des Geschäftslebens. Vor allem der letzte Punkt hat nicht nur zu der weitverbreiteten Situation geführt, die klischeehaft als »Analyseparalyse« bezeichnet wird, sondern auch zu einem Wandel zum Schlechteren bei den Verantwortlichen in den westlichen Unternehmen. Die Analyse hat die Vision verdrängt, so wie auch die Analysten die Visionäre aus den Vorstandsetagen verdrängt haben.

Kurz, man kann des Guten auch zuviel tun, und es kann kein Zweifel daran bestehen, daß die Analyse in den USA und Großbritannien eine seltsame Fehlverteilung aufweist: Der Privatsektor steht viel zu sehr und der öffentliche Sektor viel zu wenig im Zeichen der Analyse. Die großen Unternehmen benötigen viel weniger, aber dafür nützlichere Analyseinstrumente.

Das 80/20-Prinzip ist analytisch in vernünftigem Maße

Denken Sie an die Thesen des 80/20-Prinzips:

- Die Lehre von den wenigen Wesentlichen und den vielen Unwesentlichen: es gibt nur wenige Dinge, die jemals wichtige Ergebnisse hervorbringen.
- Die meisten Anstrengungen führen nicht zu den beabsichtigten Resultaten.
- Was man sieht, ist meist nicht das, was man bekommt: Meist sind unterschwellige Kräfte am Werk.
- Im allgemeinen ist es zu kompliziert und mühsam, die genauen Ereignisse zu ergründen, und es ist auch überflüssig: Sie müssen nur wissen, ob etwas funktioniert oder nicht, und die Mischung so lange verändern, bis es klappt, und sie dann konstant halten, bis sie nicht mehr funktioniert.
- Die meisten günstigen Ereignisse treten aufgrund einer kleinen Minderheit hochproduktiver Kräfte ein; die meisten schlechten Dinge geschehen aufgrund einer kleinen Minderheit äußerst zerstörerischer Kräfte.
- Die meisten Tätigkeiten sind, *en masse* und einzeln betrachtet, reine Zeitverschwendung. Sie leisten keinen entscheidenden Beitrag zu den erwünschten Resultaten.

Fünf Regeln zur Entscheidungsfindung mit dem 80/20-Prinzip

Regel 1 besagt, daß *nicht viele Entscheidungen sehr wichtig sind.* Vor jeder Entscheidung sollten Sie sich vorstellen, wie Sie vor zwei Ablagen sitzen – eine mit der Bezeichnung »Wichtige Entscheidungen«, die andere mit der Bezeichnung »Unwichtige Entscheidungen«. Sortieren Sie die Entscheidungen im Geiste vor und denken Sie dabei stets daran, daß wahrscheinlich nur eine von zwanzig in die Kategorie der wichtigen Entscheidungen fällt. Quälen Sie sich nicht mit unwichtigen Entscheidungen herum und führen Sie vor allem keine teuren und zeitraubenden Analysen durch. Delegieren Sie sie möglichst alle. Wenn das nicht machbar ist, überlegen Sie, welche Entscheidung mit einer Wahrscheinlichkeit von 51 Prozent richtig ist. Wenn nicht einmal das möglich ist, werfen Sie eine Münze.

Regel 2 beinhaltet, daß *die wichtigsten Entscheidungen oft die sind, die sich aus einem Versäumnis ergeben*, weil wesentliche Wendepunkte überhaupt nicht wahrgenommen worden sind. Zum Beispiel kündigen Ihre umsatzstärksten Mitarbeiter, weil Ihr Kontakt zu ihnen nicht eng genug war, um ihre Entfremdung zu bemerken und etwas dagegen zu unternehmen. Oder Ihre Konkurrenten entwickeln ein neues Produkt (wie es IBM mit dem PC ergangen ist), das Ihrer Meinung nach schlecht durchdacht ist und keinen Anklang finden wird. Oder Sie verlieren Ihre führende Marktposition, ohne es zu merken, weil sich die Absatzkanäle verändern. Oder Sie erfinden ein großartiges neues Produkt und erzielen damit bescheidene Erfolge, während ein Konkurrent Milliarden verdient mit einem Imitat, das sich wie verrückt verkauft. Oder der Typ aus Ihrer F&E-Abteilung schmeißt den Krempel hin und gründet Microsoft.

Wenn so etwas passiert, können Sie selbst mit dem größten Aufwand an Datenerhebung und Analysen das Problem oder die Chance nicht erkennen. Für solche Situationen benötigen Sie Intuition und Einsicht. Statt Antworten auf die falschen Fragen zu bekommen, müssen Sie die richtigen Fragen stellen. Und eine passable Chance, wesentliche Wendepunkte zu erkennen, haben Sie überhaupt nur, wenn Sie einen Tag im Monat Analysen und Daten auf sich beruhen lassen und grundsätzliche Fragen stellen wie:

- Welche unerforschten Probleme und Chancen mit potentiell ungeheuren Konsequenzen zeichnen sich ab, ohne daß ich es dementsprechend beachte?
- Was funktioniert gut, obwohl es überhaupt nicht zu erwarten war? Was bieten wir unseren Kunden unbeabsichtigt, was ihnen aus irgendeinem Grund sehr zu gefallen scheint?
- Läuft irgendeine Sache erheblich aus dem Ruder, wofür wir die Gründe zu kennen glauben, aber womöglich völlig falsch liegen?
- Da unter der Oberfläche immer irgend etwas Wichtiges vorgeht, ohne daß es jemand merkt, was könnte es diesmal sein?

Die dritte Regel der 80/20-Entscheidungsfindung betrifft wichtige Entscheidungen: *Sammeln Sie 80 Prozent der Daten und führen Sie 80 Prozent der relevanten Analysen in den ersten 20 Prozent der verfügbaren Zeit durch; treffen Sie dann eine 100 Prozent gültige Entscheidung und handeln Sie entschlossen, als wären Sie Ihrer Entscheidung 100 Prozent sicher.* Wenn es Ihrem Gedächtnis auf die Sprünge hilft, können Sie dies als 80/20/100/100-Regel der Entscheidungsfindung bezeichnen.

Regel 4: *Wenn Ihre Entscheidung nicht funktioniert, revidieren Sie sie möglichst schnell.* Der Markt im allgemeinen Sinne – was sich in der Praxis durchsetzt – ist ein viel zuverlässigerer Indikator als Berge von Analysen. Sie brauchen also keine Angst vor Experimenten zu haben, dürfen aber auch keinen Nieten die Treue halten. Stellen Sie sich nicht gegen den Markt.

Letzte Regel: *Wenn etwas gut funktioniert, verdoppeln und verdreifachen Sie Ihren Einsatz.* Sie kennen zwar möglicherweise die Gründe für den Erfolg nicht, aber dennoch sollten Sie es ausnutzen, wenn Ihnen das Glück hold ist. Risikokapitalanleger wissen das. Die meisten Investitionen in ihrem Portefeuille bleiben unter ihren Erwartungen, aber dafür werden sie durch einige Glücksinvestitionen entschädigt, die selbst die kühnsten Hoffnungen übertreffen. Wenn ein Unternehmen nie seine Etatziele erreicht, kann man sicher sein, daß sich unter den Produkten ein Blindgänger befindet.

Und wenn ein Unternehmen ständig die Erwartungen übertrifft, dann besteht eine gute Chance, daß sich das Geschäft um ein Zehn- oder Hundertfaches vermehren läßt. Unter solchen Vorzeichen setzen die meisten Menschen auf bescheidenes Wachstum. Aber nur die wenigen, die die Chance entschlossen ergreifen, werden wirklich reich.

Lagerwirtschaft

In Kapitel 5 haben wir gesehen, daß das Prinzip der Einfachheit auf wenige Produkte baut. Die Führung von Lagerbeständen ist eine weitere Disziplin, der im Hinblick auf das 80/20-Prinzip große Aufmerksamkeit gebührt. Eine gute, dem 80/20-Prinzip folgende Bestandsführung ist von entscheidender Bedeutung für Gewinne und Liquidität und darüber hinaus auch ein ausgezeichneter Indikator für Einfachheit oder Komplexität eines Unternehmens.

Fast alle Unternehmen führen viel zu hohe Bestände, weil sie zum einen zu viele Produkte und zum anderen zu viele Produktversionen haben. Der Lagerbestand wird in Lagereinheiten gemessen, die jeweils einer Version entsprechen.

Der Lagerbestand folgt fast immer einer 80/20-Verteilung: Ungefähr 80 Prozent des Bestandes machen nur rund 20 Prozent des Umschlags oder des Umsatzes aus. Aber die Lagerung schwer verkäuflicher Bestände ist kostspielig und betrifft sehr wahrscheinlich auch Produkte, die ohnehin unrentabel sind.

Ich möchte zwei Beispiele einer Lagerrevision anführen.

> Bei der Analyse der Daten erwies sich Paretos 80/20-Regel als nahezu richtig: 20 Prozent der ausgewählten Lagereinheiten erzeugten 75 Prozent des Tagesumsatzes. Hier wurden fast ausschließlich ganze Kisten und meist sogar mehrere Kisten pro Lagereinheit bewegt. Die restlichen 80 Prozent der Lagereinheiten erzielten nur 25 Prozent des Tagesumsatzes. Hier wurden am Tag nur einige Stück pro Lagereinheit bewegt.[1]

Die 20 Prozent waren sehr rentabel und die 80 Prozent ziemlich unrentabel. Im zweiten Fall geht es um ein Depot, das ein elektronisches System einführen wollte. Davor wollte man jedoch überprüfen, ob man die richtigen Bestände auf Lager hatte:

Eine erste Untersuchung ergab, daß die 80/20-Regel nicht zutraf. Es waren nicht 20 Prozent der Lagereinheiten, die 80 Prozent der Lagertätigkeit ausmachten, sondern 0,5 Prozent (lediglich 144 Lagereinheiten), die 70 Prozent des Umschlags bestritten.[2]

Ohne auch nur das geringste über das betreffende Produkt zu wissen, möchte ich behaupten, daß die umsatzstärksten 0,5 Prozent der Lagereinheiten sehr viel einträglicher sind als die restlichen 99,5 Prozent.

Das folgende Beispiel liegt mir persönlich sehr am Herzen, weil ich durch die Beseitigung der Mißstände sehr viel Geld verdient habe. Robin Field, mein damaliger Partner, erzählt die Geschichte von Filofax aus seiner Sicht:

Design und Produktmerkmale waren seit den späten achtziger Jahren unverändert, aber die Sortimentbreite war immer mehr gewachsen und völlig außer Kontrolle geraten. Die gleiche Mappe wurde in einer verwirrenden Vielfalt von Größen und einer riesigen Auswahl von – vorwiegend exotischen – Einbänden angeboten. Die ausgefallensten Tierhäute verarbeitete Filofax zu Mappen, um sie voller Stolz im Katalog zu präsentieren – und sie schließlich ins Lager wandern zu lassen. Ich weiß nicht, was ein Karung ist, aber 1990 habe ich große Mengen von seinem Fell geerbt.

Und kein Thema, sei es Bridge, Schach, Fotografie, Ornithologie oder Windsurfing, war für Filofax zu entlegen, um nicht mehrere Spezialbeilagen in Auftrag zu geben, sie in Auflagen von zehntausend und mehr drukken zu lassen und sie dann ebenfalls im Lager zu deponieren ...

Das Ergebnis war natürlich nicht nur ein riesiger Überhang wertloser Bestände und eine administrative Last von erheblicher Komplexität, sondern vollkommene Konfusion bei unseren Händlern.[3]

Kompetente Lagerwirtschaft ist von zentraler Bedeutung, und sie setzt sich im Grunde nur aus vier entscheidenden Punkten zusammen. Die strategisch wichtigste Frage – die radikale Reduzierung unrentabler Produkte – wurde bereits in Kapitel 3 behandelt.

Als nächstes sollte die Zahl der Produktversionen gesenkt werden, und zwar beginnend bei der besonders schwer verkäuflichen Ware. Machen Sie es wie Filofax und nehmen Sie sie einfach aus dem Sortiment. Hören Sie nicht auf Stimmen, die sagen, daß diese Ware gebraucht wird. Wenn das so wäre, ließe sie sich auch besser verkaufen.

Versuchen Sie das Problem und die Kosten der Bestandsführung auf andere Teile der Wertschöpfungskette abzuwälzen – auf Ihre Lieferanten oder Ihre Kunden. Im Idealfall kommen Ihre Lagerbestände noch nicht einmal in die Nähe Ihrer Depots. Dank moderner Informationstechnologie rückt dieses Ideal in immer greifbarere Nähe und wird dazu führen, daß der Servicestandard verbessert und zugleich die Kosten gesenkt werden.

Wenn Sie dennoch einen bestimmten Lagerbestand benötigen, gibt es viele taktische Anwendungsformen des 80/20-Prinzips, die Einsparungen und eine beschleunigte Auswahl und Verpackung ermöglichen.

> Die 80/20-Regel ist in vielen Anwendungsbereichen sehr zuverlässig. Das heißt, daß sich 80 Prozent der Tätigkeiten auf nur 20 Prozent des Bestands erstrecken. Die nach Größe und Gewicht aufgeteilten Bereiche ... können heute auch in Bereiche höherer und geringerer Aktivität aufgeteilt werden. Im allgemeinen sollte häufig umgeschlagene Ware im Bereich zwischen Schulter und Hüfte gelagert werden, damit sich die Lagerarbeiter möglichst wenig bewegen müssen und nicht so schnell ermüden.[4]

Lagerwirtschaft der Zukunft

Die Lagerwirtschaft hat sich längst vom staubigen Muff ihrer Vergangenheit befreit und ist zu einem entwicklungsfreudigen und spannenden Aufgabenbereich geworden. Die »virtuelle Bestandsführung« mit Online-Auftragsbearbeitung findet immer stärkere Verbreitung und sorgt neben dem kostensparenden Effekt für besseren Service gegenüber Lieferanten und Kunden. Innovative Unternehmen wie der Krankenhausausstatter Baxter International verzeichnen mit ihrer kundennahen Lagerführung große Erfolge. Und in allen Fällen hängt der Fortschritt von der Fähigkeit zur Konzentration ab: Konzentration auf die wichtigsten Kunden und auf eine einfache Produktlinie, die leicht zu überblicken und leicht zu liefern ist.

Als nächstes wenden wir uns einer anderen Komponente unternehmerischer Wertschöpfung zu, die immer mehr an Bedeutung gewinnt: das Projektmanagement.

Projektmanagement

Es zeigt sich immer mehr, daß alte Managementstrukturen nicht mehr angemessen sind und oft sogar mehr Wert vernichten, als sie erzeugen. Ein Ansatz zum Abbau oder zur Vermeidung solcher Strukturen und damit zur Wertschöpfung für gute Kunden ist das Projekt. Viele der tatkräftigsten Geschäftsleute, angefangen beim Vorstandsvorsitzenden bis hinunter zur Basis, haben eigentlich keine feste Tätigkeit, sondern verfolgen ein Projekt nach dem anderen.

Das Projektmanagement ist eine seltsame Aufgabe. Einerseits wird ein Projekt von einem Team durchgeführt: Es handelt sich um eine kooperative, nicht um eine hierarchische Struktur. Aber andererseits wissen die Teammitglieder vorher nicht genau, wie sie vorgehen werden, weil das Projekt Innovationen und Ad-hoc-Lösungen erfordert. Die Kunst des Projektmanagements besteht darin, die Anstrengungen aller Mitglieder auf die wenigen entscheidenden Dinge zu richten.

Das Ziel vereinfachen

Zunächst gilt es, die Aufgabe zu vereinfachen. Denn ein Projekt ist nicht nur eine Aufgabenstellung. Fast immer besteht es aus mehreren Projekten. Vielleicht gibt es ein zentrales Thema und eine Reihe untergeordneter Anliegen. Oder aber das Projekt umfaßt gleich drei oder vier Themen. Denken Sie an Projekte aus Ihrer eigenen Erfahrung, und Sie werden verstehen, was gemeint ist.

Projekte gehorchen dem Gesetz organisatorischer Komplexität.

Je größer die Zahl der Ziele, desto stärkere Anstrengungen sind erforderlich, um das Projekt zu einem befriedigenden Abschluß zu bringen. Dazu kommt, daß der Aufwand nicht proportional, sondern exponentiell ansteigt.

80 Prozent des Wertes aller Projekte gehen aus 20 Prozent der mit ihnen verbundenen Tätigkeiten hervor. Die restlichen 80 Prozent der Aktivitäten sind nur auf überflüssige Komplexität zurückzuführen. Deshalb sollten Sie kein Projekt beginnen, ehe Sie es nicht auf ein einfaches Ziel verdichtet haben. Werfen Sie allen Ballast über Bord.

Einen unmöglichen Zeitplan vorgeben

Auf diese Weise stellt man sicher, daß das Projektteam nur die zentralen Aufgaben erledigt:

> Angesichts eines unmöglichen Zeitplans werden [die Teammitglieder] die 20 Prozent der Aufgabe erkennen und umsetzen, mit denen sich 80 Prozent des Nutzens realisieren lassen. Denn auch hier ist es die Einbeziehung von Dingen, die »doch ganz nett wären«, die potentiell solide Projekte zu drohenden Katastrophen macht.[5]

> Legen Sie ehrgeizige Ziele fest. Verzweifelte Situationen führen zu kreativen Lösungen. Fordern Sie einen Prototyp in vier Wochen. Verlangen Sie einen Probebetrieb in drei Monaten. Dadurch ist das Entwicklungsteam gezwungen, die 80/20-Regel anzuwenden und wirklich umzusetzen. Gehen Sie kalkulierte Risiken ein.[6]

Erst planen, dann handeln

Je kürzer die Zeit für die Durchführung eines Projekts, desto gründlicher sollte es durchdacht und geplant werden. Während meiner Zeit als Partner bei der Unternehmensberatung Bain & Company konnten wir schlüssig beweisen, daß unsere erfolgreichsten Projekte – die bei Auftraggebern und Beratern zur größten Zufriedenheit, zur geringsten Verschwendung und zu den höchsten Gewinnspannen führten – diejenigen waren, für die im Vorfeld die größten Planungsanstrengungen unternommen wurden.

Schreiben Sie in der Planungsphase alle wesentlichen Punkte auf, die gelöst werden sollen. (Wenn es mehr als sieben sind, sondern Sie die unwichtigsten aus.) Stellen Sie Hypothesen zu möglichen Antworten auf, auch wenn Sie einfach raten müssen. (Nehmen Sie aber die Antworten, die Sie für die wahrscheinlichsten halten.) Überlegen Sie genau, welche Informationen zusammengetragen oder welche Prozesse durchgeführt werden müssen, um zu entscheiden, ob Sie mit Ihren Vermutungen richtig liegen. Legen Sie fest, was wann und von wem gemacht werden muß. Nehmen Sie in kurzen Abständen, ausgehend von Ihrem neuem Wissen und eventuellen Abweichungen von Ihren vorherigen Vermutungen, eine Revision Ihrer Pläne vor.

Erst entwickeln, dann umsetzen

Wenn sich das Projekt um die Entwicklung eines Produkts oder einer Dienstleistung dreht, müssen Sie schon in der Entwurfsphase die bestmögliche Antwort haben, ehe Sie mit der Implementierung beginnen. Denn eine weitere 80/20-Regel besagt, daß 20 Prozent der Probleme bei einem Entwicklungsprojekt 80 Prozent der Kosten oder Verzögerungen verursachen. 80 Prozent dieser entscheidenden Probleme entstehen in der Entwicklungsphase und erfordern kostspielige Überarbeitungen und manchmal sogar eine Neuausrüstung.

Verhandlungsführung

Der letzte Punkt auf meiner Liste der zehn wichtigsten geschäftlichen Anwendungsbereiche des 80/20-Prinzips betrifft die Verhandlungsführung. Es ist kaum verwunderlich, daß es zu diesem Thema bereits zahlreiche Untersuchungen gibt. Dem lassen sich anhand des

80/20-Prinzips nur zwei Aspekte hinzufügen, die allerdings entscheidend sein können.

Nur wenige Verhandlungspunkte zählen wirklich

Höchstens 20 Prozent der erörterten Punkte umfassen über 80 Prozent des Nutzens eines umstrittenen Gesprächsthemas. Dies ist natürlich beiden Seiten klar, aber Menschen setzen sich gerne in Einzelfragen durch, auch wenn diese völlig nebensächlich sind. Umgekehrt reagieren sie auch auf unerhebliche Zugeständnisse.

Stellen Sie deshalb zu Beginn einer Verhandlung eine lange Liste von künstlichen Anliegen und Forderungen zusammen, denen Sie möglichst viel Gewicht verleihen müssen. Diese Punkte sollten jedoch für die andere Seite unvernünftig klingen oder zumindest schwer zu erfüllen sein (sonst kann sie Ihnen mühelos entgegenkommen und für diese Flexibilität nun ihrerseits Zugeständnisse erwarten). In der Endphase der Verhandlung können Sie dann in den für Sie unbedeutenden Punkten nachgeben und dafür bei den meisten wirklich wichtigen Punkten Ihre Interessen durchsetzen.

Stellen Sie sich zum Beispiel vor, Sie verhandeln mit Ihrem einzigen Lieferanten über die Preise für 100 Komponenten eines Ihrer Hauptprodukte. 80 Prozent der Kosten für ein Produkt entstehen durch 20 Prozent der Komponenten. Ihr Interesse sollte also nur den Preisen für diese 20 Komponenten gelten. Wenn Sie jedoch bei den anderen 80 Komponenten die Preisforderungen des Lieferanten zu schnell erfüllen, verlieren Sie wertvolle Verhandlungsmasse. Daher sollten Sie Gründe vorschützen, weshalb die Preise für einige der unwichtigen Teile große Bedeutung für Sie haben. So können Sie zum Beispiel die Stückzahl, die Sie wahrscheinlich abnehmen werden, übertrieben hoch veranschlagen.

Nicht die Geduld verlieren

Es wurde schon häufig beobachtet, daß Verhandlungen erst nach einer längeren Phase von Scheingefechten richtig in Gang kommen, wenn allmählich der Endtermin heranrückt:

Es scheint auch so, daß aufgrund des wachsenden Zeitdrucks bei Verhandlungen 80 Prozent der Zugeständnisse ... in den letzten 20 Prozent der verfügbaren Zeit gemacht werden. Wenn in der Anfangsphase Forderungen gestellt werden, ist keine der beiden Seiten zum Nachgeben bereit, und es kann zum völligen Scheitern der Gespräche kommen. Wenn jedoch zusätzliche Forderungen oder Probleme in den letzten 20 Prozent der verfügbaren Zeit vorgebracht werden, neigen beide Seiten zu mehr Flexibiltät.[7]

Ungeduldige Menschen sind keine guten Verhandlungsführer.

Wie man eine Lohnerhöhung durchsetzt

Orten Skinner führt ein interessantes Beispiel für die geschickte Ausnutzung des 80/20-Prinzips an:

80 Prozent der Zugeständnisse werden in den letzten 20 Prozent der Verhandlungszeit gemacht. Wenn das Gespräch, bei dem Sie um eine überfällige Gehaltserhöhung bitten wollen, für 9.00 Uhr angesetzt ist und wenn Sie wissen, daß Ihr Vorgesetzter um 10.00 Uhr die nächste Verabredung hat, sollten Sie mit Ihrem Anliegen bis 9.50 Uhr warten. Teilen Sie sich die Unterredung entsprechend ein. Bringen Sie Ihre Bitte nicht zu früh vor, damit sich Ihr Vorgesetzter keinen gnädigen Kompromiß mehr überlegen kann.[8]

Jenseits der Liste der Top-10

Inzwischen wissen Sie, daß sich das 80/20-Prinzip auf alle Einteilungen der Geschäftswelt erstreckt. Die Erkenntnisse ergeben sich aus der lebendigen Realität der Menschen, der Unternehmen und der Welt, in denen die Unternehmen tätig sind. Das 80/20-Prinzip ist deshalb so allgegenwärtig, weil es tiefere Kräfte widerspiegelt, die unser Dasein beherrschen. Es ist an der Zeit, diese verschiedenen Stränge zusammenzuführen.

8

Erfolg durch die »wenigen Wesentlichen«

Das 80/20-Prinzip umfaßt Radar und Autopilot. Durch das Radar erhalten wir Einsichten: Wir erkennen Chancen und Gefahren. Der Autopilot erlaubt es uns, im Bereich unserer geschäftlichen Tätigkeit herumzuwandern und mit Kunden oder anderen wichtigen Leuten zu sprechen, ohne die Kontrolle über unsere weiteren Geschikke zu verlieren. Die Logik des 80/20-Prinzips setzt voraus, daß wir einige wenige einfache Dinge begreifen und verinnerlichen. Auf dieser Basis können wir in jeder Situation nach diesem Prinzip denken und handeln.

Einige wenige Dinge sind immer viel wichtiger als die meisten Dinge

Diese unumstößliche Wahrheit mag auf den ersten Blick nicht besonders einleuchtend wirken. Ohne die Hilfe entsprechender Zahlen oder des 80/20-Denkens erscheinen uns die meisten Dinge wichtiger als die wenigen wirklich wichtigen Dinge. Und selbst wenn wir diesen Zusammenhang einsehen, fällt es uns schwer, dem Wissen Taten folgen zu lassen. Verlieren Sie die »wenigen Wesentlichen« nie aus dem Blick. Und prüfen Sie immer wieder nach, ob Sie nicht vielleicht doch den »vielen Unwesentlichen« zuviel Zeit und Energie widmen.

Die Ressourcen wertorientiert verlagern

Wie einzelne Unternehmer verschieben freie Märkte Ressourcen aus Bereichen geringer Produktivität in Bereiche höherer Produktivität und Ertragskraft. Aber weder Märkte noch Unternehmer, geschweige denn die überladenen Bürokratien der Großunternehmen und der staatlichen Verwaltungen, tun dies in ausreichendem Maße. Immer entsteht ein – meist sehr langer – Rattenschwanz von Verschwendung, der 80 Prozent der Ressourcen bindet, aber nur 20 Prozent des Nutzens erzeugt. Dadurch ergeben sich für Unternehmer immer Chancen zur Optimierung des Ressourceneinsatzes. Das ungeheure Ausmaß dieser Chancen wird häufig unterschätzt.

Einige wenige Mitarbeiter erzielen den größten Nutzen

Die besten Mitarbeiter – diejenigen, die für ihre Tätigkeit am besten geeignet sind und mit ihr die höchsten Gewinne erzielen – erzeugen enorme Überschüsse, die meist weit über ihren eigenen Einnahmen liegen. Normalerweise gibt es nur sehr wenige solche Menschen. Die Mehrheit trägt kaum mehr bei, als sie bekommt. Und eine große Minderheit (oft sogar die Mehrheit) erzielt für sich einen größeren Nutzen als für das Unternehmen. Besonders weit verbreitet ist diese ungünstige Verteilung der Ressourcen in großen und stark diversifizierten Unternehmen.

Jedes von einem Management geführte große Unternehmen gleicht einer organisierten Verschwörung zur Fehlleitung von Ressourcen. Je größer und komplexer die Unternehmen, desto weitreichender und gelungener die Verschwörung. Wer in einem Großunternehmen arbeitet oder viel mit ihnen zu tun hat, weiß, daß einige wenige Mitarbeiter einen unbezahlbaren Wert haben. Ihr Nutzen liegt weit über ihren Kosten. Viele Mitarbeiter sind nur Mitläufer, die deutlich mehr Kosten als Nutzen verursachen. Und manche, vielleicht 10 bis 20 Prozent, vernichten selbst dann Wert, wenn man ihre Bezüge unberücksichtigt läßt.

Dafür gibt es zahlreiche Gründe: die Schwierigkeit der Erfassung echter Leistungen; das »diplomatische« Geschick von Managern; die schwer zu beseitigende Neigung, diejenigen zu begünstigen, die wir mögen; die lächerliche, aber gängige Vorstellung, daß die Position genauso viel oder mehr zählen sollte wie die Einzelleistung; und die menschliche Neigung zur Gleichbehandlung, die oft von dem legitimen Wunsch unterstützt wird, die Teamarbeit zu fördern. Trägheit und Verschwendung werden von der Verbindung aus Komplexität und falsch verstandener Demokratie geradezu magnetisch angezogen.

Kürzlich beriet ich den Leiter einer Investmentbank zur Aufteilung seines üppig dotierten Prämienpools. Er selbst ist ein immens reicher Selfmademan, dessen Freude und Erfolge im Geschäft auf dem Erkennen und Ausnutzen von Marktschwächen beruhen. Er ist überzeugter Anhänger des Marktes. Und er weiß, daß zwei der mehreren hundert Mitarbeiter mit Prämienanspruch im vergangenen Jahr über 50 Prozent der Gewinne in seinem Geschäftsbereich erzielt haben. Dies läßt sich in seiner Branche leicht feststellen. Doch als ich vorschlug, mehr als die Hälfte des Pools an die beiden zu vergeben, war er fassungslos. Später kamen wir auf den Fall eines Managers zu sprechen, dessen Wertschöpfungsbilanz eindeutig negativ war (ein sehr liebenswürdiger Mann, der sich im Machtgefüge der Bank mit großem Geschick bewegte). Man sollte seine Prämie streichen, schlug ich vor. Auch diese Vorstellung behagte meinem Auftraggeber nicht. »Ich habe sie schon auf ein Viertel seiner Vorjahresprämie gekürzt, weiter kann ich einfach nicht gehen.« Doch in diesem Fall war es wirklich so, daß der betreffende Manager eigentlich die Bank hätte bezahlen müssen und nicht umgekehrt. Zuletzt beschloß mein Auftraggeber, dennoch in den sauren Apfel zu beißen. Die Prämie wurde gestrichen. Der betreffende Manager hat sich mittlerweile eine neue Stelle gesucht, wo er zumindest einen bescheidenen Beitrag zur Wertschöpfung leistet.

Buchhaltungssysteme sind der Feind fairer Vergütungen, weil sie auf brillante Weise die Herkunft von Gewinnen verschleiern. Von menschlicher Schwäche einmal abgesehen, liegt hierin der Grund dafür, daß in großen und komplexen Unternehmen eine größere Unausgewogenheit zwischen Leistung und Vergütung herrscht als in kleinen Firmen. Der Unternehmer mit vier Mitarbeitern weiß genau, wer dem Betrieb Gewinne einbringt, und braucht dazu keine eigene Erfolgsrechnung für jede Abteilung. Der Vorstandsvorsitzende eines großen Unternehmens hingegen muß auf irreführende Daten aus der Buchhaltung und der Personalabteilung zurückgreifen. Da ist es natürlich kein Wunder, wenn die Spitzenkräfte in großen Unternehmen weniger bekommen, als ihnen eigentlich zusteht, während die große Masse der mittelmäßigen Manager mehr erhält, als sie verdient.

Schwankende Spannen

Die Spannen – zwischen Kosten und Nutzen, Aufwand und Ertrag – unterliegen immer großen Schwankungen. Spitzenleistungen machen nur einen kleinen Teil der Gesamtaktivitäten aus, aber die Mehrheit der Gesamtspannen. Wenn wir die natürliche Zuordnung der Ressourcen nicht korrigieren würden, wäre diese Unausgewogenheit noch ausgeprägter. Aber wir stecken den Kopf in den Sand (die endlos langen Strände dazu liefern uns die Buchführungssysteme) und wollen nicht wahrhaben, daß die Mehrheit dessen, was wir und andere tun, viel weniger wert ist als die kleine Minderheit von Spitzenleistungen.

Die Ressourcen sind immer falsch verteilt

Wir statten die wenig einträglichen Tätigkeiten mit zu vielen und die leistungsstarken Tätigkeiten mit zu wenigen Ressourcen aus. Aber trotz aller Widerstände gedeihen die gewinnträchtigen Aktivitäten, während sich die subventionierten Bereiche nicht aus eigener Kraft erhalten können. Wenn durch die hohe Ertragskraft der Spitzenleistungen Ressourcen frei werden, werden diese von den ertragsschwachen Tätigkeiten angezogen und verbraucht. Das ändert jedoch nichts daran, daß sie wenig, gar keine oder sogar negative Überschüsse für Reinvestitionen erzielen.

Wir staunen immer wieder darüber, welch große Erfolge durch die besten Bereiche erzielt werden und wie lange es dauert, um in Problembereichen einen nachhaltigen Wandel zu erreichen. Meist ist letzteres überhaupt nicht realisierbar. Fast immer brauchen wir viel zu lang, um dies zu erkennen, und nur das Auftreten eines neuen Chefs, einer Krise oder eines Unternehmensberaters veranlaßt uns zu den längst fälligen Einschnitten.

Erfolge finden zu wenig Anerkennung

Erfolge werden unterschätzt, zu wenig gefeiert und zu wenig ausgenutzt. Oft werden sie als Glücksfall abgetan. Aber Glück ist so selten wie der Zufall. »Glück« ist unser Begriff für Erfolge, die wir nicht ergründen können. Hinter dem Glück verbirgt sich stets ein höchst wirksamer Mechanismus, der auch dann Überschüsse abwirft, wenn wir es gar nicht bemerken. Und weil wir unser »Glück« nicht fassen können, versäumen wir es, wertvolle Kreisläufe auszunutzen und zu vervielfachen.

Gleichgewicht ist eine Illusion

Nichts ist von Dauer, und nichts ist für immer im Gleichgewicht. Innovation ist die einzige Konstante. Innovation stößt immer auf Widerstand und wird oft verzögert, aber nur selten völlig erstickt. Eine erfolgreiche Innovation ist weit produktiver als der Status quo; das muß sie auch, um ihn zu überwinden. Wenn ein bestimmter Punkt überschritten ist, wird die Kraft effektiver Innovation unwiderstehlich. Der Erfolg von Einzelpersonen, Unternehmen, ja sogar Staaten hängt nicht von Erfindungen und auch nicht von der Schaffung marktfähiger Innovationen ab, sondern davon, diesen Punkt zu erkennen und die dann unwiderstehliche Kraft einer Innovation voll auszuschöpfen.

Wandel ist notwendig zum Überleben. Konstruktiver Wandel setzt voraus, daß man die effektivsten Kräfte erkennt und sich auf diesen Erfolgsansatz konzentriert.

Klein anfangen

Zuletzt sei noch daran erinnert, daß alle großen Entwicklungen einmal klein angefangen haben. Kleine Ursachen, kleine Produkte, kleine Firmen, kleine Märkte, kleine Systeme: sie alle können der Beginn von etwas Großem sein. Aber dies wird nur selten erkannt. Unsere Aufmerksamkeit gilt meist der Masse des bereits Vorhandenen und nicht dem Trend, den man aus kleinen Phänomenen ablesen kann. Normalerweise bemerken wir eine Sache erst, wenn sie schon groß ist und das Wachstum bereits zurückgeht. Ein Vermögen machen die wenigen, die sich einer Wachstumsbewegung anschließen, die noch am Anfang steht und im Begriff ist zuzunehmen. Selbst diejenigen, die am Wachstum teilhaben, erkennen nur selten seine Bedeutung und sein gesamtes Potential.

Schluß mit dem 50/50-Denken

Wir müssen radikal umdenken, um uns nicht mehr an 50/50-Verhältnissen, sondern an 80/20-Verteilungen zu orientieren. Im folgenden einige Hinweise zum 80/20-Denken:

- Denken Sie schräg. Erwarten Sie das Unerwartete. Erwarten Sie, daß 20 Prozent auf 80 Prozent hinauslaufen. Und daß 80 Prozent zu 20 Prozent führen.
- Erwarten Sie von allem – Ihrer Zeit, Ihrem Unternehmen, Ihrem Markt und jedem Menschen oder jeder Firma, mit denen Sie zu tun haben – wertvolle 20 Prozent: die Essenz, die Kraft, der Nutzen, ein kleiner Teil, dessen besondere Vorzüge sich unter der Masse des Durchschnittlichen verbergen. Suchen Sie nach den effektiven 20 Prozent.
- Suchen Sie nach den unsichtbaren, den verborgenen 20 Prozent. Es gibt sie – Sie müssen sie nur finden. Unerwartete Erfolge sind ein deutliches Anzeichen. Wenn der Erfolg einer Geschäftstätigkeit alle Erwartungen übertrifft, handelt es sich um eine 20-Prozent-Aktivität, die noch sehr viel weiterführen kann.

- Gehen Sie davon aus, daß die 20 Prozent von morgen nicht dieselben sind wie die 20 Prozent von heute. Wo liegt der Keim, die Quelle für die 20 Prozent von morgen? Wo ist das 1 Prozent, das auf 20 Prozent anwachsen und einen Wert von 80 Prozent erzeugen wird? Wo sind die 3 Prozent, die sich aus dem 1 Prozent vom letzten Jahr entwickelt haben?
- Bilden Sie die Fähigkeit aus, die 80 Prozent auszublenden – die einfache Antwort, die naheliegende Realität, die Wucht der Masse, die anstehenden Pflichten, die gängige Lehrmeinung, den herrschenden Konsens. Nichts davon ist auch nur halb so schwerwiegend, wie es sich gibt. Diese 80 Prozent türmen sich zu riesigen Blöcken auf und verstellen die Sicht auf die dahinterliegenden 20 Prozent. Umgehen Sie diese häßlichen Blöcke, sehen Sie über sie hinweg, sehen Sie unter ihnen durch, sehen Sie durch sie hindurch. Ignorieren Sie sie und tun Sie so, als gäbe es sie gar nicht. Machen Sie Ihren Blick frei für die verborgenen 20 Prozent.

Aus der Psychologie wissen wir, daß man Denken und Einstellung durch richtiges Handeln verändern kann – und umgekehrt. Wer also 80/20 denken will, der muß zuerst 80/20 handeln, und wer 80/20 handeln will, der muß zunächst 80/20 denken. Sie müssen beides im Tandem praktizieren. Wie Sie 80/20 handeln, sagen Ihnen die folgenden Hinweise:

- Wenn Sie eine 20-Prozent-Aktivität erkennen, sollten Sie sich damit umgeben, darin eintauchen, sie patentieren, sich zu ihrem Experten, Anbeter, Hohepriester, Partner, Schöpfer, Propagandisten und unverzichtbaren Verbündeten machen. Schöpfen Sie die Gelegenheit voll aus. Wenn diese Fülle Ihre Vorstellung übersteigt, erweitern Sie Ihre Phantasie.
- Benutzen Sie alle verfügbaren Ressourcen – Talente, Geld, Freunde, Geschäftspartner, Überredungskünste, Ihren Kredit, Ihr Unternehmen, alles, was Sie haben oder abziehen können – um jede sich ergebende 20-Prozent-Chance zu ergreifen, auszubauen und bis zur Neige auszukosten.
- Schließen Sie viele Bündnisse mit anderen Menschen, aber nur

mit den 20 Prozent der 20-Prozent-Leute, die mächtige Verbündete sind. Streben Sie dann danach, Ihr Bündnis mit anderen 20-Prozent-Menschen und 20-Prozent-Faktoren zusammenzuschließen.

- Setzen Sie auf 80/20-Arbitrage. Verschieben Sie, wann immer es möglich erscheint, Ressourcen von 80-Prozent-Tätigkeiten in 20-Prozent-Bereiche. Dies ist mit enormen Gewinnchancen verbunden, weil Sie wenig Wertvolles zur Erzeugung überaus wertvoller Dinge benutzen und dadurch zwei Fliegen mit einer Klappe schlagen.
  80/20-Arbitrage kann in zwei Bereichen ansetzen: bei Menschen oder bei Geld (oder äquivalenten Geschäftswerten).
  Ziehen Sie 20-Prozent-Menschen aus 80-Prozent-Aktivitäten ab und setzen Sie sie für 20-Prozent-Tätigkeiten ein.
  Verschieben Sie Geld von 80-Prozent-Bereichen in 20-Prozent-Bereiche. Wenn das Risiko nicht zu groß ist, können Sie dafür auch Kapital beschaffen. Die Verlagerung von 80-Prozent-Ressourcen auf 20-Prozent-Bereiche birgt weniger Gefahren, als gemeinhin angenommen wird. Es gibt zwei Formen der Geldbeschaffung. Eine ist die Aufnahme von Fremdkapital. Die andere besteht in der Nutzung des Kapitals von Anlegern. Der Einsatz von Anlegerkapital für 80-Prozent-Aktivitäten kann zur gefährlichen Sucht werden und endet meist in Tränen. Seine Verwendung für 20-Prozent-Aktivitäten hingegen macht alle Beteiligten zu strahlenden Gewinnern.
- Erfinden Sie neue 20-Prozent-Tätigkeiten. Stehlen Sie 20-Prozent-Ideen: von anderen Leuten und anderen Produkten, aus anderen Branchen, anderen intellektuellen Sphären und anderen Ländern. Verwenden Sie sie in Ihrem eigenen 20-Prozent-Wirkungskreis.
- Drängen Sie 80-Prozent-Tätigkeiten konsequent zurück. 80-Prozent-Zeit unterdrückt 20-Prozent-Zeit. 80-Prozent-Verbündete nehmen Raum ein, der 20-Prozent-Verbündeten zusteht. 80-Prozent-Geschäftswerte entziehen den 20-Prozent-Tätigkeiten wichtige Mittel. 80-Prozent-Geschäftsbeziehungen verdrängen 20-Prozent-Beziehungen. Die Mitarbeit in einer 80-Prozent-Organi-

sation hält Sie davon ab, für ein 20-Prozent-Unternehmen tätig zu sein. Wenn Sie an einem 80-Prozent-Ort wohnen, können Sie nicht an einem 20-Prozent-Ort wohnen. Geistiger Aufwand für 80-Prozent-Aktivitäten fehlt für 20-Prozent-Projekte.

Jetzt wissen Sie, wie man 80/20 denkt und handelt. Wer das 80/20-Prinzip ignoriert, muß sich mit durchschnittlichen Erträgen abfinden. Wer darauf setzt, muß die Last außerordentlicher Erfolge ertragen.

Zum dritten Teil

Das 80/20-Prinzip hat Unternehmen im Westen und in Asien zu erstaunlichen Erfolgen verholfen und damit seinen Wert für die Geschäftswelt bewiesen. Auch diejenigen, die wenig von der Geschäftswelt halten und das 80/20-Prinzip nicht kennen, haben den Fortschritt zu spüren bekommen, der von ihm ausgeht.

Aber das 80/20-Prinzip ist kein Geschäftsprinzip, sondern ein Lebensprinzip. Es hat seinen Ursprung in der Volkswirtschaftslehre. Aber es funktioniert nur deswegen im Geschäftsleben so gut, weil es die Realität widerspiegelt, und nicht weil zwischen Geschäftswelt und 80/20-Prinzip eine besondere Entsprechung vorliegt. In allen Bereichen, in denen das 80/20-Prinzip erprobt wurde, hat es sich als zutreffend erwiesen. Bisher wurde es nur sehr viel häufiger im Bereich der Marktwirtschaft erprobt.

Es ist höchste Zeit, die gesamte Kraft des 80/20-Prinzips freizusetzen und es auch außerhalb des Geschäftslebens zu verwenden. Unternehmen und ökonomische Systeme sind spannende und wichtige Bestandteile des Lebens, aber im Grunde doch nur Vorgänge; die Struktur des Lebens, aber nicht sein Inhalt. Der kostbarste Teil des Lebens liegt in der inneren und äußeren Existenz der einzelnen, in persönlichen Beziehungen sowie in den Wechselwirkungen und Werten der Gesellschaft.

Der dritte Teil unternimmt den Versuch, das 80/20-Prinzip zu unserem persönlichen Leben, unseren Zielen und unserem Glück in Beziehung zu setzen. Dieser Teil ist spekulativer als der bislang abgedeckte Bereich, aber in seinem Potential vielleicht sogar noch wichtiger. Und so ist der Leser bei der nun folgenden Expedition ins Unbekannte ausdrücklich zur Mitarbeit aufgefordert.

Dritter Teil

Weniger arbeiten, mehr verdienen und Spaß haben

9

Frei sein

Das 80/20-Prinzip kann wie die Wahrheit befreiend wirken. Sie können weniger arbeiten und gleichzeitig mehr verdienen und mehr Spaß haben. Einzige Voraussetzung ist, daß Sie ein ernsthaftes 80/20-Denken betreiben. Daraus ergeben sich zwangsläufig entscheidende Erkenntnisse, die Ihr Leben verändern können, wenn Sie sie in Taten umsetzen.

Und dies ohne den Ballast von Religion, Ideologie oder einer anderen von außen diktierten Weltanschauung. Das Schöne am 80/20-Denken ist, daß es pragmatisch ist und aus dem Inneren des einzelnen kommt.

Aber die Sache hat einen kleinen Haken. *Sie* müssen für sich nachdenken. Sie müssen das hier Geschriebene für Ihre eigenen Zwecke bearbeiten und umgestalten. Doch das sollte eigentlich kein Ding der Unmöglichkeit sein.

Die Erkenntnisse aus dem 80/20-Denken sind gering an der Zahl, aber von großer Tragweite. Nicht alle gelten für jeden Leser, und wenn Sie das Beschriebene in Ihrer Erfahrung nicht bestätigt finden, sollten Sie einfach zum nächsten Punkt weiterblättern, der einen Widerhall in Ihnen auslöst.

Werden Sie zum 80/20-Denker – beginnen Sie mit Ihrem eigenen Leben

Meine Absicht besteht nicht nur darin, Ihnen Erkenntnisse des 80/20-Denkens vorzusetzen, die Sie dann auf Ihr eigenes Leben zuschneiden können. Ich bin viel ehrgeiziger. Ich möchte, daß Sie das Wesen des 80/20-Denkens erfassen und dadurch zu eigenen – besonderen und allgemeinen – Einsichten gelangen, auf die ich überhaupt noch nicht gestoßen bin. Ich möchte, daß Sie sich einreihen in die Schar der 80/20-Denker und den Einfluß dieser Denkweise in der Welt verstärken.

Zu den allgemeinen Eigenschaften des 80/20-Denkens gehört, daß es tiefgründig, unkonventionell, hedonistisch, strategisch und nichtlinear ist und daß es höchsten Ehrgeiz (im Sinne des Bestrebens, die Dinge zum Besseren zu verändern) mit einer entspannten und selbstbewußten Haltung verbindet. Diese Form des Denkens ist ständig auf der Suche nach 80/20-Hypothesen und -Einsichten. Es folgen einige kurze Erklärungen zu den genannten Merkmalen, damit Sie wissen, wann Sie sich mit dem 80/20-Denken auf dem richtigen Weg befinden.

80/20-Denken ist tiefgründig

80/20-Denken verfolgt das Ziel, Handlungen zu ermöglichen, die in Ihrem und im Leben anderer zu deutlichen Verbesserungen führen. Solche Handlungen setzen ungewöhnliche Erkenntnisse voraus. Tiefgründige Erkenntnisse dieser Art erfordern Reflexion und Innenschau. Manchmal muß man dafür einige Daten sammeln, und wir dürfen diesem Hang auch nachgeben, wenn ein Bezug zu unserem Leben besteht. Doch oft kann man allein durch Reflexion und ohne Hilfe von externen Informationen zu wichtigen Erkenntnissen gelangen. Im Gehirn sind viel mehr Informationen gespeichert, als wir uns vorstellen können.

80/20-Denken ist anders als die heutzutage vorherrschende Denkweise. Diese ist eilig, opportunistisch, linear (zum Beispiel: wenn *x* gut oder schlecht ist, dann ist auch die Ursache gut oder schlecht) und immer nur auf den nächsten Schritt konzentriert. Der in der heutigen Welt gültige Denkstil steht in enger Beziehung zum unmittelbaren Handeln und ist daher stark eingeschränkt. Die Orientierung am Handeln verdrängt das Denken. Als 80/20-Denker wollen wir den Zwang zum Handeln abschütteln, in aller Ruhe überlegen, einige kostbare Einsichten gewinnen und *dann* handeln: zielstrebig, auf einen kleinen Ausschnitt der Möglichkeiten beschränkt, entschieden und eindrucksvoll, um mit möglichst wenig Energie und Ressourcen außerordentliche Ergebnisse zu erreichen.

80/20-Denken ist unkonventionell

80/20-Denken richtet sich genau auf die Bereiche, in denen das konventionelle Denken versagt. Fortschritt entsteht daraus, die Verschwendung und die nicht optimalen Zusammenhänge des Lebens und vor allem auch des Alltagslebens zu erkennen und etwas dagegen zu unternehmen. Mit konventionellen Anschauungen kommen wir hier nicht weiter, sie sind sozusagen kontraindiziert. Sie sind es, die zu Verschwendung und unbefriedigenden Lösungen führen. Die Kraft des 80/20-Prinzips liegt darin, die Dinge auf unkonventionelle Weise anzupacken. Dafür müssen Sie sich überlegen, weshalb die meisten Menschen falsch handeln oder ihr Potential nur zu einem Bruchteil ausnutzen. Wenn Ihre Überlegungen nicht zu unkonventionellen Einsichten führen, denken Sie nicht nach dem 80/20-Prinzip.

80/20-Denken ist hedonistisch

80/20-Denken strebt nach Freude und folgt der Überzeugung, daß man das Leben genießen soll. Es vertraut darauf, daß die meisten Leistungen ein Nebenprodukt des Interesses, der Freude und des Wunsches nach Glück sind. Das mag völlig unstrittig erscheinen, aber die meisten Menschen handeln nicht danach. Sie machen nicht die einfachen Dinge, die zu ihrem Glück führen würden.

Die meisten Menschen gehen in eine oder mehrere der folgenden

Fallen. Sie verbringen viel Zeit mit Leuten, die sie nicht besonders mögen. Sie arbeiten in Jobs, für die sie sich nicht begeistern. Sie verbringen den Großteil ihrer »Freizeit« (übrigens ein völlig unhedonistisches Konzept) mit Aktivitäten, die ihnen eigentlich keinen großen Spaß machen. Und genauso trifft auch das Umgekehrte zu. Sie verbringen nicht die meiste Zeit mit den Menschen, die sie am meisten mögen. Sie arbeiten nicht in dem Beruf, der ihnen am besten liegen würde. Und sie nutzen ihre Freizeit nicht für die Aktivitäten, die ihnen die größte Freude bereiten. Sie sind keine Optimisten, und selbst wenn, planen sie nicht sorgfältig für eine bessere Zukunft.

Wie seltsam. Man könnte sagen, daß hier die Erfahrung über die Hoffnung triumphiert, wobei »Erfahrung« ein selbstgeschaffenes Konstrukt ist, das sich viel mehr aus unserer Wahrnehmung der äußeren Wirklichkeit speist als aus dieser Wirklichkeit selbst. Zutreffender ließe sich wohl feststellen, daß hier die Schuldgefühle über die Freude, die Gene über die Intelligenz oder die Vorbestimmung über die Freiheit und – in einem sehr realen Sinne – der Tod über das Leben siegen.

Hedonismus wird oft mit Egoismus, Rücksichtslosigkeit gegenüber anderen und Mangel an Ehrgeiz gleichgesetzt. Das ist alles Unsinn. Hedonismus ist in Wahrheit eine unabdingbare Voraussetzung für die Unterstützung anderer und das Erreichen hoher Ziele. Es ist sehr schwer und immer verschwendete Lebenszeit, ein lohnendes Ziel zu erreichen, ohne Spaß daran zu haben. Wären alle Menschen hedonistisch, dann wäre die Welt besser und in jeder Hinsicht reicher.

80/20-Denken glaubt an den Fortschritt

Seit 3000 Jahren herrscht Uneinigkeit in der Frage, ob es so etwas wie Fortschritt gibt, ob die Geschichte des Universums und der Menschheit einen steinigen Pfad nach oben oder doch etwas weniger Hoffnungsvolles darstellt. Der Idee des Fortschritts widersprechen Hesiod (ca. 800 v. Chr.), Platon (428–348 v. Chr.), Aristoteles

(384–322 v. Chr.), Horaz (65–8 v. Chr.), Seneca (4 v. Chr.–54 n. Chr.), Augustinus (354–430 n. Chr.) und die meisten lebenden Philosophen und Wissenschaftler. Befürwortet wird die Idee des Fortschritts von fast allen Vertretern der Aufklärung des späten 17. und des 18. Jahrhunderts, wie zum Beispiel Fontenelle und Condorcet, sowie einer Reihe von Denkern und Wissenschaftlern des 19. Jahrhunderts, wie etwa Darwin und Marx. Die höchsten Töne auf den Fortschritt stimmte jedoch der schrullige Historiker Edward Gibbon (1737–1794) an, der in seinem Werk *The Decline and Fall of the Roman Empire* schrieb:

> Wir können nicht mit Gewißheit sagen, zu welchen Höhen sich die menschliche Gattung aufschwingen wird ... Wir können uns jedoch mit der angenehmen Schlußfolgerung beruhigen, daß jedes Zeitalter den Reichtum, das Glück, das Wissen und vielleicht auch die Tugend der Menschheit vermehrt hat und dies auch in Zukunft nicht anders sein wird.

Heutzutage spricht natürlich viel mehr gegen die Fortschrittsidee als zu Gibbons Zeiten. Aber es spricht auch viel mehr dafür. Empirisch läßt sich dieser Streit wohl nie klären. Das Vertrauen auf den Fortschritt ist eine Frage des Glaubens. Fortschritt ist eine Verpflichtung.[1] Würden wir nicht an die Möglichkeit des Fortschritts glauben, könnten wir die Welt nie zum Besseren verändern. Die Geschäftswelt weiß das. Und alles in allem hat sie zusammen mit der Wissenschaft die deutlichsten Fortschrittssignale gesetzt. Gerade als wir entdeckt haben, daß die natürlichen Ressourcen nicht unerschöpflich sind, haben Geschäftswelt und Wissenschaft neue Dimensionen künstlicher Unerschöpflichkeit entwickelt: Technologien wie den Mikrochip, die neuen Wirtschaftsraum schaffen.[2] Aber den größten Nutzen erzielt der Fortschritt, wenn er nicht auf die Welt der Wissenschaft, der Technologie und der Unternehmen beschränkt ist. Wir müssen den Fortschrittsgedanken auch auf unsere individuelle und kollektive Lebensqualität anwenden.

80/20-Denken ist von Natur aus optimistisch, gerade weil es Zustände aufdeckt, die weit hinter dem Optimum zurückbleiben. Nur 20 Prozent der Ressourcen zählen im Hinblick auf die erreichten Leistungen, während der große Rest nur einen unerheblichen Anteil zur Gesamtleistung beisteuert. Daher sollte man die 20 Prozent verstärken und die 80 Prozent zum Aufholen bewegen, um den Ertrag zu vervielfachen. Dadurch kann man ein neues und viel höheres Leistungsniveau erreichen. Aber selbst auf diesem Niveau wird sich zwischen Aufwand und Ertrag wieder eine 80/20-Verteilung einpendeln, so daß man abermals zu einem noch viel höheren Leistungsniveau fortschreiten kann.

Der Fortschritt im Geschäftsleben und in der Wissenschaft bestätigt das 80/20-Prinzip. Zuerst wird ein riesiger Computer gebaut, der seine Berechnungen um ein Vielfaches schneller durchführt als alle vorherigen Maschinen. Dann wird der Computer kleiner, schneller und billiger gebaut, viel kleiner, schneller und billiger. Dieser Vorgang wird wiederholt. Und nochmal wiederholt. Ein Ende dieses Fortschritts ist nicht abzusehen. Das gleiche Prinzip können wir auch auf andere Lebensbereiche übertragen. Wenn wir an den Fortschritt glauben, kann uns das 80/20-Prinzip bei seiner Realisierung helfen. Und vielleicht behält Edward Gibbon letztlich doch recht: Reichtum, Glück, Wissen und vielleicht auch die Tugend lassen sich stetig vermehren.

80/20-Denken ist strategisch

Strategisch denken heißt, sich auf das Wichtige zu konzentrieren, auf die wenigen Ziele, die uns im Vergleich einen Vorteil verschaffen können, auf Dinge, die uns und nicht anderen am Herzen liegen; strategisch denken heißt, zu planen und diesen Plan entschlossen und beharrlich durchzuführen.

80/20-Denken ist nichtlinear

Traditionelles Denken folgt einem wirksamen, aber manchmal ungenauen und zerstörerischen mentalen Modell. Es ist linear. Es geht davon aus, daß *x* zu *y* führt, daß *y* die Ursache für *z* ist und daß *b* die unvermeidliche Folge von *a* ist. Du hast mich unglücklich gemacht, weil du zu spät gekommen bist. Wegen meiner schlechten Ausbildung bin ich in diesem miesen Job gelandet. Ich habe Erfolg, weil ich klug bin. Hitler hat den Zweiten Weltkrieg verursacht. Mein Unternehmen kann nicht wachsen, weil sich die Branche im Niedergang befindet. Arbeitslosigkeit ist der Preis für niedrige Inflation. Hohe Steuern sind notwendig, wenn wir die Armen, Kranken und Alten versorgen wollen. Und so weiter.

Dies sind alles Beispiele für lineares Denken. Lineares Denken ist attraktiv, weil es einfach und berechenbar ist. Aber leider ist es auch eine schlechte Beschreibung der Welt und eine noch schlechtere Vorbereitung, wenn man sie verändern will. Wissenschaftler und Historiker sind schon lange vom linearen Denken abgerückt. Warum sollten Sie daran festhalten?

Das 80/20-Denken bietet Ihnen einen Rettungsring. Nichts ist nur auf eine einfache Ursache zurückzuführen. Nichts ist unvermeidlich. Nichts ist jemals im Gleichgewicht oder unveränderlich. Kein unerwünschter Zustand muß anhalten. Nichts Wünschenswertes muß unerreichbar bleiben. Nur wenige Menschen begreifen die wirklichen Ursachen von Erscheinungen, seien sie gut oder schlecht. Ursachen können einen großen Einfluß ausüben, selbst wenn sie kaum wahrnehmbar oder (zunächst) wenig umfassend sind. Eine geringfügige Handlung kann das Gleichgewicht der Verhältnisse deutlich verschieben. Nur wenige Entscheidungen fallen ins Gewicht. Und wenn sie es tun, fallen sie sehr stark ins Gewicht. Immer bleibt die Freiheit der Wahl.

80/20-Denken entgeht der Falle der linearen Logik, indem es auf Erfahrung, Innenschau und Phantasie zurückgreift. Wenn Sie unglücklich sind, machen Sie sich keine Sorgen über die naheliegenden Gründe. Denken Sie an Zeiten, in denen Sie glücklich waren, und begeben Sie sich in ähnliche Situationen. Wenn Ihre Karriere nirgendwohin führt, operieren Sie nicht an Randproblemen herum, um kleine Verbesserungen zu erreichen: ein größeres Büro, ein luxuriöseres Auto, ein hochtrabenderer Titel, weniger Arbeitszeit, ein verständnisvollerer Chef. Denken Sie an die wenigen wichtigen Leistungen Ihres Lebens und streben Sie nach Ähnlichem, auch wenn das einen Wechsel der Arbeit oder des Berufs bedeutet. Suchen Sie nicht nach Ursachen, vor allem nicht nach Ursachen für Mißerfolge. Sie müssen sich die Umstände, die Sie glücklich und produktiv machen, vorstellen und sie selbst herbeiführen.

80/20-Denken verbindet höchsten Ehrgeiz mit einer entspannten und selbstbewußten Haltung

Wir haben gelernt, großen Ehrgeiz mit ungezügelter Hyperaktivität, Überstunden, Rücksichtslosigkeit, der Opferung eigener und fremder Interessen für die gute Sache und extremer Betriebsamkeit zu verbinden. Das heißt, mit dem ungeschminkten Kampf um Posten. Für diese Gedankenassoziation zahlen wir einen hohen Preis. Diese Verbindung ist nämlich weder wünschenswert noch notwendig.

Viel attraktiver und mindestens genauso leicht realisierbar ist eine Verbindung von großem Ehrgeiz mit Selbstbewußtsein, Entspanntheit und einer zivilisierten Haltung. Dieses 80/20-Ideal ruht auf einem soliden empirischen Fundament. Die meisten großen Leistungen entspringen einer Kombination aus beharrlichem Einsatz und plötzlicher Einsicht. Denken Sie an Archimedes im Bad oder an Newton, der unter einem Baum sitzend von einem Apfel getroffen wird. Zu diesen überaus bedeutsamen Erkenntnissen wäre es nie gekommen, wenn Archimedes nicht über den Auftrieb und Newton nicht über die Schwerkraft nachgedacht hätte. Aber es wäre wohl auch nicht dazu gekommen, wenn Archimedes an den Schreibtisch gefesselt gewesen wäre und Newton voller Hektik Teams von Wissenschaftlern dirigiert hätte.

Die meisten wertvollen Errungenschaften entstehen in einem sehr kleinen Teil unseres Arbeitslebens. Das können wir uns durch 80/20-Denken und -Beobachtung klar vor Augen führen. Wir verfügen über mehr als genügend Zeit. Wir erniedrigen uns sowohl durch fehlenden Ehrgeiz als auch durch die Annahme, daß Hektik und Betriebsamkeit zum Ehrgeiz gehören. Erkenntnis und selektives Handeln sind die Triebfeder für jede Spitzenleistung. Die leise Stimme der Besonnenheit spielt eine wichtigere Rolle in unserem Leben, als wir uns eingestehen. Erkenntnisse entstehen, wenn wir uns entspannt und wohl fühlen. Erkenntnisse brauchen Zeit – die uns entgegen gängigen Anschauungen in Hülle und Fülle zur Verfügung steht.

80/20-Erkenntnisse für das Privatleben

Die verbleibenden Kapitel im dritten Teil beschäftigen sich mit Einsichten für unser Privatleben, auf die Sie nachstehend einen kleinen Vorgeschmack erhalten. Wenn Sie nur einige dieser Erkenntnisse in die Tat umsetzen, kann dies zu einer deutlichen Verbesserung Ihrer Lebensqualität führen.

- 80 Prozent der Leistungen und des Glücks ereignen sich in 20 Prozent unserer Zeit – und diese Höhepunkte lassen sich merklich ausdehnen.
- Unser Leben wird im guten wie im schlechten durch einige wenige Ereignisse und Entscheidungen nachhaltig geprägt. Die Weichen werden oft eher durch Unterlassung als durch bewußte Wahl gestellt. Wir gestalten unser Leben nicht selbst, sondern lassen es geschehen. Wir können unser Leben nachhaltig verbessern, wenn wir die Wendepunkte erkennen und die Entscheidungen treffen, die unser Glück und unsere Kreativität fördern.
- Es gibt immer einige wichtige Auslöser von Ereignissen, die nicht ohne weiteres als solche durchschaubar sind. Wenn wir diese Hauptursachen erkennen, können wir oft einen sehr viel stärkeren Einfluß auf sie ausüben, als wir es für möglich halten.
- Jeder kann bedeutende Leistungen vollbringen. Dabei kommt es jedoch weniger auf die Anstrengung an, sondern darauf, das richtige Betätigungsfeld zu finden. Auch Sie erreichen in einigen Bereichen Ihre höchste Produktivität. Wenn Sie aber zu viele Dinge

machen, die Sie nur durchschnittlich beherrschen, schmälern Sie damit Ihre Effektivität.

- Es gibt immer Gewinner und Verlierer – und immer mehr Verlierer als Gewinner. Gewinnen können Sie, wenn Sie sich für den richtigen Wettbewerb, das richtige Team und die richtigen Methoden entscheiden. Ihre Chancen steigen eher, wenn Sie die Umstände (auf legitime und faire Weise) zu Ihren Gunsten beeinflussen, als wenn Sie nach einer Verbesserung Ihrer Leistungen streben. Ihre Gewinnchancen stehen dort gut, wo sie schon früher gewonnen haben. Ihre Chancen steigen, wenn Sie sich sehr genau überlegen, in welchem Rennen Sie antreten.
- Die meisten unserer Mißerfolge ereignen sich in Rennen, für die uns andere angemeldet haben. Die meisten unserer Erfolge erleben wir in Rennen, bei denen wir freiwillig antreten. Die meisten Rennen verlieren wir, weil wir an zu vielen falschen teilnehmen: Rennen, die nicht unsere sind.
- Wenige Menschen nehmen Ziele wirklich ernst. Sie wenden für zu viele Dinge durchschnittliche Energie auf, statt alle Gedanken und Kräfte auf einige wenige Hauptbereiche zu richten. Menschen, die am meisten erreichen, gehen selektiv und entschlossen vor.
- Die meisten Menschen verbringen den größten Teil ihrer Zeit mit Aktivitäten, die für sie und andere nur einen geringen Wert besitzen. Die 80/20-Denker tappen nicht in diese Falle und können so ohne merklichen Mehraufwand viel mehr von den wenigen höherwertigen Zielen erreichen.
- Eine der wichtigsten Entscheidungen im Leben ist die Wahl der Verbündeten. Ohne Verbündete kann man praktisch nichts erreichen. Die meisten Menschen suchen sich ihre Verbündeten nicht sorgfältig genug oder gar nicht aus. Die Verbündeten erscheinen zufällig in ihrem Blickfeld. Das ist ein typisches Beispiel dafür, daß man das Leben einfach geschehen läßt. Die meisten Menschen haben die falschen Verbündeten. Die meisten haben auch zu viele und setzen sie nicht richtig ein. 80/20-Denker suchen sich ihre wenigen Verbündeten sorgfältig aus und bauen die Bündnisse gewissenhaft auf, um ihre spezifischen Ziele zu erreichen.

- Ein extremes Beispiel der Unachtsamkeit mit Verbündeten ist die Wahl des falschen Lebenspartners. Die meisten Menschen haben zu viele Bekannte und erfahren keine Stärkung durch einen angemessen ausgewählten inneren Freundeskreis. Viele Menschen haben den falschen Lebenspartner – und noch mehr vernachlässigen die Beziehung zum richtigen Lebenspartner.
- Wer sein Geld richtig nutzt, kann sich damit den Traum von einem besseren Lebensstil erfüllen. Nur wenige Menschen wissen, wie man Geld vermehrt, aber 80/20-Denker sollten dazu in der Lage sein. Und solange Geld dem Lebensstil und Glück untergeordnet bleiben, kann diese Fähigkeit nicht schaden.
- Nur wenige Menschen beschäftigen sich ausreichend mit dem Streben nach ihrem Glück. Sie halten sich an indirekte Ziele wie Geld und Beförderung, die vielleicht schwer zu erreichen sind und sich nach ihrem Erreichen als äußerst unbefriedigender Glücksersatz erweisen. Glück ist nicht Geld und auch nicht damit vergleichbar. Geld, das nicht ausgegeben wird, kann gespart, investiert und durch den Zinszuwachs vermehrt werden. Aber Glück, das heute nicht erlebt wird, führt nicht zum Glück von morgen. Das Glück verkümmert wie der Verstand, wenn man ihn nicht gebraucht. 80/20-Denker wissen, woraus ihr Glück entsteht, und setzen bewußt, fröhlich und umsichtig darauf, mit dem erlebten Glück von heute das Glück von morgen zu vermehren.

Die Zeit wartet auf ihren Einsatz

Den besten Ansatz für das 80/20-Denken über Leistung und Glück bietet das Thema Zeit. Die Eigenart und Bedeutung der Zeit wird in unserer Gesellschaft weitgehend verkannt. Viele Menschen haben dies intuitiv verstanden, und Millionen von vielbeschäftigten Managern haben die Rettung im Zeitmanagement gesucht. Gefunden haben sie damit aber nur die Lösung von Randproblemen. Unsere gesamte Einstellung zur Zeit muß sich verändern. Wir brauchen kein Zeitmanagement – wir brauchen eine Zeitrevolution.

10
Die Zeitrevolution

Fast alle Menschen, ob fleißig oder faul, brauchen eine Zeitrevolution. Es kommt nicht darauf an, daß es uns an Zeit fehlt oder daß wir womöglich zuviel davon hätten. Die Art, wie wir mit der Zeit umgehen, wie wir über sie denken, ist das Problem – und die Chance. Wer noch keine Zeitrevolution erlebt hat, für den bietet sie die schnellste Möglichkeit, in puncto Glück und Effektivität einen Riesensprung nach vorne zu machen.

Das 80/20-Prinzip und die Zeitrevolution

Im Hinblick auf unseren Gebrauch der Zeit ergeben sich aus dem 80/20-Prinzip folgende Hypothesen:

- Die meisten bedeutenden Leistungen eines Menschen – sein entscheidender Beitrag im Beruf, im Geistesleben, in der Kunst, in der Kultur oder im Sport – werden in einem kleinen Teil seiner Zeit erzielt. Es besteht eine deutliche Unausgewogenheit zwischen dem Geschaffenen und der dafür benötigten Zeit, gleich, ob man die Zeit nach Tagen, Wochen, Monaten, Jahren oder ganzen Lebensaltern zählt.
- Auch den größten Teil seines persönlichen Glücks erlebt ein Mensch in sehr begrenzten Zeiträumen. Wenn man das Glück genau messen könnte, würde ein sehr großer Teil auf einen relativ kleinen Teil der Gesamtzeit entfallen, unabhängig davon, ob

es sich bei der gemessenen Zeitspanne um einen Tag, eine Woche, einen Monat, ein Jahr oder ein Lebensalter handelt.

Diese zwei Gedanken können wir mit einer Art 80/20-Kurzschrift zwar nicht unbedingt präziser, aber bündiger formulieren:

- 80 Prozent der Leistungen werden in 20 Prozent der Zeit erzielt; umgekehrt führen 80 Prozent der Zeit nur zu 20 Prozent des Ergebnisnutzens.
- 80 Prozent des Glücks erfährt man in 20 Prozent des Lebens; und 80 Prozent der Zeit tragen nur zu 20 Prozent des Glücks bei.

Natürlich sind dies nur Hypothesen, die Sie an Ihren eigenen Erfahrungen messen müssen, und keine selbstverständlichen Wahrheiten oder Ergebnisse umfassender Forschungen.

Wenn die Hypothesen zutreffen (wie in den meisten Fällen, in denen ich sie überprüft habe), lassen sich daraus vier verblüffende Folgerungen ziehen:

- Das Gros unserer Tätigkeiten hat nur einen geringen Nutzen.
- Einige kleine Bruchteile unserer Zeit sind viel wertvoller als der gesamte Rest.
- Wenn wir etwas dagegen unternehmen können, dann sollte es radikal sein. Es hat wenig Sinn, sich mit Randproblemen herumzuschlagen oder unseren Gebrauch der Zeit ein wenig effizienter zu gestalten.
- Wenn wir nur 20 Prozent unserer Zeit gut verwenden, werden wir keinen Mangel daran haben.

Denken Sie ein paar Minuten oder Stunden darüber nach, ob das 80/20-Prinzip in all diesen Bereichen für Sie Gültigkeit besitzt. Die genauen Prozentzahlen spielen keine Rolle, sie lassen sich ohnehin nicht exakt messen. Die Kernfrage lautet, ob zwischen der verbrauchten Zeit und dem Ausmaß der Leistung oder des Glücks eine starke Unausgewogenheit besteht. Führt das produktivste Fünftel Ihrer Zeit zu vier Fünfteln Ihrer wertvollen Ergebnisse? Sind vier Fünftel Ihrer glücklichsten Augenblicke auf ein Fünftel Ihres Lebens konzentriert?

Dies sind wichtige Fragen, die man nicht leichthin beantworten sollte. Vielleicht wäre es eine gute Idee, das Buch beiseite zu legen und einen Spaziergang zu machen. Kommen Sie erst zurück, wenn Sie herausgefunden haben, ob Ihr Umgang mit der Zeit unausgewogen ist.

Es kommt *nicht* darauf an, die Zeit besser zu managen!

Wenn Sie Ihre Zeit auf unausgewogene Weise nutzen, brauchen Sie eine Zeitrevolution. Sie müssen sich weder besser organisieren noch Ihre Zeiteinteilung korrigieren; verändern muß sich der Gebrauch Ihrer Zeit. Und wahrscheinlich muß sich auch in Ihren Anschauungen zur Zeit ein grundlegender Wandel vollziehen.

Dies ist jedoch nicht zu verwechseln mit Zeitmanagement. Zeitmanagement stammt aus Dänemark und wurde für Ausbildungskurse entwickelt, in denen vielbeschäftigte Manager lernen sollten, ihre Zeit effektiver zu organisieren. Inzwischen ist daraus eine weltweit operierende Milliardenbranche geworden.

Der Schwerpunkt der Zeitmanagementbranche liegt heute weniger in der Ausbildung als im Verkauf von Zeitplanern für Manager sowohl in traditioneller Papierform als auch immer stärker in elektronischer Form. Oft haben die Angebote auch einen merklich missionarischen Unterton: Franklin, das wachstumsstärkste Unternehmen der Branche, hat starke mormonische Wurzeln.[1]

Doch man sollte das Zeitmanagement auch nicht als Modeerscheinung abtun. Seine Anwender halten in der Regel große Stücke auf die angewandten Systeme und schätzen den Zuwachs ihrer persönlichen Produktivität auf 15 bis 25 Prozent. Aber das Zeitmanagement zielt darauf, einen Liter in ein Weißbierglas zu füllen. Es wendet sich ausdrücklich an Geschäftsleute, die unter starkem Zeitdruck stehen. Bessere Planung jedes winzigen Tagesabschnitts soll den Managern zu mehr Effizienz verhelfen. Außerdem tritt das Zeitmanagement für die Festlegung klarer Prioritäten ein, um der Tyrannei dringender, aber nicht besonders wichtiger täglicher Ereignisse zu entrinnen.

Das Zeitmanagement setzt voraus, daß wir wissen, was ein guter Gebrauch unserer Zeit ist und was nicht. Wenn das 80/20-Prinzip zutrifft, ist das keine realistische Annahme. Wenn wir so genau wissen, was wichtig ist, warum machen wir es dann nicht?

Das Zeitmanagement empfiehlt den Menschen häufig, ihre Aktivitäten in die Prioritäten A, B, C und D einzuteilen. In der Praxis klassifizieren die meisten Leute 60 bis 70 Prozent ihrer Tätigkeiten als Priorität A oder B. Deshalb gelangen sie zu dem Schluß, daß es ihnen an Zeit fehlt. Daraus ist ja auch ihr Interesse für das Zeitmanagement entstanden. Und das führt schließlich zu besserer Planung, mehr Überstunden und größerem Ernst, aber leider meist auch zu mehr Frustration. Sie werden abhängig vom Zeitmanagement, aber es bewirkt keinen grundlegenden Wandel in ihrem Handeln und vermindert auch nicht ihre Gewissensbisse darüber, daß sie nicht genug machen.

Schon der Name ist verräterisch. Er beinhaltet, daß sich Zeit effizienter managen läßt, daß sie eine wertvolle und knappe Ressource ist, der wir uns wohl oder übel beugen müssen. Wir müssen sparsam mit der Zeit umgehen, denn sonst schlüpft sie uns zwischen den Fingern davon. Verlorene Zeit, so belehren uns die Missionare des Zeitmanagements, kann nie mehr zurückgewonnen werden.

Wir leben in einem Zeitalter hektischer Betriebsamkeit. Die längst vorhergesagte Ära der Freizeit läßt noch immer auf sich warten – außer für die Arbeitslosen. Charles Handy hat festgehalten, daß wir uns heute in der absurden Situation befinden, daß die Arbeitszeit der Manager immer mehr zunimmt – 60 Wochenstunden sind nicht ungewöhnlich –, während gleichzeitig die Arbeitsplätze immer knapper werden.[2]

Die Gesellschaft ist geteilt in diejenigen, die Geld, aber keine Zeit haben, um es zu genießen, und jene, die Zeit, aber kein Geld haben. Die Popularität des Zeitmanagements entspricht einer weitverbreiteten Sorge, die Zeit nicht richtig zu nutzen und nicht genügend Zeit zu haben, um die Arbeit richtig zu machen.

Die ketzerische 80/20-Zeitanalyse

Das 80/20-Prinzip bringt gängige Anschauungen über Zeit zum Einsturz. Eine 80/20-Analyse der Zeit kommt zu völlig anderen und für die Leidtragenden konventioneller Zeitvorstellungen spürbar befreienden Schlußfolgerungen:

- Unser derzeitiger Umgang mit der Zeit ist nicht rational. Daher sind kleine Verbesserungen sinnlos. Wir müssen zurück ans Reißbrett und eine völlig neue Zeitauffassung konzipieren.
- Es besteht kein Mangel an Zeit. Im Gegenteil, es gibt sie in Hülle und Fülle. Wir nutzen nur 20 Prozent unserer Zeit auf positive Weise. Und gerade die talentiertesten Menschen erreichen ihre Höchstleistungen oft in sehr kurzen Zeiträumen. Wenn wir gemäß dem 80/20-Prinzip die Zeit für die wichtigsten 20 Prozent unserer Tätigkeiten verdoppeln würden, könnten wir zwei Tage pro Woche arbeiten und 60 Prozent mehr erreichen als jetzt. Damit sind wir Lichtjahre entfernt von der hektischen Welt des Zeitmanagements.
- Das 80/20-Prinzip betrachtet die Zeit nicht als Feind, sondern als Freund. Vergangene Zeit ist keine verlorene Zeit. Die Zeit kommt immer wieder, so wie die sieben Tage der Woche, die zwölf Monate des Jahres und die Jahreszeiten. Aus einer entspannten und kooperativen Haltung gegenüber der Zeit erwachsen Erkenntnisse und Nutzen. Nicht die Zeit ist der Feind, sondern unser Umgang mit ihr.
- Das 80/20-Prinzip rät uns, weniger zu handeln und mehr nachzudenken. Gerade weil wir soviel Zeit haben, vergeuden wir sie. In einem Projekt wird meist in den letzten 20 Prozent der Zeit am produktivsten gearbeitet, weil die Aufgabe vor dem Endtermin abgeschlossen werden muß. So könnte man die Produktivität in den meisten Projekten verdoppeln, wenn man die Zeit für ihre Durchführung halbieren würde. Auch das ist nicht unbedingt als Beweis für einen chronischen Zeitmangel zu werten.

Die Zeit verbindet Vergangenheit, Gegenwart und Zukunft

Nicht der Zeitmangel sollte uns Sorgen bereiten, sondern die Tendenz, den größten Teil der Zeit mit nebensächlichen Dingen zu verbringen. Schnellerer oder »effizienterer« Umgang mit der Zeit bietet keine Abhilfe, denn eigentlich sind solche Denkansätze eher Teil des Problems als der Lösung.

Das 80/20-Denken verweist uns auf eine eher »asiatische« Zeitauffassung. Zeit sollte nicht gesehen werden als eine von links nach rechts verlaufende Sequenz wie in fast allen graphischen Darstellungen, die uns die Geschäftskultur aufgezwungen hat. Es ist besser, die Zeit als eine Form gleichzeitiger und zyklischer Abläufe zu betrachten, so wie es die Erfinder der Uhr beabsichtigten. Die Zeit kommt immer wieder und bietet immer wieder die Gelegenheit zum Lernen, zur Vertiefung einiger wertvoller Beziehungen, zur Herstellung eines besseren Produkts und zur Erzielung eines höheren Nutzens. Unsere Existenz basiert nicht nur auf der Gegenwart. Wir stammen aus der Vergangenheit und besitzen einen reichen Schatz an Assoziationen, der uns mit ihr verbindet. Auch unsere Zukunft ist wie die Vergangenheit bereits in der Gegenwart enthalten. Aus diesem Grund sollte die Lebenszeit nicht als Pfeil von links nach rechts dargestellt werden, sondern als ineinandergefügte Dreiecke wachsender Größe, wie es in Abbildung 35 gezeigt wird.

Diese Auffassung der Zeit betont die Notwendigkeit, die kostbarsten und wichtigsten 20 Prozent unserer materiellen und immateriellen Besitztümer – Persönlichkeit, Fähigkeiten, Freundschaften und sogar Sachwerte – unser gesamtes Leben mit uns zu führen und sie zu pflegen, zu entwickeln, zu erweitern und zu vertiefen, um unsere Effektivität und unser Glück zu mehren. Dies erreicht man nur durch beständige Beziehungen, die auf der Zuversicht beruhen, daß wir die besten 20 Prozent aus der Vergangenheit und Gegenwart ausbauen um eine bessere Zukunft schaffen zu können. So betrachtet ist die Zukunft nicht mehr ein halb abgelaufener Film, dessen nahendes Ende uns angst macht. Nein, die Zukunft ist eine Dimension der Gegenwart und der Vergangenheit, die uns die Chance

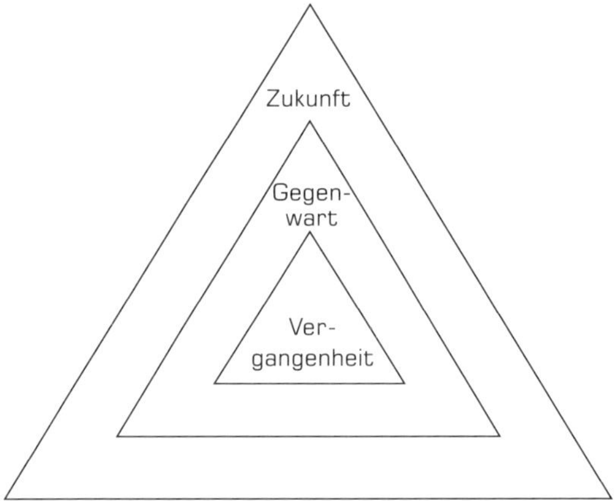

Abbildung 35: Die Zeit-Triade

gibt, etwas Besseres zu schaffen. Das 80/20-Denken verleiht uns die Gewißheit, daß dies immer möglich ist. Wir müssen nur unsere positivsten 20 Prozent umfassender und zielstrebiger einsetzen.

Kleine Fibel für Zeitrevolutionäre

Sieben Schritte führen zur Auslösung einer Zeitrevolution.

Aufwand und Ertrag trennen

Das protestantische Arbeitsethos ist so tief in uns verwurzelt – auch wenn wir einer anderen oder keiner Religion angehören –, daß wir es nur durch eine bewußte Anstrengung ausmerzen können. Das Schwierige daran ist, daß wir harte Arbeit genießen oder zumindest das damit einhergehende Gefühl von Tugend. Deshalb müssen wir uns ein für alle Mal klar machen, daß harte Arbeit, besonders wenn sie anderen zugute kommt, kein effizientes Mittel ist, um das angestrebte Ziel zu erreichen. Harte Arbeit führt zu mäßigen Ergebnissen. Nur Erkenntnis und Selbstbestimmung führen zu hervorragenden Ergebnissen.

Überlegen Sie sich, wer Ihre Schutzheiligen der produktiven Faulheit sind. Meine heißen Ronald Reagan und Warren Buffett. Reagan vollzog mühelos den Übergang vom zweitrangigen Schauspieler zum Liebling der Republikanischen Rechten, zum Gouverneur von Kalifornien und zum höchst erfolgreichen Präsidenten der USA.

Was konnte Reagan in die Waagschale werfen? Gutes Aussehen, eine wunderbar wohlklingende Stimme, die er instinktiv immer richtig einsetzte (absoluter Höhepunkt in dieser Hinsicht waren seine an Nancy gerichteten Worte nach dem Attentat: »Honey, ich hab vergessen, mich zu ducken«), äußerst geschickte Kampagnenmanager, altmodische Würde und eine disneyartige Anschauung der USA im besonderen und der Welt im allgemeinen. Reagans Fähigkeit, sich anzustrengen, war bestenfalls begrenzt, sein Verständnis der alltäglichen amerikanischen Realität immer dürftiger, seine Mission, die USA zu inspirieren und den Kommunismus zu vernichten, immer ehrfurchtgebietender. Frei nach Churchill könnte man sagen: Nie wurde mit solch geringen Fähigkeiten und mit solch geringer Anstrengung soviel erreicht.

Warren Buffett wurde (zu seiner Zeit) zum reichsten Mann der USA, und zwar nicht durch Arbeit, sondern durch Investitionen. Sein geringes Anfangskapital wuchs im Laufe vieler Jahre immer mehr an und erzielte dabei eine weit über dem Aktiendurchschnitt liegende Wertsteigerung. Buffett schaffte das mit sehr geringem Analyseaufwand (als er anfing, gab es noch nicht einmal Rechenschieber), nur auf der Basis einiger weniger Erkenntnisse, die er konsequent umsetzte.

Den Grundstein seines Reichtums legte er mit einer zentralen Idee: daß die lokalen US-Zeitungen für ihre Region ein Monopol besaßen, das eine hervorragende Geschäftsposition darstellte. Mit dieser einfachen Idee verdiente er sich sein erstes Vermögen, und auch später erzielte er einen großen Teil seiner Gewinne durch Beteiligungen in der ihm vertrauten Medienbranche.

Buffett ist nicht unbedingt faul, aber er geht sehr sparsam mit seiner Energie um. Während die meisten Vermögensverwalter viele Aktien kaufen und sie häufig austauschen, kauft Buffett nur wenige und hält sie jahrzehntelang, weshalb er auch sehr wenig Arbeit hat. Voller Verachtung hat er sich über die geläufige »Arche-Noah-Methode« der Diversifizierung des Wertpapierbestands geäußert: »Man kauft zwei von jedem und hat am Schluß einen Zoo.« Seine eigene Investitionsphilosophie hingegen »grenzt an Lethargie«.

Immer wenn ich versucht bin, zuviel zu machen, denke ich an Ronald Reagan und Warren Buffett. Auch Sie sollten sich an solche Vorbilder erinnern, an Menschen Ihres Bekanntenkreises, die eine produktive Trägheit modellhaft verkörpern. Denken Sie möglichst oft an sie.

Schuldgefühle aufgeben

Schuldgefühle gehören zu den Gefahren übertrieben harter Arbeit. Sie aufzugeben hängt damit zusammen, daß man Dinge macht, die einem Freude bereiten. Und das ist absolut legitim, weil es keinen Sinn ergibt, etwas zu tun, was keinen Spaß macht.

Machen Sie die Dinge, an denen Sie Spaß haben. Machen Sie sie zu Ihrer Arbeit. Machen Sie Ihre Arbeit zu diesen Dingen. Fast jeder, der sich ein Vermögen geschaffen hat, hatte dabei auch noch den Vorteil, daß ihm seine Tätigkeit Spaß machte. Darin läßt sich ein weiterer Beleg für die asymmetrische 80/20-Verteilung der Welt erkennen.

20 Prozent der Menschen genießen nicht nur 80 Prozent des Reichtums, sondern monopolisieren auch 80 Prozent des Vergnügens an der Arbeit: dieselben Menschen, wohlgemerkt.

Der puritanische John Kenneth Galbraith hat die Aufmerksamkeit auf eine grundlegende Ungerechtigkeit in der Arbeitswelt gelenkt. Die Mittelschicht wird für ihre Arbeit nicht nur besser bezahlt, sie hat auch größeres Interesse und Freude daran. Es gibt Sekretärinnen, Assistenten, Reisen erster Klasse, luxuriöse Hotels und insgesamt ein interessanteres Arbeitsleben. Man bräuchte ein Vermögen, um sich all die Vergünstigungen zu leisten, die sich leitende Manager heute regelmäßig genehmigen.

Galbraith hat die revolutionäre Ansicht geäußert, daß die Leute mit weniger interessanten Jobs besser bezahlt werden sollten als jene, die Spaß an ihrer Arbeit haben. Was für ein Spielverderber! Solche Thesen gelten als provokant, aber sie führen zu nichts. Denn wenn man unter die Oberfläche blickt, erkennt man wie bei so vielen 80/20-Phänomenen eine tiefere Logik, die sich hinter der scheinbaren Ungerechtigkeit verbirgt.

In diesem Fall ist die Logik sehr einfach. Große Leistungen setzen Freude voraus. Nur wer in seiner Tätigkeit Erfüllung findet, kann etwas Außerordentliches erreichen. Denken Sie zum Beispiel an große Künstler. Die Qualität und Quantität ihrer Produktion ist oft unfaßbar. Van Gogh malte ununterbrochen. Und Picasso hatte schon lange vor Andy Warhol eine Kunstfabrik, weil er seine Tätigkeit liebte.

Wer staunt nicht über das erhabene, sexuell inspirierte Werk eines Michelangelo? Selbst die wenigen Fragmente, an die ich mich erinnere – sein David, der Sterbende Sklave, die Bibioteca Laurenziana, die Decke der Sixtinischen Kapelle, die Pietà in der Peterskirche – grenzen an ein Wunder. Michelangelo gelang dies alles, nicht weil es sein Job war oder weil er den jähzornigen Papst Julius II. fürchtete oder weil er Geld verdienen wollte, sondern weil er seine Werke und junge Männer liebte.

Ihre Motive mögen anders aussehen, aber auch Sie werden nichts von bleibendem Wert schaffen, wenn Ihnen Ihre Tätigkeit keine Freude bereitet. Dies gilt für den privaten wie für den geschäftlichen Bereich.

Ich möchte mich hier nicht für ständige Trägheit aussprechen. Arbeit ist eine wichtige Tätigkeit, die ein natürliches Bedürfnis erfüllt – das können alle Arbeitslosen, Pensionäre und Lottokönige bestätigen. Alle Menschen haben ihr natürliches Gleichgewicht, ihren Rhythmus und eine optimale Mischung aus Arbeit und Spiel, und die meisten spüren es, wenn sie zu faul oder zu fleißig sind. Der besondere Vorzug des 80/20-Denkens liegt darin, daß es die Menschen dazu ermuntert, nicht das Spiel durch Arbeit zu ersetzen, sondern sowohl in Arbeits- als auch in Spielphasen nach der größtmöglichen Erfüllung zu streben. Ich habe den Verdacht, daß sich die meisten Menschen viel zu sehr für die falschen Dinge einsetzen. Es wäre von größtem Vorteil für die heutige Welt, wenn weniger Arbeit zu einer größeren Fülle von Kreativität und Intelligenz führen würde. Mehr erfüllende Arbeit würde den trägsten 20 Prozent der Menschen nützen, und deutlich weniger Arbeit würde den fleißigsten 20 Prozent nützen. Und solch ein Tausch käme der Gesellschaft doppelt zugute. Die Quantität der Arbeit ist viel unwichtiger als ihre Qualität. Und diese hängt nicht zuletzt von der Selbstbestimmung ab.

Sich der Fremdbestimmung entziehen

Wenn 80 Prozent der Zeit nur zu 20 Prozent der Ergebnisse führen, kann man davon ausgehen, daß 80 Prozent der Tätigkeiten auf Geheiß anderer erfolgen.

Es zeichnet sich immer deutlicher ab, daß das Konzept der abhängigen Beschäftigung – die zwar einen relativ sicheren Arbeitsplatz, aber eingeschränkten Ermessensspielraum bedeutet – nur eine vorübergehende Phase (von allerdings zwei Jahrhunderten) in der Geschichte der Arbeit darstellt.[3] Selbst wenn Sie für einen Großkonzern arbeiten, sollten Sie sich als Selbständigen begreifen, der für sich arbeitet, auch wenn er bei Monolith & Co. auf der Gehaltsliste steht.

Das 80/20-Prinzip zeigt immer wieder, daß die 20 Prozent, die am meisten leisten und erreichen, entweder für sich selbst arbeiten oder zumindest so handeln.

Entsprechendes gilt auch außerhalb der Arbeit. Es fällt sehr schwer, die Zeit gut zu nutzen, wenn man sie nicht kontrolliert. (Und selbst dann fällt es schwer, weil man in Schuldgefühlen, Konventionen und anderen von außen herangetragenen Vorstellungen über angemessenes Verhalten befangen ist – aber wenigstens hat man die Chance, diese auf ein Minimum zu reduzieren.)

Wer diesen Rat befolgt, wird auf natürliche Grenzen stoßen, deren Überschreitung nicht wünschenswert ist. Sie werden immer Verpflichtungen gegenüber anderen haben, die sich aus Ihrer Sicht als überaus nützlich erweisen können. Auch ein Selbständiger ist kein einsamer Wolf, der niemandem Rechenschaft schuldet. Er oder sie hat Partner, Mitarbeiter, Verbündete und ein Netz von Kontakten, von denen ohne Gegenleistung nichts zu erwarten ist. Es kommt nur darauf an, daß Sie Ihre Partner und Verpflichtungen kritisch und mit größter Sorgfalt auswählen.

Unkonventioneller und exzentrischer Umgang mit Zeit

Als braver Befehlsempfänger, der tut, was man von ihm erwartet, der pflichtschuldigst zu allen vorgeschriebenen Besprechungen erscheint, der genauso handelt wie die Mehrheit seiner Kollegen oder die sozialen Konventionen seiner Rolle einhält, werden Sie wohl kaum die wertvollsten 20 Prozent Ihrer Zeit verbringen. Im Gegenteil, Sie sollten sich fragen, ob diese Dinge überhaupt notwendig sind.

Sie werden sich der Tyrannei des 80/20-Prinzips – der Wahrscheinlichkeit, daß Sie 80 Prozent Ihrer Zeit für nebensächliche Tätigkeiten aufwenden – kaum entziehen können, wenn Sie konventionelle Verhaltensmuster oder Lösungen befolgen.

Eine sehr lehrreiche Übung besteht darin, herauszufinden, wie weit Sie in Ihrem Umgang mit der Zeit von der Norm abweichen und welches Maß von Unkonventionalität und Exzentrik Sie sich leisten können, ohne aus Ihrer Welt hinausgeworfen zu werden. Nicht jeder exzentrische Umgang mit der Zeit wird Ihre Effektivität erhöhen, aber einige oder zumindest einer könnten sich positiv auswirken. Entwerfen Sie mehrere Szenarien und folgen Sie demjenigen, das Ihnen am meisten Zeit für lohnende und erfreuliche Tätigkeiten läßt.

Wer von Ihren Bekannten ist effektiv und exzentrisch? Finden Sie heraus, wie die Betreffenden ihre Zeit verbringen und wie sie damit von der Norm abweichen. Vielleicht empfiehlt sich ja einiges von dem, was sie tun oder nicht tun, zur Nachahmung.

Wahrscheinlich erreichen Sie mit einem Fünftel Ihrer Zeit vier Fünftel Ihrer Erfolge und vier Fünftel Ihres Glücks. Da es sich hier nicht unbedingt um ein und dasselbe Fünftel handeln muß (wenngleich es in der Regel starke Überschneidungen gibt), sollten Sie zunächst klären, ob Sie mit Ihrer Analyse etwas über die Erfolge oder das Glück herausfinden wollen. Ich würde Ihnen empfehlen, sie jeweils gesondert zu betrachten.

Suchen Sie im Hinblick auf das Glück nach Ihren *Glücksinseln*: die kleinen Zeiträume oder die wenigen Jahre, die einen unverhältnismäßig hohen Anteil zu Ihrem Glück beitragen. Schreiben Sie »Glücksinseln« auf ein leeres Blatt Papier und listen Sie alle auf, an die Sie sich erinnern können. Leiten Sie Gemeinsamkeiten zwischen allen oder einigen der Glücksinseln ab.

Wiederholen Sie diesen Vorgang für Ihre *Unglücksinseln*. Das sind im allgemeinen nicht einfach die restlichen 80 Prozent der Zeit, denn für die meisten Menschen gibt es zwischen den Inseln des Glücks und des Unglücks ein großes Niemandsland mäßiger Zufriedenheit. Dennoch ist es wichtig, die entscheidenden Ursachen des Unglücks und ihren gemeinsamen Nenner zu erkennen.

Genauso verfahren Sie nun mit dem Erfolg. Forschen Sie nach Ihren *Erfolgsinseln*: die kurzen Phasen, in denen Sie ein wesentlich günstigeres Verhältnis zwischen Nutzen und Zeit realisiert haben als sonst während der Woche, des Monats, des Jahres oder des Lebens. Schreiben Sie unter der entsprechenden Überschrift alle Erfolgsinseln auf, die Ihnen einfallen, wenn möglich aus Ihrem ganzen Leben.

Suchen Sie nun nach den gemeinsamen Merkmalen der Erfolgsinseln. Vor Beendigung Ihrer Analyse können Sie einen Blick auf die Liste der zehn günstigsten Möglichkeiten zur Nutzung der Zeit in Abbildung 37 werfen. Diese allgemeine Liste ist aus den Erfahrungen vieler Menschen zusammengestellt und hilft Ihrem Gedächtnis vielleicht auf die Sprünge.

Erstellen Sie eine eigene Liste Ihrer *Mißerfolgsinseln*. Gemeint sind die Phasen größter Leere und niedrigster Produktivität. Auch hier kann Ihnen die Liste der zehn ungünstigsten Möglichkeiten zur

Nutzung der Zeit in Abbildung 36 vielleicht weiterhelfen. Wiederum stellt sich die Frage nach den Gemeinsamkeiten.

Jetzt müssen Sie Ihre Erkenntnisse nur noch in die Tat umsetzen.

Die besten 20 Prozent der Zeit vermehren

Wenn Sie Ihre Inseln des Glücks und des Erfolgs gefunden haben, möchten Sie wahrscheinlich mehr Zeit für diese und ähnliche Aktivitäten aufwenden.

Manche Leute bemängeln hier einen Fehler in meiner Logik, weil ein verdoppelter Zeitaufwand für die wichtigsten 20 Prozent nicht unbedingt zu einem zusätzlichen Ertrag von 80 Prozent führt, sondern vielleicht nur zu weiteren 40, 50, 60 oder 70 Prozent.

Ich habe zwei Antworten auf diesen Einwand. Zum einen können die Kritiker in manchen Fällen durchaus recht haben, zumal sich Glück und Effektivität (noch) nicht präzise messen lassen. Aber wen interessiert das? Auf jeden Fall kann man mit einer deutlichen Steigerung der positiven Ergebnisse rechnen.

Zum anderen glaube ich nicht, daß die Kritiker insgesamt recht haben. Ich empfehle ja nicht die exakte Verdoppelung der besonders effektiven 20 Prozent von Tätigkeiten, die zu einem 80prozentigen Ertrag führen. Die Untersuchung der Gemeinsamkeiten zwischen Ihren Inseln des Glücks und des Erfolgs dient dazu, etwas viel Grundlegenderes herauszufinden als nur positive Aspekte der Vergangenheit: nämlich das, wofür Sie am besten geeignet sind.

Dabei kann es sich freilich herausstellen, daß Sie (um Ihr volles Erfolgs- und Glückspotential zu erreichen) Dinge tun sollten, die Sie erst sehr zögerlich, bis zu einem bestimmten Punkt oder überhaupt noch nicht begonnen haben. Dick Francis zum Beispiel war ein ausgezeichneter Jockey, aber seinen ersten Krimi im Rennbahnmilieu veröffentlichte er erst Ende Dreißig. Inzwischen hat er damit sehr viel mehr an Erfolg, Verdienst und wohl auch persönlicher Zufriedenheit erreicht als in seinem früheren Beruf. Richard Adams war ein frustrierter mittlerer Angestellter mittleren Alters im öffentlichen Dienst, bevor er den Bestseller *Unten am Fluß* schrieb.

Es ist nicht ungewöhnlich, daß eine Analyse der Inseln des Glücks und des Erfolgs zu neuen Einsichten darüber führt, wofür sich Menschen am besten eignen und was sich für sie am besten eignet. Aufgrund dieser Erkenntnisse können sie sich vielleicht in neuen Bereichen versuchen, die lohnender und erfüllender sind als alles, was sie davor gemacht haben. Daher kann es sein, daß eine Vermehrung der besten 20 Prozent zu einem überproportionalen Effektivitätszuwachs führt. In jedem Fall sollten Sie die Möglichkeit eines Berufswechsels und/oder einer Änderung des Lebensstils ins Auge fassen.

Nach der Ermittlung der spezifischen Tätigkeiten und des allgemeinen Tätigkeitstyps, die 20 Prozent Ihrer Zeit beanspruchen und dabei 80 Prozent Ihres Glücks oder Erfolgs ergeben, sollte Ihr Hauptziel darin bestehen, diese 20 Prozent Ihres Zeitaufwands so stark wie möglich zu vermehren.

Auf kurze Sicht und mit durchaus guten Erfolgschancen kann man sich vornehmen, den Zeitaufwand für besonders effektive Tätigkeiten binnen eines Jahres von 20 auf 40 Prozent zu erhöhen. Dies allein ist meistens gleichbedeutend mit einer Produktivitätssteigerung von 60 bis 80 Prozent. (In diesem Fall verfügen Sie über zwei »Erträge« von jeweils 80 Prozent aus einem doppelten Zeitaufwand von jeweils 20 Prozent, so daß Ihr Gesamtertrag von 100 Prozent auf 160 Prozent steigen würde, selbst wenn Sie durch die Neueinteilung Ihrer Zeit auf den 20prozentigen Nutzen aus den wenig einträglichen 80 Prozent Ihrer früheren Tätigkeiten verzichten müßten.)

Im Idealfall steigert man den Zeitaufwand für effektive Tätigkeiten von 20 auf 100 Prozent. Unter Umständen ist hierfür ein Wechsel des Berufs und des Lebensstils unvermeidlich. Wenn dies so ist, machen Sie sich einen Plan mit Terminen zur Umsetzung dieser Veränderungen.

Die ineffektiven Tätigkeiten einstellen oder reduzieren

Die 80 Prozent der Aktivitäten, die nur zu 20 Prozent des Ertrags führen, sollten idealerweise eingestellt werden. Dieser Schritt kann nötig sein, um mehr Zeit für effektive Tätigkeiten freizusetzen. (Vielen Menschen fällt es allerdings leichter, sich zu einem erhöhten Zeitaufwand für effektive Tätigkeiten anzuspornen und damit die nutzlosen Aktivitäten indirekt zu vermindern.)

Oft heißt es zunächst, daß für die Vermeidung von ineffektiven Tätigkeiten kaum Spielraum vorhanden sei. Sie werden als unumgänglicher Bestandteil familiärer, gesellschaftlicher oder beruflicher Verpflichtungen hingestellt. Wenn auch Sie so denken, denken Sie noch einmal nach.

Im Normalfall gibt es in einer konkreten Situation reichlich Spielraum für Veränderungen. Denken Sie an den Ratschlag weiter oben: Seien Sie unkonventionell und exzentrisch im Gebrauch Ihrer Zeit. Folgen Sie nicht der großen Masse.

Versuchen Sie es mit Ihrer neuen Maxime und warten Sie ab, was passiert. Da die Tätigkeiten, die Sie einstellen möchten, ohnehin nur einen geringen Nutzen haben, bemerken die Leute vielleicht nicht einmal, wenn Sie damit aufhören. Und falls sie es doch bemerken, liegt ihnen vielleicht nicht genug daran, um Sie dazu zu zwingen, vor allem wenn sie feststellen, daß es dazu einer großen Anstrengung bedarf.

Aber selbst wenn der Verzicht auf ineffektive Tätigkeiten einen radikalen Wandel der Umstände erfordert – einen neuen Arbeitsplatz, einen neuen Beruf, neue Freunde, einen neuen Lebensstil oder sogar einen neuen Lebenspartner –, sollten Sie einen Plan zur Durchführung der gewünschten Veränderungen machen. Die Alternative wäre, daß Sie Ihr Erfolgs- und Glückspotential nie erreichen.

Vier Beispiele für einen exzentrischen und effektiven Umgang mit der Zeit

Mein erstes Beispiel ist William Ewart Gladstone, der führende liberale Staatsmann Großbritanniens zur Zeit Victorias, der viermal zum Premierminister gewählt wurde. Gladstone war in vieler Hinsicht ein Exzentriker, was unter anderem seine spektakulär erfolglosen Versuche zur Errettung »gefallener Frauen« aus der Prostitution und seine damit nicht ganz unverbundenen Anfälle von Selbstgeißelung belegen. Wir wollen uns hier jedoch nur mit seinem exzentrischen Umgang mit der Zeit befassen.[4]

Gladstone ließ sich von seinen politischen Verpflichtungen nicht einschränken oder war vielmehr gerade deshalb als Politiker so wirkungsvoll, weil er seine Zeit verbrachte, wie es ihm Spaß machte, und sich mit einer erstaunlichen Vielfalt von Dingen beschäftigte. In seiner Amtszeit als Premierminister reiste er häufig als Privatmann auf den britischen Inseln, aber auch nach Frankreich, Italien oder Deutschland.

Er liebte das Theater, hatte mehrere (höchstwahrscheinlich platonische) Affären mit Frauen, las leidenschaftlich gern (20000 Bücher im Laufe seines Lebens), hielt unglaublich lange Reden vor dem Unterhaus (die anscheinend dennoch sehr mitreißend waren) und erfand praktisch im Alleingang den Sport des modernen Wahlkampfs, dem er sich voller Elan und Begeisterung hingab. Wenn er sich auch nur ein wenig unpäßlich fühlte, hütete er mindestens einen ganzen Tag das Bett, wo er lesen und nachdenken konnte. Seine enorme politische Kraft und Effektivität beruhten auf seinem exzentrischen Umgang mit der Zeit.

Von den späteren britischen Premierministern konnten sich lediglich Lloyd George, Churchill und Thatcher in der Exzentrik ihres Zeitgebrauchs annähernd mit Gladstone messen. Und alle drei waren ungewöhnlich effektive Politiker.

Drei exzentrische Unternehmensberater

Die anderen Beispiele eines unkonventionellen Zeitmanagements stammen aus der seriösen Welt der Unternehmensberatung. Diese Branche ist berüchtigt für ihre langen Arbeitszeiten und ihre hektische Betriebsamkeit. Meine drei Leitbilder, die ich alle drei gut kannte, durchbrachen alle Konventionen und erzielten dabei außerordentliche Erfolge.

Der erste, ich nenne ihn hier Fred, verdiente als Berater mehrere

Millionen Dollar. Auf den Besuch einer Business-School verzichtete er und gründete ein großes und erfolgreiches Beratungsunternehmen, dessen Mitarbeiter fast alle 70 Stunden oder mehr pro Woche arbeiteten. Fred schaute gelegentlich im Büro vorbei und leitete einmal monatlich die Besprechung der Gesellschafter, an der die Partner aus aller Welt teilnehmen mußten. Ansonsten verbrachte er seine Zeit lieber mit Tennis und Nachdenken. Er führte das Unternehmen mit fester Hand, ohne je ein lautes Wort zu äußern. Dank eines Bündnisses mit seinen fünf direkten Untergebenen hatte Fred alles unter Kontrolle.

Der zweite, alias Randy, war einer dieser Statthalter. Abgesehen vom Gründer war er die einzige Ausnahme von der Workaholic-Kultur dieses Unternehmens. Er ließ sich in ein fernes Land versetzen, wo er eine florierende und schnell wachsende Niederlassung, deren Belegschaft ebenfalls unglaublich hart arbeitete, überwiegend von zu Hause aus leitete. Niemand wußte, wie Randy seine Zeit verbrachte oder wie wenige Stunden er arbeitete, aber er war unheimlich locker. Er erschien nur zu den wichtigsten Besprechungen mit Auftraggebern und delegierte alles andere an Juniorpartner. Wenn nötig, ließ er sich die phantastischsten Ausreden für seine Abwesenheit einfallen.

Obwohl er Leiter der Niederlassung war, kümmerte sich Randy nicht im geringsten um Verwaltungsangelegenheiten. Seine gesamte Energie floß in Überlegungen, wie er den Umsatz der wichtigsten Kunden steigern und im Hinblick darauf Mechanismen einführen konnte, um dies mit möglichst geringem persönlichen Einsatz zu erreichen. Randy hatte nie mehr als drei Prioritäten und oft nur eine einzige. Alles andere fiel unter den Tisch. Die Zusammenarbeit mit Randy war frustrierend, aber seine Effektivität war bewundernswert.

Der Dritte im Bunde der Exzentriker ist ein ehemaliger Partner: Nennen wir ihn Jim. Jim erinnert mich unweigerlich an unser kleines Büro, das wir uns mit einigen anderen Kollegen teilten. Es war eng und furchtbar hektisch. Die Leute sprachen ins Telefon, eilten hin und her, um das Material für Präsentationen zusammenzubekommen, und schrien von einer Ecke zur anderen.

Mittendrin saß Jim, eine Oase der Ruhe, den Blick gedankenverloren auf seinen Kalender gerichtet, und überlegte sein weiteres Vorgehen. Von Zeit zu Zeit nahm er einige Kollegen mit in den einzigen ruhigen Raum und erklärte ihnen, was er von ihnen erwartete – nicht einmal und auch nicht zweimal, sondern dreimal mit einer zähen Detailversessenheit, die an Körperverletzung grenzte. Dann ließ er sich von jedem wiederholen, was sie zu tun hatten. Jim war langsam, lethargisch und halb taub. Aber er war eine unglaubliche Führungspersönlichkeit. Die ganze Zeit dachte er nur darüber nach, welche Aufgaben einen hohen Nutzen hatten und wer sie übernehmen sollte. Dann sorgte er dafür, daß sie durchgeführt wurden.

Die zehn ungünstigsten Möglichkeiten, die Zeit zu nutzen

Sie können Ihre Zeit nur dann für (im Hinblick auf Erfolg oder Glück) hochwertige Aktivitäten nutzen, wenn Sie nutzlose Tätigkeiten aufgegeben haben. Weiter oben habe ich Sie ermuntert, nach den Bereichen zu suchen, in denen Sie Zeit verlieren. Zur Überprüfung können Sie einen Vergleich mit Abbildung 36 anstellen, die die zehn gängigsten Formen der Zeitverschwendung auflistet.

Streben Sie mit aller Konsequenz danach, diese Tätigkeiten zu beenden. Räumen Sie nicht jedem einen Teil Ihrer Zeit ein. Und vor allem sollten Sie nicht nur deshalb etwas tun, weil jemand anfragt oder weil Sie einen Anruf oder ein Fax erhalten. Folgen Sie dem Rat Nancy Reagans (aus einem anderen Kontext) und sagen Sie einfach nein! Oder halten Sie es mit Karl Kraus, der sagt: »Gar nicht ignorieren!«

1. Dinge, die andere Leute von Ihnen erwarten
2. Dinge, die immer schon so gemacht worden sind
3. Dinge, die Sie nicht gerade meisterhaft beherrschen
4. Dinge, die Ihnen keinen Spaß machen
5. Dinge, bei denen Sie ständig unterbrochen werden
6. Dinge, für die sich wenige andere Leute interessieren
7. Dinge, die schon zweimal so lange dauern wie ursprünglich erwartet
8. Dinge, bei denen Sie mit unzuverlässigen oder inkompetenten Leuten zusammenarbeiten müssen
9. Dinge, die einen absehbaren Verlauf nehmen
10. Anrufe entgegennehmen

Abbildung 36: Die zehn ungünstigsten Möglichkeiten, die Zeit zu nutzen

1. Dinge, mit denen Sie Ihrem Lebensziel näherkommen
2. Dinge, die Sie schon immer tun wollten
3. Dinge, die zur bestehenden 80/20-Verteilung zwischen Ergebnissen und Zeit gehören
4. Innovative Ansätze, die weniger Zeit erfordern und die Qualität der Ergebnisse steigern
5. Dinge, die nach Meinung anderer unmöglich sind
6. Dinge, die von anderen in anderen Bereichen erfolgreich vorexerziert worden sind
7. Dinge, für die Sie Ihre eigene Kreativität anwenden
8. Dinge, zu denen Sie andere mit relativ geringem eigenen Aufwand bewegen können
9. Jede Zusammenarbeit mit Menschen, die durch exzentrischen und effektiven Umgang mit der Zeit die übliche 80/20-Verteilung überwunden haben
10. Dinge, für die es heißt: jetzt oder nie

Abbildung 37: Die zehn günstigsten Möglichkeiten, die Zeit zu nutzen

Die zehn günstigsten Möglichkeiten, die Zeit zu nutzen

Abbildung 37 zeigt die positive Seite der Medaille.

Im Hinblick auf den Umgang mit der Zeit sollten Sie sich stets zwei Fragen stellen:

- Ist es unkonventionell?
- Verspricht es eine Steigerung der Effektivität?

Wenn die Antwort auf beide Fragen nicht Ja lautet, dann handelt es sich wahrscheinlich nicht um eine günstige Möglichkeit zur Nutzung der Zeit.

Ist eine Zeitrevolution machbar?

Viele von Ihnen sind vielleicht der Ansicht, daß meine Empfehlungen ziemlich ungewöhnlich und für Ihre Verhältnisse stark nach Luftschlössern klingen. Von verschiedenen Seiten habe ich unter anderem folgende Einwände zu hören bekommen:

- Ich kann mir nicht aussuchen, wie ich meine Zeit verbringe. Das erlauben meine Vorgesetzten nicht.
- Um Ihrem Rat zu folgen, müßte ich den Job wechseln, und dieses Risiko kann ich nicht eingehen.
- Diese Empfehlungen mögen für reiche Leute ganz schön sein, aber so viele Freiheiten habe ich einfach nicht.
- Da müßte ich mich scheiden lassen!
- Ich möchte meine Effektivität um 25 Prozent steigern, nicht um 250 Prozent. Außerdem halte ich das auch für unmöglich.
- Wenn es so einfach wäre, wie Sie sagen, würden es ja alle machen.

Wenn Sie ähnlich denken, ist die Zeitrevolution wohl nichts für Sie.

Setzen Sie keine Revolution in Gang, wenn Sie kein Revolutionär sein wollen

In Kurzform lassen sich diese Einwände so zusammenfassen: »Ich bin kein Radikaler, und schon gar kein Revolutionär. Ich möchte nur in Ruhe gelassen werden. Im Grunde bin ich mit meiner derzeitigen Situation ganz zufrieden.« Nun gut. Revolution ist schließlich Revolution: Sie ist unbequem, aufrüttelnd und gefährlich. Bevor Sie eine Revolution in Gang setzen, müssen Sie sich darüber im klaren sein, daß Sie damit große Risiken eingehen und Neuland betreten.

Wer eine Zeitrevolution will, muß Vergangenheit, Gegenwart und Zukunft miteinander verbinden, wie es in Abbildung 35 dargestellt ist. Denn hinter der Suche nach der passenden Zeiteinteilung verbirgt sich eine noch grundlegendere Frage: Was erwarten wir vom Leben?

11

Sie bekommen, was Sie erwarten

Denken Sie darüber nach, was Sie vom Leben erwarten. Vertrauen Sie darauf, daß Sie alles bekommen können: die Art von Arbeit, die Sie wollen; die Beziehungen, die Sie brauchen; die soziale, mentale und ästhetische Stimulation, die Ihnen Glück und Erfüllung bringt; das Geld, das Sie für den Ihnen angemessenen Lebensstil benötigen; und die Erfüllung Ihres Wunsches nach Erfolg oder nach altruistischem Dienst am Mitmenschen. Wenn Sie nicht nach allem streben, bekommen Sie es auch nicht. Und danach zu streben setzt voraus, daß Sie wissen, was Sie wollen.

Die meisten Menschen denken nicht darüber nach, was sie wollen. Und für die meisten von uns führt dies letztlich zu einer Schieflage im Leben. Mit der Arbeit kommen wir zurecht, aber nicht mit den Beziehungen oder umgekehrt. Wir streben nach Geld und Erfolg und stellen nach Erreichen unseres Ziels enttäuscht fest, daß der Triumph hohl ist.

Auch diesen traurigen Zustand hält das 80/20-Prinzip fest. 20 Prozent unserer Tätigkeiten führen zu 80 Prozent der Ergebnisse. Aber die restlichen 20 Prozent realisieren wir mit einem Aufwand von 80 Prozent unserer Aktivitäten. Wir verschwenden 80 Prozent unserer Energie für unwichtige Ergebnisse. Mit 20 Prozent unserer Zeit erzielen wir 80 Prozent unseres Nutzens. 80 Prozent unserer Zeit wird für Dinge vergeudet, die kaum einen Wert für uns besitzen. 20 Prozent unserer Zeit bedingen 80 Prozent unseres Glücks. Aber aus 80 Prozent unserer Zeit entsteht kein nennenswertes Glück.

Doch das festgestellte 80/20-Verhältnis ist nicht unüberwindbar. Es sollte uns als Diagnoseansatz dienen, der einen unbefriedigenden und verschwenderischen Zustand anzeigt. Wir sollten versuchen, das 80/20-Prinzip zu durchkreuzen oder es zumindest auf eine höhere Ebene zu heben, auf der wir viel glücklicher und effektiver sein können. Wir sollten immer an die Verheißung des 80/20-Prinzips denken: Wenn wir seine Botschaft beherzigen, können wir weniger arbeiten und dabei mehr verdienen, genießen und erreichen.

Dazu müssen wir uns erst einmal einen Überblick über all unsere Wünsche verschaffen. Darauf werden wir im weiteren Verlauf dieses Kapitels eingehen. Die Kapitel 12, 13 und 14 befassen sich ausführlich mit einigen Hauptelementen – Beziehungen, berufliche Karriere und Geld –, ehe wir in Kapitel 15 auf das höchste Ziel zurückkommen: Glück.

Der Lebensstil

Genießen Sie Ihr Leben? Nicht nur einen kleinen, sondern den größten Teil, also mindestens 80 Prozent? Und gleich, ob ja oder nein, können Sie sich einen Lebensstil vorstellen, der besser zu Ihnen passen würde? Stellen Sie sich folgende Fragen:

- Lebe ich mit der oder den richtigen Personen zusammen?
- Lebe ich am richtigen Ort?
- Entspricht meine Arbeitszeit meinem idealen Arbeits-/Spielrhythmus sowie meinen familiären und sozialen Bedürfnissen?
- Habe ich alles im Griff?
- Kann ich mich körperlich betätigen oder meditieren, wann ich will?
- Fühle ich mich in meiner Umgebung fast immer entspannt und wohl?
- Fällt es mir dank meines Lebensstils leicht, schöpferisch zu sein und mein Potential auszunutzen?
- Habe ich genügend Geld und sind meine Angelegenheiten so geordnet, daß ich mir keine Sorgen machen muß?

- Ist es mir aufgrund meines Lebensstils möglich, das Leben anderer in dem Maße zu bereichern, wie ich das will?
- Treffe ich mich oft genug mit meinen engen Freunden?
- Bin ich genauso häufig oder selten auf Reisen, wie es meinem Bedürfnis entspricht?
- Ist mein Lebensstil auch für meinen Partner oder meine Familie der richtige?
- Habe ich alles, was ich im Moment brauche: wirklich alles?

Wie steht es mit der Arbeit?

Arbeit ist ein wesentlicher Bestandteil des Lebens, der weder übertrieben noch vernachlässigt werden sollte. Fast alle Menschen haben ein Bedürfnis nach Arbeit, ob bezahlt oder unbezahlt. Aber niemand sollte zulassen, daß die Arbeit das Leben bestimmt, auch wenn es nach eigenem Bekunden noch so viel Spaß macht. Die Arbeitszeit sollte nicht von sozialen Konventionen diktiert werden. Das 80/20-Prinzip kann als guter Maßstab dafür dienen, ob man mehr oder weniger arbeiten sollte. Wenn Sie außerhalb der Arbeit im Durchschnitt glücklicher sind als bei der Arbeit, sollten Sie weniger arbeiten und/oder den Arbeitsplatz wechseln. Wenn Sie bei der Arbeit im Durchschnitt glücklicher sind als außerhalb der Arbeit, sollten Sie mehr arbeiten und/oder Ihr außerberufliches Leben verändern. Es stimmt erst dann für Sie, wenn Sie während und außerhalb der Arbeit gleich glücklich sind und wenn Sie vor allem in beiden Bereichen mindestens zu 80 Prozent der Zeit glücklich sind.

Berufliche Entfremdung

Viele Menschen lieben ihre Arbeit nicht besonders. Sie fühlen sich nicht verbunden mit ihr. Aber sie meinen, sie machen zu müssen, um sich ihren Lebensunterhalt zu verdienen. Daneben gibt es auch Leute, die zwar nicht generell etwas gegen ihre Arbeit haben, aber eine ambivalente Position einnehmen. Manches macht ihnen Spaß, aber anderes wieder nicht. Viele und vielleicht sogar die meisten Menschen würden wohl lieber etwas anderes machen, wenn sie dabei genauso viel Geld verdienen würden wie in ihrem jetzigen Job.

Der Beruf gehört zum Leben

Die berufliche Karriere, die Sie und/oder Ihr Partner verfolgen, sollte hinsichtlich ihrer Auswirkungen auf die gesamte Lebensqualität betrachtet werden: wo Sie leben, die Zeit, die Sie miteinander und mit Freunden verbringen, und die Erfüllung durch die Arbeit sowie auch die Frage, ob sich Ihr Lebensstil mit Ihrem Einkommen (nach Steuern) bestreiten läßt.

Wahrscheinlich haben Sie mehr Wahlmöglichkeiten, als Sie glauben. Ihr jetziger Beruf ist vielleicht der richtige und kann als Vergleichsmaßstab herangezogen werden. Denken Sie kreativ darüber nach, ob Ihnen ein anderer Beruf und Lebensstil vielleicht mehr behagen würden. Überlegen Sie sich verschiedene Optionen für Ihren derzeitigen und künftigen Lebensstil.

Gehen Sie von der Grundannahme aus, daß zwischen Ihrem Arbeitsleben und den Dingen, die Sie außerhalb der Arbeit genießen, kein Widerspruch bestehen muß. Der Begriff Arbeit umfaßt viele Dinge, vor allem heute, da die Freizeitindustrie zu einem großen Wirtschaftszweig geworden ist. Vielleicht können Sie in einem Bereich arbeiten, mit dem Sie sich in Ihrer Freizeit befassen, oder Ihr Hobby sogar zum Beruf machen. Denken Sie daran, daß Begeisterung zum Erfolg führt. Oft fällt es leichter, eine Leidenschaft zum Beruf zu machen, als sich für einen von anderen diktierten Karriereweg zu begeistern.

Was immer Sie tun, setzen Sie sich ein klares Höchstziel und betrachten Sie es im Gesamtkontext Ihres Lebens. Zugegeben, das ist leichter gesagt als getan. Alte Gewohnheiten lassen sich schwer vertreiben, und die Bedeutung des Lebensstils wird allzu leicht den Anforderungen eines konventionellen Karrieredenkens untergeordnet.

Dies kann ich aus meiner eigenen Erfahrung bestätigen. Als ich mit zwei Kollegen 1983 unsere eigene Unternehmensberatung gründete, waren wir uns durchaus bewußt, daß die vielen Überstunden und Reisen für unseren früheren Arbeitgeber einen schädlichen Einfluß auf unser Leben gehabt hatten. Wir beschlossen also, in unserem neuen Unternehmen die gesamte Lebensqualität genauso zu betonen wie die Gewinne. Doch als die Aufträge über uns hereinbrachen, arbeiteten wir schließlich die übliche 80-Stundenwoche und, was viel schlimmer war, verlangten das gleiche von unseren Mitarbeitern. (Als ein geplagter Berater mich und meine Partner beschuldigte, »das Leben anderer Leute zu ruinieren«, verstand ich ihn zuerst überhaupt nicht.) Wir hatten die Lebensqualität von uns und unseren Mitarbeitern dem Streben nach Gewinn geopfert.

Welche Art von Karriere macht Sie am glücklichsten?

Sie fragen sich vielleicht, ob ich dafür plädiere, daß Sie sich aus dem hektischen Geschäftsleben zurückziehen. Nicht unbedingt. Es kann durchaus sein, daß Sie dort am glücklichsten sind. Vielleicht geht es Ihnen wie mir, und Sie lieben nichts so sehr wie Hektik und Betriebsamkeit.

Auf jeden Fall sollten Sie sich darüber klar sein, welche Tätigkeit Ihnen Spaß macht und dies bei Ihrem Berufsweg beachten. Aber »was« Sie machen ist nur ein Element in der Gleichung. Sie müssen auch berücksichtigen, in welchem Arbeitskontext Sie tätig sein müssen und welche Bedeutung berufliche Erfolge für Sie besitzen. Diese beiden Faktoren können für Ihre berufliche Erfüllung mindestens genauso wichtig sein wie die Art der Tätigkeit.

In zwei Bereichen sollten Sie intensiv mit sich zu Rate gehen:

- Haben Sie eine starke Motivation zu Leistung und beruflichem Erfolg?
- Wären Sie am glücklichsten als Mitarbeiter eines Unternehmens, als Selbständiger oder als Unternehmer, der andere beschäftigt?

Abbildung 38 gibt einen Überblick über die daraus sich ergebenden Wahlmöglichkeiten. Welcher Kasten beschreibt Sie am besten?

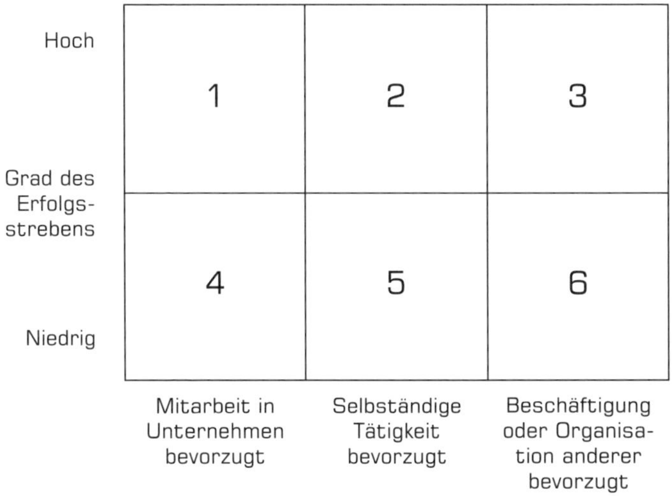

Abbildung 38: Erwünschte Karriere

Menschen des ersten Typs sind sehr ehrgeizig, arbeiten aber lieber in einem von anderen organisierten und bereitgestellten Kontext. Der archetypische »Angestellte« des 20. Jahrhunderts fällt in diese Kategorie. Die Zahl entsprechender Arbeitsstellen sinkt jedoch stetig, weil die Großunternehmen immer weniger Mitarbeiter beschäftigen und Marktanteile an kleinere Firmen verlieren. (Der erste Trend wird sich fortsetzen, der zweite nicht unbedingt.) Aber nicht nur das Angebot solcher Positionen nimmt ab, sondern auch die Nachfrage nach ihnen. Wenn Sie einen solchen Arbeitsplatz wollen, sollten Sie diesem Wunsch Rechnung tragen und sich entsprechende berufliche Ziele setzen, selbst wenn sie altmodisch erscheinen. Große Unternehmen bieten zwar keine Sicherheit mehr, aber sie bieten nach wie vor Struktur und Status.

Menschen der zweiten Kategorie sind normalerweise Akademiker, die Anerkennung bei ihresgleichen suchen oder zu den Besten ihres Fachs zählen möchten. Sie wollen Unabhängigkeit und fügen sich nur schlecht in Organisationen ein, es sei denn diese sind (wie die meisten Universitäten) äußerst freizügig. Solche Menschen sollten schnellstens dafür sorgen, daß sie selbständig arbeiten können. Und wenn sie es geschafft haben, sollten sie auf jeden Fall der Versuchung widerstehen, andere zu beschäftigen, selbst wenn dabei hohe Gewinne winken. Menschen des zweiten Typs sind Individualisten, die berufliche Abhängigkeit von anderen so weit wie möglich vermeiden wollen.

Menschen der dritten Kategorie sind hochmotiviert und ehrgeizig. Sie sind nicht gerne abhängig beschäftigt, möchten aber nicht das einsame Leben eines Freischaffenden führen. Sie mögen unkonventionell sein, aber sie wollen ein Netz oder eine Struktur um sich aufbauen. Sie sind die Unternehmer von morgen.

Bill Gates war besessen von Computersoftware und wurde als Collegeabbrecher zum reichsten Mann der USA. Aber Bill Gates ist kein Einzelgänger. Er braucht andere Leute, viele andere Leute, die für ihn arbeiten. Viele Menschen sind wie er. Ideologie und Zeitgeist haben dieses Bedürfnis ein wenig in den Hintergrund gedrängt, und Unternehmensgründungen scheinen aus der Mode gekommen zu sein. Wenn Sie gern mit anderen Menschen, aber nicht für sie arbeiten wollen, gehören Sie zur dritten Kategorie. Sie sollten sich dieser Tatsache stellen und entsprechend handeln. Viele frustrierte Akademiker gehören dem dritten Typ an und würden ihre Arbeit lieben, wenn sie nicht in der ersten oder zweiten Kategorie tätig wären. Sie verkennen, daß der Grund ihrer Frustration nicht beruflicher, sondern organisatorischer Natur ist.

Menschen des vierten Typs haben kein großes Erfolgsstreben, arbeiten aber gerne mit anderen zusammen. Sie sollten es so einrichten, daß sie jede Woche – entweder in ihrer Arbeit oder in einer ehrenamtlichen Funktion – viele Stunden mit anderen kooperieren.

Menschen der fünften Kategorie sind nicht ehrgeizig, aber von dem starken Wunsch nach Autonomie in ihrer Arbeit erfüllt. Sie sollten keine eigene Firma gründen, sondern lieber freiberuflich sein. Auf diese Weise können sie an Projekten für andere Unternehmen mitwirken, aber ihre Arbeit nach eigenem Gutdünken einteilen.

Menschen des sechsten Typs weisen ein geringes Karrierestreben auf, haben aber Freude an der Organisation und Förderung anderer. Viele Lehrer, Sozialarbeiter und Wohlfahrtsarbeiter fallen in diese Kategorie und sind bestens für ihre Aufgaben geeignet. Für Menschen der sechsten Kategorie zählt nicht das Ziel, sondern der Weg dorthin.

Viele Menschen finden von selbst »ihre« Kategorie, aber da, wo man auf berufliche Entfremdung stößt, ist sie oft darauf zurückzuführen, daß sich die Betreffenden in der falschen Kategorie bewegen.

Wie steht es mit Geld?

Was für eine Frage! Die meisten Menschen haben seltsame Ansichten über Geld. Sie überschätzen seine Wichtigkeit. Aber sie überschätzen auch die Schwierigkeit, es zu bekommen. Da die meisten Leute mehr Geld wollen, als sie haben, sollten wir uns vielleicht zuerst dem zweiten Punkt zuwenden.

Meiner Ansicht nach ist es nicht schwer, Geld zu bekommen, und sobald man auch nur ein wenig davon übrig hat, läßt es sich problemlos vermehren.

Aber wie bekommt man Geld? Die beste und erstaunlich oft zutreffende Antwort heißt: indem Sie etwas machen, was Ihnen Freude bereitet.

Das ist eigentlich ein völlig logischer Zusammenhang. Wenn Ihnen etwas Spaß macht, dann sind Sie wohl auch gut darin. Besser wahrscheinlich als in Dingen, an denen Sie keine Freude haben (das stimmt nicht immer, aber die Ausnahmen sind sehr selten). Wenn Sie etwas wirklich beherrschen, können Sie eine Kreativität entfalten, die andere erfreut. Und wenn Sie andere erfreuen, dann werden Sie meistens auch gut von ihnen bezahlt. Und da die meisten Menschen keinen Spaß an ihrer beruflichen Tätigkeit haben, sind sie auch nicht so produktiv wie Sie, so daß Sie in Ihrem Fach einen überdurchschnittlichen Verdienst erzielen können.

Aber diese Logik funktioniert nicht immer. Es gibt Berufe, wie zum Beispiel die Schauspielerei, in denen das Stellenangebot viel geringer ist als die Nachfrage. Was ist unter solchen Umständen zu tun?

Auf keinen Fall sollten Sie aufgeben. Suchen Sie sich ein Berufsfeld, in dem Angebot und Nachfrage in günstigerem Verhältnis stehen, das aber in seinen Anforderungen Ihrem Lieblingsberuf sehr nahe kommt. Solche angrenzenden Berufsfelder gibt es in der Regel, auch wenn man sie nicht auf den ersten Blick erkennt. Nutzen Sie Ihre Phantasie. Zum Beispiel haben die Erwartungen an Politiker Ähnlichkeit mit den Anforderungen an Schauspieler. Die meisten wirkungsvollen Politiker wie Ronald Reagan, John F. Kennedy, Winston Churchill, Harold Macmillan oder Margaret Thatcher waren entweder erfolgreiche Schauspieler oder hätten es zumindest sein können. Die Ähnlichkeit zwischen diesen beiden Bereichen ist naheliegend. Aber nur wenige Schauspieler in spe denken ernsthaft über eine Karriere in der Politik nach, obwohl die Konkurrenz viel geringer und die Bezahlung viel besser ist.

Aber was tun, wenn Ihre Lieblingstätigkeit auf dem Arbeitsmarkt nur geringe Chancen hat und sich auch kein angrenzendes Berufsfeld mit guten Aussichten finden läßt? Dann probieren Sie es so lange weiter mit anderen Berufen, die Ihren Neigungen entgegenkommen, bis Sie einen gefunden haben, der Ihnen Spaß macht und gutes Geld einbringt.

Wenn Ihnen dann wirklich am Geldverdienen liegt und wenn Sie Ihr Metier beherrschen, sollten Sie sich möglichst schnell selbständig machen und danach andere Leute beschäftigen.

Diese Schlußfolgerung folgt für mich zwingend aus den Erkenntnissen des 80/20-Prinzips. 80 Prozent der Wertschöpfung in einem Unternehmen oder Beruf gehen auf 20 Prozent der Beschäftigten zurück. Die überdurchschnittlichen Mitarbeiter werden meist besser bezahlt als andere, aber nie auf eine Weise, die dem tatsächlichen Leistungsunterschied Rechnung trägt. Das heißt, daß die besten Mitarbeiter immer unterbezahlt und die schlechtesten Mitarbeiter immer überbezahlt sind. Als überdurchschnittlicher Mitarbeiter können Sie dieser Falle nicht entrinnen. Ihr Chef mag Sie für leistungsfähig halten, aber er wird Sie nie entsprechend Ihrem wahren Wert entlohnen. Den einzigen Ausweg bildet die Gründung eines eigenen Unternehmens und, falls Sie eine

Neigung dazu verspüren, die Beschäftigung anderer überdurchschnittlicher Mitarbeiter. Allerdings sollten Sie diesen Weg nicht beschreiten, wenn Ihnen beim Gedanken an eine Tätigkeit als Selbständiger oder Unternehmer unwohl ist (siehe Abbildung 38).

Geld läßt sich leicht vermehren

Der zweite wichtige Aspekt am Geld ist, daß es sich leicht vermehren läßt, sobald man ein wenig davon übrig hat. Sparen und investieren Sie. Nutzen Sie die Vorteile des Kapitalismus. Um Geld zu vermehren, müssen Sie kein Unternehmer sein. Sie können Ihr Geld einfach in Aktien anlegen, wenn Sie dabei das 80/20-Prinzip beherzigen. Mehr dazu in Kapitel 14.

Geld wird überschätzt

Mehr Geld zu haben ist sicher angenehm, aber Sie sollten deswegen auch nicht den Kopf verlieren. Geld kann Ihnen zu einem höheren Lebensstil verhelfen, doch Vorsicht: all die scheußlichen Geschichten über Midas und seine Schicksalsgefährten haben einen wahren Kern. Mit Geld können Sie Glück erreichen, aber nur wenn Sie das Geld für Dinge verwenden, die von jeher schon die richtigen für Sie gewesen sind. Geld kann sich auch als Bumerang erweisen.

Je mehr Geld Sie besitzen, desto weniger Wert schafft eine zusätzliche Mark an Reichtum. Ökonomisch gesprochen, nimmt der Grenznutzen des Geldes deutlich ab. Wenn Sie sich an einen höheren Lebensstandard gewöhnt haben, stellen Sie vielleicht fest, daß Sie nicht glücklicher sind als vorher. Und vollends negativ wird die Sache, wenn die zusätzlichen Kosten zur Aufrechterhaltung des neuen Lebensstils zu Angst führen und den Druck erhöhen, notfalls auch auf unbefriedigende Weise Geld zu verdienen.

Mehr Reichtum erfordert auch mehr Verwaltung. Nach meinem Geld sehen zu müssen ärgert mich. (Bieten Sie mir nicht an, mir diese Last abzunehmen; das Geld zu verschenken würde mich noch mehr ärgern.)

Auch die Steuerbehörden nehmen dem Geld viel von seiner Wirksamkeit. Wer mehr verdient, zahlt überproportional hohe Steuern. Wer mehr verdient, arbeitet mehr. Wer mehr arbeitet, muß auch mehr ausgeben: für eine teure Großstadtwohnung in der Nähe des Arbeitsplatzes oder für die tägliche An- und Abfahrt; für arbeitssparende Geräte; für die Erledigung von Hausarbeit durch Dritte; und für immer kostspieligere Freizeitbedürfnisse. Wer mehr ausgibt, muß auch mehr arbeiten. So können Sie zu einem teuren Lebensstil gelangen, der Ihrer Kontrolle entgleitet und anfängt, Sie zu kontrollieren. Ein einfacherer und billigerer Lebensstil würde vielleicht zu einem höheren Nutzen und zu mehr Glück führen.

Wie steht es mit dem Erfolg?

Es gibt Menschen, die nach Erfolg streben – und es gibt vernünftige Menschen. Alle Autoren, die über das Thema Motivation schreiben, versteigen sich zu der Behauptung, daß man eine Richtung und einen Sinn im Leben braucht. Dann erfährt der Leser, daß es ihm genau daran fehlt. Dann muß er sich damit abquälen, sich für etwas Passendes zu entscheiden. Und zuletzt wird ihm mitgeteilt, was er nach Meinung dieser Autoren tun sollte.

Wenn Sie nichts Spezifisches erreichen wollen und auch ohne besondere Erfolge zufrieden durchs Leben gehen, schätzen Sie sich glücklich (und blättern Sie zum Ende des Kapitels weiter).

Wenn Sie jedoch wie ich ohne Erfolge Gewissensbisse bekommen und unsicher werden, kann Ihnen das 80/20-Prinzip helfen, mehr zu erreichen.

Erfolge sollten leicht von der Hand gehen. Sie sollten nicht »zu 99 Prozent aus Transpiration und zu 1 Prozent aus Inspiration« bestehen. Prüfen Sie lieber, ob 80 Prozent Ihrer bisherigen Leistungen – der für Sie wichtigen Erfolge – auf 20 Prozent Ihres Aufwands zurückzuführen sind. Wenn dies zutrifft oder annähernd zutrifft, sollten Sie sich diese 20 Prozent genauer ansehen. Könnten Sie die Erfolge einfach wiederholen? Weiter steigern? Auf einer breiteren Basis ausbauen? Durch die Kombination von zwei früheren Erfolgen noch größere Zufriedenheit erreichen?

- Denken Sie an die vergangenen Erfolge, die die positivste »Marktreaktion« bei anderen ausgelöst haben, die auf den größten Zuspruch gestoßen sind: die 20 Prozent Ihrer Tätigkeiten aus Arbeit und Freizeit, die zu 80 Prozent der Anerkennung geführt haben, die Sie von anderen geerntet haben. Wieviel echte Zufriedenheit hat Ihnen das gebracht?
- Welche Methoden haben sich bisher für Sie als die besten erwiesen? Welche Zusammenarbeit? Welches Publikum? Denken Sie 80/20. Dinge, die gemessen am Aufwand nur eine durchschnittliche Zufriedenheit ausgelöst haben, sollten ausscheiden. Denken Sie an außerordentliche Höhenflüge, die Ihnen unerwartet leicht gefallen sind. Beschränken Sie sich nicht auf Ihren Arbeitsbereich. Denken Sie an Ihre Zeit als Student, als Tourist oder an das Zusammensein mit Freunden.
- Auf welche zukünftige Leistung, die niemand anderem so leicht wie Ihnen fallen würde, wären Sie stolz? Was könnten Sie in nur 20 Prozent der Zeit tun, die 80 von 100 Leuten für die gleiche Sache brauchen? Wo würden Sie unter den besten 20 rangieren? Was genau könnten Sie in nur 20 Prozent der Zeit besser realisieren als 80 Prozent der Leute? Auf den ersten Blick wirken diese Fragen vielleicht wie Rätsel, aber glauben Sie mir, es gibt Antworten darauf! Die Fähigkeiten der Menschen in unterschiedlichen Bereichen sind unglaublich verschieden.
- Wenn sich der Spaßfaktor aller Tätigkeiten messen ließe, was würden Sie mehr genießen als 95 Prozent Ihrer Kollegen? Was würden Sie fachlich besser machen als 95 von 100? Welche Erfolge würden beide Kriterien erfüllen?

Vor allem kommt es darauf an, sich auf Dinge zu konzentrieren, die Ihnen leicht fallen. Hier liegen die meisten Autoren zum Thema Motivation falsch. Sie gehen davon aus, daß man sich an Dingen versuchen sollte, die einem schwer fallen. Mich erinnert das an die

Verabreichung des täglichen Löffels Lebertran durch die Großeltern, bevor es ihn in Kapseln gab. Die Motivationsprediger zitieren Größen wie T.J. Watson, der gesagt hat: »Der Erfolg liegt jenseits des Scheiterns.« Meiner Meinung nach liegt jenseits des Scheiterns das Scheitern. Und der Erfolg liegt diesseits des Erfolgs. Manche Dinge betreiben Sie schon mit großem Erfolg, und es spielt überhaupt keine Rolle, wenn es nur sehr wenige sind.

Das 80/20-Prinzip läßt keinen Zweifel offen. Orientieren Sie sich an den wenigen Dingen, die Sie weit besser beherrschen als andere und die Ihnen am meisten Spaß machen.

Was brauchen Sie noch, um Ihre Wünsche zu erfüllen?

Über Arbeit, Lebensstil, Geld und Erfolg haben wir bereits gesprochen. Um wirklich alles zu erreichen, brauchen Sie auch erfüllte Beziehungen. Damit befassen wir uns im nächsten Kapitel.

12

Mit freundlicher Unterstützung

Beziehungen helfen uns zu definieren, wer wir sind und was wir werden können. Die meisten Menschen können ihre Erfolge auf zentrale Beziehungen zurückführen.

Donald O. Clifton und Paula Nelson[1]

Ohne Beziehungen nehmen wir die Welt nicht wahr und werden von ihr nicht wahrgenommen. So banal es klingen mag: Unsere Freundschaften sind das Herzstück unseres Lebens. Und genauso sind unsere beruflichen Beziehungen das Herzstück unseres Erfolges. Dieses Kapitel handelt sowohl von persönlichen als auch von beruflichen Beziehungen. Wir beginnen mit den persönlichen Beziehungen zu Freunden, Liebsten und engsten Angehörigen.

Was, so fragen Sie vielleicht, hat das mit dem 80/20-Prinzip zu tun? Sehr viel. Wir gehen alle Kompromisse zwischen Qualität und Quantität ein, und dabei kommen die wichtigsten Dinge fast immer zu kurz.

Das 80/20-Prinzip führt zu drei provokativen Thesen:

- 80 Prozent des Wertes unserer Beziehungen entspringen aus 20 Prozent der Beziehungen.
- 80 Prozent des Wertes unserer Beziehungen entstehen aus den 20 Prozent enger Beziehungen, die wir als erste in unserem Leben eingehen.
- Wir widmen diesen 20 entscheidenden Prozent unserer Beziehungen viel weniger als 80 Prozent unserer Aufmerksamkeit.

Die wichtigsten zwanzig persönlichen Beziehungen

Schreiben Sie bitte jetzt die Namen der zwanzig Personen auf, die Ihnen am nächsten stehen, und zwar in der Reihenfolge ihrer Bedeutung für Sie. Bedeutung meint die Tiefe und Nähe der persönlichen Beziehung, das Ausmaß der daraus entstehenden Hilfe für Ihr Leben und den Beitrag zu Ihrem Gefühl von Identität und Entwicklungsfähigkeit. Schreiben Sie die Namen jetzt gleich auf, bevor Sie weiterlesen.

Interessant wird es schon bei der Frage, welchen Platz Ihr Partner auf der Liste einnimmt. Vor oder nach Ihren Eltern oder Kindern? Seien Sie aufrichtig zu sich selbst (auch wenn Sie die Liste nach der Lektüre diese Kapitels vielleicht vernichten müssen).

Verteilen Sie nun im Hinblick auf ihre Wichtigkeit 100 Punkte auf die Beziehungen. Wenn zum Beispiel die erste Person auf der Liste für Sie genauso wichtig ist wie die anderen 19 Personen zusammen, bekommt sie 50 Punkte. Wahrscheinlich brauchen Sie mehrere Durchgänge, bis Sie eine stimmige Punkteverteilung gefunden haben.

Ich weiß natürlich nicht, wie Ihre Liste aussieht, aber eine typische Verteilung nach dem 80/20-Prinzip weist folgende Merkmale auf: die ersten vier Beziehungen (20 Prozent) vereinigen die meisten Punkte auf sich (vielleicht 80 Prozent), und zwischen den Rangnummern besteht ein konstantes Verhältnis. So kann zum Beispiel Nummer 2 zwei Drittel oder halb so wichtig wie Nummer 1 sein und Nummer 3 zwei Drittel oder halb so wichtig wie Nummer 2, und so weiter. Wenn die erste Beziehung doppelt so wichtig ist, wie die zweite und so fort, dann hat die sechste Beziehung nur rund 3 Prozent der Bedeutung von Nummer 1.

Notieren Sie jetzt neben jedem Namen den Zeitanteil, den Sie aktiv mit dieser Person verbringen, indem Sie mit ihr sprechen oder etwas gemeinsam unternehmen (gemeinsam verbrachte Zeit, in der die betreffende Person nicht im Mittelpunkt der Aufmerksamkeit steht, zum Beispiel Fernsehen oder Kino, zählt nicht). Teilen Sie die gesamte mit den zwanzig Personen verbrachte Zeit in 100 Einheiten auf und verteilen Sie sie. Im Normalfall wird sich herausstellen, daß Sie viel weniger als 80 Prozent Ihrer Zeit mit den wenigen Menschen verbringen, die 80 Prozent des »Beziehungswertes« für Sie ausmachen.

Was das bedeutet, sollte klar sein. Orientieren Sie sich an der Qualität statt an der Quantität. Wenden Sie Ihre Zeit und Energie für die Stärkung und Vertiefung der wichtigsten Beziehungen auf.

Aber darüber hinaus gilt es auch noch ein weiteres Detail zu beachten, das mit der Chronologie der Beziehungen in unserem Leben zu tun hat. Es scheint nämlich, daß unsere Fähigkeit zu engen Beziehungen alles andere als grenzenlos ist.

Die Dorftheorie

Anthropologen weisen darauf hin, daß die Zahl begeisternder und wichtiger persönlicher Beziehungen, die Menschen eingehen können, begrenzt ist.[2] Offenbar besteht ein gängiges Muster für Menschen aller Gesellschaften darin, daß sie zwei wichtige Kindheitsfreunde, zwei bedeutende erwachsene Freunde und zwei Ärzte haben. Im Durchschnitt gibt es auch zwei wesentliche Sexualpartner, die die anderen in den Schatten stellen. Die meisten Menschen verlieben sich nur einmal und lieben ein Mitglied ihrer Familie über alles. Die Anzahl bedeutender persönlicher Beziehungen ist bei allen Menschen erstaunlich ähnlich, trotz unterschiedlicher Herkunft, Bildung und Kultur.

Daraus ist die anthropologische »Dorftheorie« entstanden. In einem afrikanischen Dorf werden all diese Beziehungen in einem Bezirk von wenigen hundert Metern und oft auch in einem sehr kurzen Zeitraum eingegangen. Für uns können sich diese Beziehungen über den gesamten Planeten und ein ganzes Lebensalter erstrecken. Dennoch bilden Sie ein Dorf, das wir in unserem Kopf tragen. Und wenn diese Stellen belegt sind, sind sie damit für immer vergeben.

Die Anthropologen meinen, daß man durch zu viele frühe Erfahrungen die eigene Fähigkeit zu tiefen Beziehungen aufbraucht. Dies erklärt vielleicht die häufig zu beobachtende Oberflächlichkeit von

Menschen, die aus beruflichen oder anderen Gründen viele Beziehungen unterhalten müssen, wie zum Beispiel Vertreter, Prostituierte oder Leute, die ständig umziehen.

J.G. Ballard verweist auf den Fall eines kalifornischen Wiedereingliederungsprojekts für junge Frauen, die Umgang mit Kriminellen hatten. Die Frauen waren jung, 20 oder 21, und das Programm sollte ihnen die Integration in neue gesellschaftliche Verhältnisse ermöglichen. Dazu wurden vorwiegend Freiwillige aus der Mittelschicht gesucht, die den Frauen Freundschaft boten und sie zu sich nach Hause einluden.

Viele dieser Frauen hatten bereits in sehr frühem Alter geheiratet. Viele hatten mit 13 oder 14 Jahren schon ihr erstes Kind bekommen. Manche hatten mit 20 schon drei Ehen hinter sich. Oft hatten Sie Hunderte von Liebhabern und zum Teil enge Bindungen oder Kinder mit Männern, die später getötet oder zu langjährigen Haftstrafen verurteilt wurden. Sie hatten alles durchgemacht – Beziehungen, Mutterfreuden, Trennungen, schmerzliche Verluste – und die ganze Skala menschlicher Erfahrungen durchlaufen, obwohl sie noch nicht einmal 20 waren.

Das Projekt scheiterte kläglich. Die Frauen waren außerstande, sich wieder in bürgerliche Verhältnisse einzugliedern und neue tiefe Beziehungen einzugehen.

Diese traurige Geschichte bestätigt einmal mehr auf lehrreiche Weise das 80/20-Prinzip: Eine kleine Zahl von Beziehungen bildet die Grundlage für einen hohen Anteil emotionaler Erfüllung. Daher sollte man seine »Beziehungsstellen« mit äußerster Sorgfalt und wenn möglich nicht zu früh vergeben.

Berufliche Beziehungen und Bündnisse

Die Bedeutung einiger weniger enger Verbündeter im Geschäftsleben kann gar nicht genug betont werden.

Einzelne können oft Erstaunliches leisten, aber außerordentliche Einzelleistungen kommen nur mit Hilfe von Verbündeten zustande.

Allein können Sie nicht zum Erfolg gelangen. Dazu benötigen Sie die Hilfe anderer. Aber Sie können sich die besten Beziehungen und Bündnisse für Ihre Absichten aussuchen.

Verbündete sind unverzichtbar. Sie müssen Sie gut behandeln, so gut wie Sie sich selbst behandeln (sollten). Gehen Sie jedoch nicht davon aus, daß all Ihre Freunde und Verbündeten in etwa die gleiche Bedeutung besitzen. Richten Sie Ihre Aufmerksamkeit auf die Pflege der entscheidenden Bündnisse Ihres Lebens. Wenn Ihnen dies naheliegend oder banal erscheint, überlegen Sie, wie viele Ihrer Freunde sich an diese Maxime halten. Und überlegen Sie auch, ob Sie sie befolgen.

Alle visionären Führungspersönlichkeiten hatten viele Verbündete. Und Sie brauchen sie genauso. Um ein Beispiel zu nennen: Jesus Christus verließ sich auf Johannes den Täufer, um die Aufmerksamkeit auf sich zu ziehen. Später stützte er sich auf die zwölf Apostel und dann auf weitere Jünger wie Paulus, das wohl größte Marketinggenie aller Zeiten.[3]

Nichts ist wichtiger als die Wahl Ihrer Bündnisse und deren Aufbau. Ohne Ihre Verbündeten sind Sie nichts. Mit ihnen können Sie Ihr eigenes Leben, oft das Leben Ihrer Umgebung und manchmal sogar im kleinen oder großen Rahmen den Lauf der Geschichte verändern.

Die enorme Bedeutung von Bündnissen läßt sich am besten durch einen kleinen historischen Exkurs veranschaulichen.

Die Geschichte wird bestimmt von Menschen, die wirkungsvolle Bündnisse eingehen

Vilfredo Pareto, der »bürgerliche Karl Marx«, sah in der Geschichte im wesentlichen eine Aufeinanderfolge von Eliten.[4] Daher bestand das Ziel ehrgeiziger Menschen oder Familien darin, in die herrschende Elite aufzusteigen oder einer Elite anzugehören, die eine andere ablöste (oder wenn sie bereits Teil der herrschenden Elite waren, die eigene Position und die Macht der Elite zu sichern).

Wenn man das klassenbezogene Geschichtsbild Paretos oder

Marx' auf den Kopf stellt, kann man daraus folgern, daß Bündnisse innerhalb von Eliten oder künftigen Eliten die Triebfeder des Fortschritts sind. Das heißt, der einzelne ist nichts, wenn nicht als Teil einer Klasse oder Schicht. Aber verbündet mit anderen Angehörigen seiner Klasse (oder auch einer anderen Klasse) ist ein einzelner alles.

Die Bedeutung von miteinander verbündeten Individuen zeigt sich an einigen Wendepunkten der Geschichte. Hätte es 1917 ohne die zentrale Rolle Lenins eine russische Revolution gegeben? Wahrscheinlich nicht; und bestimmt nicht auf eine Weise, die den Gang der Weltgeschichte in den nächsten 72 Jahren verändert hat. Hätte die neue russische Politik ab 1989, die den Eisernen Vorhang sprengte, ohne die Geistesgegenwart und den Mut Boris Jelzins fortgeführt werden können? Wäre er nicht vor dem russischen Weißen Haus auf einen Panzer geklettert, dann hätten die kommunistischen Gerontokraten ihren wackligen Staatsstreich wohl zementiert.

Wir können noch mehr historische Was-wäre-wenn-Spiele anführen, um die Bedeutung von Einzelpersonen zu belegen. Ohne Hitler hätte es keinen Holocaust und keinen Zweiten Weltkrieg gegeben. Ohne Roosevelt und Churchill hätte Hitler Europa auf sehr viel unangenehmere Weise vereinigt, als es spätere Politiker getan haben. Und so weiter. Aber ein ganz entscheidender Punkt wird dabei oft übersehen: Keiner von ihnen hätte ohne Beziehungen und Bündnisse den Lauf der Geschichte verändern können.

In fast allen Bereichen, in denen große Leistungen vollbracht werden, findet man eine kleine Zahl von entscheidenden Mitarbeitern, ohne die die herausragenden Einzelpersonen nichts und mit denen sie alles erreicht haben.[5] In der Politik, in ideologischen Massenbewegungen, im Geschäftsleben, in der Medizin, in den Wissenschaften, im karitativen Sektor und im Sport – überall gilt das gleiche. Die Geschichte besteht nicht aus blinden, unmenschlichen Kräften. Die Geschichte wird nicht von Klassen oder Eliten bestimmt, die nach einer vorprogrammierten ökonomischen oder soziologischen Formel handeln. Die Geschichte wird von engagierten einzelnen beeinflußt und verändert, die mit einer kleinen Zahl enger Mitarbeiter wirkungsvolle Verbindungen eingehen.

Sie brauchen einige wenige Hauptverbündete

Wenn Sie in Ihrem Leben Erfolge erzielt haben, werden Sie (falls Sie kein blinder Egoist sind, der irgendwann auf die Nase fallen wird) die entscheidende Bedeutung von Verbündeten für Ihre Leistungen anerkennen. Aber auch hier zeigt sich die Gültigkeit des 80/20-Prinzips. Es gibt nur wenige wesentliche Verbündete.

Man kann mit ziemlicher Sicherheit unterstellen, daß mindestens 80 Prozent des Nutzens Ihrer Verbündeten von weniger als 20 Prozent dieser Verbündeten herrührt. Wer schon einmal eine große Leistung vollbracht hat, weiß, daß die Liste von Verbündeten bei genauem Hinsehen unglaublich lang ist. Aber der Nutzen ist sehr ungleich auf die große Zahl der Mitwirkenden verteilt. In der Regel sind fünf oder sechs Hauptverbündete weit wichtiger als der gesamte Rest.

Sie brauchen also nicht viele Verbündete, aber die richtigen mit der richtigen Beziehung zu Ihnen und untereinander. Sie brauchen sie zur richtigen Zeit am richtigen Ort und mit dem gemeinsamen Interesse, Ihre Interessen zu fördern. Vor allem müssen Ihnen die Verbündeten vertrauen, und Sie müssen ihnen vertrauen können.

Erstellen Sie eine Liste Ihrer wichtigsten zwanzig Geschäftsbeziehungen und vergleichen Sie sie mit der Gesamtzahl aktiver Geschäftskontakte in Ihrer Handkartei oder Telefonliste. Wahrscheinlich gehen 80 Prozent des Nutzens aus diesen Bündnissen auf 20 Prozent der Beziehungen zurück. Wenn dies nicht der Fall ist, dann sind die Bündnisse (oder einige davon) wohl kaum besonders tragfähig.

Erfolgsbündnisse

Wenn Sie schon einen guten Teil Ihres Karrierewegs zurückgelegt haben, erstellen Sie eine Liste der Menschen, die Ihnen bislang am meisten geholfen haben. Schreiben Sie ihre Namen in der Reihenfolge ihrer Wichtigkeit auf und verteilen Sie 100 Punkte auf die ersten zehn.

Im allgemeinen können die Leute, die Ihnen bisher am meisten geholfen haben, dies auch in Zukunft tun. Manchmal jedoch kann ein guter Freund, der auf der Liste etwas weiter unten rangiert, zu einem viel mächtigeren potentiellen Verbündeten werden. Vielleicht hat er einen neuen, einflußreichen Posten bekommen, vielleicht hat er durch eine Investition ein Vermögen verdient oder sich wertvolle Anerkennung erworben. Erstellen Sie eine weitere Liste ihrer zehn wichtigsten Verbündeten mit zugeordneten Punktzahlen, aber diesmal im Hinblick auf ihre zukünftige Fähigkeit, Ihnen zu helfen.

Sie werden von diesen Menschen unterstützt, weil sie zu Ihnen eine starke Beziehung haben. Die besten Beziehungen zeichnen sich durch fünf Merkmale aus: Freude an der Gesellschaft des anderen, Respekt, gemeinsame Erfahrungen, Gegenseitigkeit und Vertrauen. In erfolgreichen Geschäftsbeziehungen sind diese Merkmale unauflösbar miteinander verquickt, aber wir können sie einzeln betrachten.

Freude an der Gesellschaft des anderen

Das erste unserer fünf Merkmale ist gleichzeitig das naheliegendste. Wenn es Ihnen keinen Spaß macht, mit einer Person in Ihrem Büro, im Restaurant, bei einem gesellschaftlichen Anlaß oder am Telefon zu sprechen, können Sie auch keine tragfähige Beziehung aufbauen. Umgekehrt muß auch der oder die Betreffende Freude an Ihrer Gesellschaft haben.

Das mag nach einer Selbstverständlichkeit klingen, aber denken Sie einmal an die Leute, mit denen Sie gesellschaftlich, aber in erster Linie aus geschäftlichen Gründen zusammentreffen. Wie viele von ihnen mögen Sie wirklich? Es ist erstaunlich, wie viele Menschen einen großen Teil ihrer Zeit mit Leuten verbringen, die sie überhaupt nicht leiden können. Das ist ein krasser Fall von Zeitverschwendung. Es macht keinen Spaß, es ist ermüdend und oft auch noch teuer, es hält Sie von besseren Dingen ab und bringt Ihnen überhaupt nichts. Hören Sie auf damit! Verbringen Sie mehr Zeit mit Leuten, deren Gesellschaft Sie genießen, vor allem wenn sie Ihnen auch noch von Nutzen sein können.

Respekt

Es gibt Menschen, deren Gesellschaft mir großen Spaß macht, die ich aber geschäftlich nicht besonders respektiere, und umgekehrt. Ich würde nie jemanden in seiner Karriere unterstützen, wenn ich keine Achtung für seine beruflichen Fähigkeiten empfinden würde.

Wenn Ihnen jemand beruflich weiterhelfen soll, muß diese Person von Ihnen beeindruckt sein. Aber oft stellen wir unser Licht unter den Scheffel. Paul, ein guter Freund von mir, der meine Karriere aufgrund seiner Position beträchtlich fördern konnte, bemerkte einmal, daß er meine berufliche Kompetenz voraussetzte, auch wenn er noch nie den kleinsten Beweis dafür gesehen hatte. Ich machte mich schleunigst auf die Suche nach einem Kontext, in dem ich ihm diesen Beweis liefern konnte. Das tat ich – und Paul kletterte auf meiner Liste wichtiger Geschäftsverbündeter weit nach oben.

Gemeinsame Erfahrungen

Wie im Eingeborenendorf gibt es auch im Geschäftsleben nur einen begrenzten Raum für wichtige Erfahrungen. Gemeinsame Erfahrungen führen, besonders wenn sie mit Mühen und Leiden verbunden sind, zu starken Bindungen. Eine meiner stärksten Beziehungen sowohl geschäftlicher als auch freundschaftlicher Natur entstand, als ich als Anfänger in meiner ersten Arbeitsstelle auf jemanden traf, der sich genau in der gleichen Situation befand. Bestimmt hätten wir nicht ein solch enges Verhältnis zueinander entwickelt, wenn wir nicht beide unseren Job in der Ölgesellschaft so sehr gehaßt hätten.

Wenn Sie also in einer schwierigen Arbeitssituation sind, sollten Sie sich mit jemandem zusammentun, den Sie mögen und respektieren. Schließen Sie ein tiefes und fruchtbares Bündnis. Wenn nicht, verpassen Sie eine große Chance!

Aber auch wenn Sie nicht unter Druck stehen, sollten Sie sich auf eine Person, mit der sie viele gemeinsame Erfahrungen teilen, konzentrieren und sie zu Ihrem Hauptverbündeten machen.

Gegenseitigkeit

Bündnisse funktionieren nur, wenn beide Seiten immer wieder konsequent und über lange Zeit sehr viel füreinander tun.

Dies setzt voraus, daß die Beziehung nicht einseitig ist. Außerdem sollte sich die Gegenseitigkeit spontan ergeben und nicht auf exaktem Kalkül beruhen. Wichtig ist, daß Sie im Einklang mit hohen ethischen Maßstäben alles in Ihren Kräften Stehende tun, um der anderen Person zu helfen. Dies erfordert Zeit und Überlegung. Warten Sie nicht, bis Sie der oder die Betreffende um einen Gefallen bittet.

Bei der Betrachtung von Geschäftsbeziehungen erstaunt es mich immer wieder, wie selten eine echte Gegenseitigkeit aufgebaut wird. Selbst wenn alle anderen Merkmale – Freundschaft, Respekt, gemeinsame Erfahrung und Vertrauen – zutreffen, versäumen es viele Menschen, die Unterstützung ihrer Verbündeten proaktiv anzugehen. Auch dadurch versäumt man eine hervorragende Gelegenheit, die Beziehung zu vertiefen und die Hilfsbereitschaft der anderen Seite zu vergrößern.

»The love you take is equal to the love you make« singen die Beatles. In der freien Übertragung auf das Geschäftsleben heißt das: Sie bekommen genauso viel berufliche Unterstützung, wie Sie anderen geben.

Vertrauen

Vertrauen festigt Beziehungen. Fehlendes Vertrauen kann sie sehr schnell zersetzen. Vertrauen erfordert stets völlige Aufrichtigkeit. Der leiseste Verdacht, daß Sie nicht sagen, was Sie denken – auch wenn Sie es nur aus edlen oder diplomatischen Gründen tun –, kann das Vertrauen untergraben.

Wenn Sie einem anderen nicht völlig vertrauen, sollten Sie keinen Versuch unternehmen, ein Bündnis mit ihm zu schließen. Es kann und wird nicht funktionieren.

Aber wenn dieses tiefe Vertrauen besteht, laufen die Geschäftsbeziehungen um ein Vielfaches schneller und effizienter, und man kann viel Zeit und Kosten sparen. Verscherzen Sie sich nie das Vertrauen anderer durch Launenhaftigkeit, Berechnung oder Feigheit.

Bündnisse am Karriereanfang

Wenn Sie am Anfang Ihrer Karriere stehen, sollten Sie sechs oder sieben absolut zuverlässige Geschäftsbündnisse schließen, und zwar in folgender Verteilung:

- ein oder zwei Beziehungen zu Mentoren;
- zwei oder drei Beziehungen zu Kollegen;
- ein oder zwei Beziehungen, in denen Sie die Mentorrolle innehaben.

Beziehungen zu Mentoren

Suchen Sie sich Ihre ein oder zwei Mentoren gewissenhaft aus. Lassen Sie es nicht zu, daß Sie von ihnen ausgewählt werden. Möglicherweise wird dadurch einem viel besseren Mentor der Weg zu Ihnen verbaut. Die von Ihnen ausgewählten Mentoren sollten folgende Eigenschaften aufweisen:

- Sie müssen zu ihnen eine Beziehung aufbauen können, die die fünf Merkmale Freude an der Gesellschaft des anderen, Respekt, gemeinsame Erfahrungen, Gegenseitigkeit und Vertrauen umfaßt.
- Der Mentor sollte eine möglichst hohe Position bekleiden oder, noch besser, relativ jung, aber eindeutig für höchste Aufgaben prädestiniert sein. Die besten Mentoren sind äußerst kompetent und ehrgeizig.

Es mag seltsam klingen, daß Beziehungen zu Mentoren auf Gegenseitigkeit beruhen sollen, da ein Mentor unweigerlich mehr zu bieten hat als sein Schützling. Aber Mentoren müssen eine Gegenleistung erhalten, sonst verlieren sie das Interesse. Der Betreute muß dem Mentor seinerseits etwas bieten, wie etwa neue Ideen, geistige Anregung, Begeisterung, harte Arbeit oder Kenntnis neuer Technologien. Kluge Mentoren halten sich oft mit Hilfe jüngerer Verbündeter auf dem laufenden über entstehende Trends und potentielle Chancen oder Gefahren, die aus ihrer Warte so nicht erkennbar sind.

Beziehungen zu Kollegen

Bei den Kollegen steht man oft vor der Qual der Wahl. Es gibt viele potentielle Verbündete. Aber denken Sie daran, daß Sie nur zwei oder drei Bündnisse eingehen werden. Seien Sie wählerisch. Erstellen Sie eine Liste aller in Frage kommenden Verbündeten, die die »fünf Merkmale« oder zumindest das Potential dafür aufweisen. Suchen Sie sich die zwei oder drei aus der Liste aus, bei denen Sie die besten Erfolgschancen sehen. Setzen Sie alles daran, die Betreffenden als Verbündete zu gewinnen.

Beziehungen, in denen Sie die Rolle des Mentors innehaben

Auch solche Beziehungen sollten Sie nicht vernachlässigen. Am meisten werden Ihnen Ihre ein oder zwei Schützlinge wahrscheinlich nützen, wenn sie über einen relativ langen Zeitraum für Sie arbeiten.

Weitverzweigte Allianzen

Bündnisse wachsen oft zu Netzen, in denen sich die Beziehungen vielfach überschneiden. Solche Netzwerke können sehr mächtig werden oder zumindest von außen so wirken. Meistens haben die Beteiligten großen Spaß daran.

Aber verlassen Sie sich nicht einfach darauf, zu den »Insidern« zu zählen. Vielleicht sind Sie nur eine Randfigur. Vergessen Sie nicht, daß alle wahren und wertvollen Beziehungen gegenseitig sind. Wenn Sie ein starkes Bündnis mit X und Y haben und diese wiederum miteinander verbunden sind, dann ist das schön und gut. Aber Lenin hat gesagt, daß eine Kette so stark ist wie ihr schwächstes Glied. Wie tragfähig die Beziehung zwischen X und Y auch sein mag, für Sie zählen in erster Linie Ihre eigenen Beziehungen zu X und Y.

Schluß

Sowohl für persönliche als auch für berufliche Beziehungen gilt: Wenige tiefe sind besser als viele oberflächliche. Eine Beziehung ist nicht so gut wie die andere. Ernstlich gestörte Beziehungen, in die beide Seiten viel Zeit investieren, ohne zu einem befriedigenden Ergebnis zu gelangen, sollten schnellstens beendet werden. Schlechte Beziehungen verdrängen gute. Die Zahl der »freien Stellen« für Beziehungen ist begrenzt, also vergeben Sie Ihre nicht vorschnell oder für wertlose Beziehungen.

Wählen Sie Ihre Beziehungen mit Bedacht und arbeiten Sie engagiert daran.

Eine Weggabelung

Das Buch hat an dieser Stelle eine Weggabelung erreicht. Die nächsten beiden Kapitel wenden sich an jene, die ihre Karriere vorantreiben oder ihr Geld vermehren wollen. Leser, die sich für keines der beiden Themen sonderlich interessieren, können zu Kapitel 15 weiterblättern, wo die sieben Glücksgewohnheiten auf sie warten.

13

Intelligent und faul

> Es gibt nur vier Offizierstypen. Erstens gibt es die faulen und dummen. Die sollte man in Ruhe lassen, sie richten keinen Schaden an ... Zweitens gibt es die fleißigen und intelligenten. Das sind ausgezeichnete Stabsoffiziere, die dafür Sorge tragen, daß alle Einzelheiten angemessen berücksichtigt werden. Drittens gibt es die fleißigen und dummen. Diese Leute sind eine Bedrohung und müssen sofort entlassen werden. Sie schaffen nur überflüssige Arbeit für alle. Schließlich gibt es noch die faulen und intelligenten. Sie eignen sich für die höchsten Aufgaben.
>
> *General von Manstein*

Dieses Kapitel wendet sich an wirklich ehrgeizige Menschen. Wenn Sie nicht unter dieser Unsicherheit leiden, die den Wunsch nach Ruhm und Reichtum nährt, können Sie in Kapitel 15 weiterlesen. Aber wenn Sie im Geschäftsleben die Nase vorn haben wollen, finden Sie im folgenden einige vielleicht überraschende Ratschläge.

General von Manstein erfaßt mit seiner Äußerung den Kern dieses Kapitels, das einen vom 80/20-Prinzip ausgehenden Ansatz zu einer erfolgreichen Karriere skizziert. Hätte sich der General als Unternehmensberater versucht, er hätte mit der Matrix in Abbildung 39 ein Vermögen verdienen können.

Dieser Rat bezieht sich auf andere Menschen. Aber was fangen Sie mit sich selbst an? Man könnte schließlich meinen, daß Intelligenz und der Hang zur Arbeit feste Eigenschaften darstellen. In diesem Fall wäre die Matrix zwar interessant, aber nutzlos. Aber wir möchten in diesem Kapitel eine andere These aufstellen. Auch wenn Sie fleißig sind, können Sie Faulheit lernen. Und auch wenn andere oder Sie sich selbst für dumm halten, gibt es etwas, worin Sie intelligent sind. Zum Spitzenkönner wird man durch Nachahmung, Erzeugung und Entfaltung intelligenter Faulheit. Wir werden sehen,

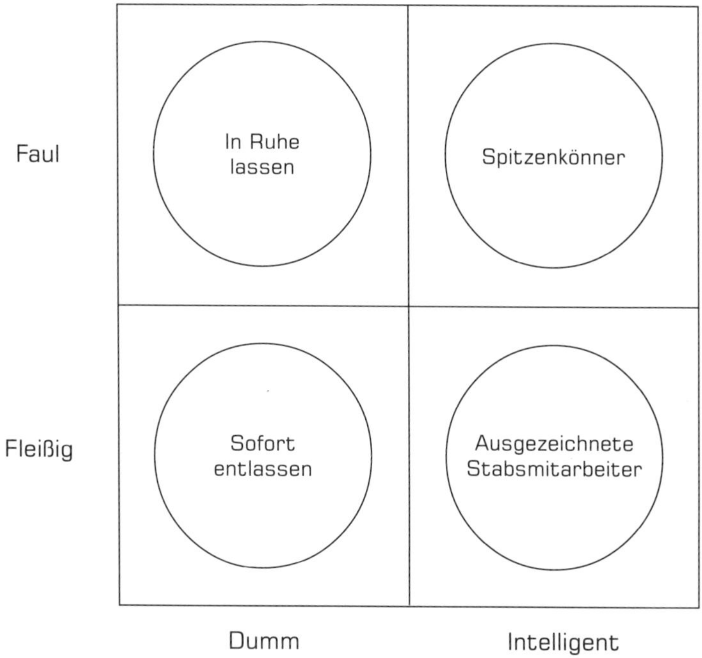

Abbildung 39: Spitzenkönner durch intelligente Faulheit

daß man sich intelligente Faulheit erarbeiten kann. Wer mehr verdienen und weniger arbeiten will, muß sich das Richtige aussuchen und nur die Dinge machen, die den größten Nutzen mit sich bringen.

Zunächst einmal jedoch wollen wir uns ansehen, wie sich die Vergütung für arbeitende Menschen nach dem 80/20-Prinzip gestaltet. Das Arbeitsentgelt ist völlig unausgewogen und unfair verteilt. Darüber können wir entweder lamentieren oder uns nach den Gegebenheiten richten, um größtmöglichen Nutzen aus der Matrix zu ziehen.

Schwindelerregende Bezüge für Spitzenverdiener

Nirgends zeigt sich das 80/20-Prinzip so deutlich wie in den schwindelerregend hohen und immer weiter steigenden Bezügen einer kleinen Elite von Spitzenverdienern.

Noch nie waren die Gewinne der Topstars in allen Bereichen des Lebens so hoch wie jetzt. Ein kleiner Prozentsatz aus verschiedenen Berufssparten heimst einen überproportionalen Anteil der Anerkennung und des Ruhms ein und kann sich dabei auch über einen stattlichen Verdienst freuen.

Dies gilt heute weltweit für alle Bereiche menschlichen Strebens. Ob es sich nun um Leichtathletik handelt, um Baseball, Basketball, Fußball, Golf, Rugby, Tennis oder eine andere beliebte Sportart; um Architektur, Bildhauerei, Malerei oder eine andere bildende Kunst; um Musik aller Kategorien; um Film und Theater; um Romane, Kochbücher oder Autobiographien; um Talkshows, Nachrichtensendungen, Politik oder einen anderen genau abgegrenzten Bereich: Es gibt immer eine kleine Zahl von Spitzenverdienern, deren Namen uns sofort einfallen.

Wenn man bedenkt, wie viele Menschen es in jedem Land gibt, dann handelt es sich um eine erstaunlich kleine Zahl von Namen und auch um einen sehr geringen Prozentsatz – meist weit unter 5 Prozent – der in der jeweiligen Berufssparte Tätigen. Die Zahl der anerkannten »Namen« in den einzelnen Sparten ist sehr klein, aber nur sie stehen im Rampenlicht. Sie sind immer gefragt und immer präsent in den Medien. Sie sind das menschliche Pendant zu den Markenartikeln, die von den Verbrauchern als vertraute Größen sofort erkannt werden.

Die gleiche Konzentration herrscht im Hinblick auf die Popularität und die finanziellen Bezüge vor. Über 80 Prozent des Umsatzes an Romanen entfällt auf weniger als 20 Prozent der lieferbaren Romantitel. Entsprechendes gilt für Pop-CDs und -konzerte, für Kinofilme und sogar für die Managementliteratur. Auch bei Schauspielern, Fernsehstars und Sportlern stößt man auf dieses Phänomen. 80 Prozent der Preisgelder im Golf gehen an weniger als 20 Prozent der professionellen Golfspieler. Im Tennis das gleiche Bild. Und auch bei Pferderennen werden über 80 Prozent der Gewinne von weniger als 20 Prozent der Besitzer, Jockeys und Trainer eingenommen.

Name	*Beruf*	*Einkommen in Mio. Dollar 1994*
Steven Spielberg	Filmregisseur	165
Joseph Jamail	Prozeßanwalt	90
Oprah Winfrey	Talkmasterin	72
Michael Jordan	Basketballspieler	30
David Copperfield	Magier	29
Sylvester Stallone	Schauspieler/Regisseur	24
Andrew Lloyd Webber	Komponist	24
Michael Jackson	Popsänger	22
Andre Agassi	Tennisspieler	22
Stephen King	Schriftsteller	21
Shaquille O'Neal	Basketballspieler	17
Jack Niklaus	Golfspieler	15
Gerhard Berger	Rennfahrer	14
Roberto Baggio	Fußballspieler	5
Allen Grubman	Unternehmensanwalt	5

Quelle: Forbes

Abbildung 40: Spitzenverdiener aus verschiedenen Berufssparten

Der große Abstand zwischen der Spitze und dem Rest

Wir leben in einer immer stärker vom Markt bestimmten Welt. Topstars können immense Honorare verlangen, während sich diejenigen, die nicht ganz so gut oder bekannt sind, mit vergleichsweise bescheidenen Bezügen begnügen müssen.

So sind zum Beispiel von den Memoiren Margaret Thatchers bislang über 2 Millionen Stück und eine große Zahl von Kassetten und

Videos verkauft worden. Sie selbst partizipierte daran mit einem Einkommen von 5,4 Millionen Dollar. Die Memoiren von einem ihrer interessantesten Minister, Nicholas Ridley, verkauften sich dagegen nur 5000 Mal – 0,25 Prozent des Gesamtumsatzes von Margaret Thatcher. Viele andere Mitglieder des Thatcher-Kabinetts haben ihre Memoiren geschrieben und damit auch einen gewissen Erfolg erzielt. Doch obwohl Margaret Thatcher in Zahlen gesehen weniger als 2 Prozent der Minister und nur 5 Prozent der Memoirenverfasser repräsentiert, hat sie mit ihrem Buch über 95 Prozent des Gesamtumsatzes erzielt.

Es liegt ein großer Abstand zwischen der Spitzenposition und der allgemeinen Bekanntheit; und zwischen dieser und der Bekanntheit nur bei einigen Insidern. Die berühmtesten Baseball-, Basketball- und Footballstars verdienen Millionen, während sich diejenigen, die knapp unter der Spitze rangieren, nur ein komfortables Auskommen sichern können.

Warum bekommen die Gewinner alles?

Die modernen Topstars profitieren von einer weitaus unausgewogeneren Einkommensverteilung, als sie für die Bevölkerung insgesamt gilt. Dieses Phänomen bestätigt auf eindrucksvolle Weise das 80/20-Prinzip (das allerdings hier oft zu einem 90/10- oder 95/5-Prinzip wird). Mehrere Autoren haben nach wirtschaftlichen oder soziologischen Erklärungen für die horrenden Bezüge der Topstars gesucht.[1]

Die einleuchtendste Erklärung verweist auf zwei Voraussetzungen, die Spitzenverdienste ermöglichen. Zum einen sind die Topstars dank moderner Medientechnologie für viele Menschen gleichzeitig erreichbar. Die Grenzkosten für den »Vertrieb« von Michael Jackson, Steven Spielberg, Stephen King, Luciano Pavarotti oder Andre Agassi an weitere Verbraucher fallen kaum ins Gewicht, weil die zusätzlichen Kosten für Ausstrahlung in Rundfunk und Fernsehen, für die Herstellung einer CD oder den Druck eines Buches nur einen Bruchteil der gesamten Kostenstruktur ausmachen.

Diese Zusatzkosten betragen mit Sicherheit nicht mehr als für einen zweitklassigen Ersatz, wenn man einmal von den höheren Honoraren der Topstars absieht. Aber selbst wenn sich diese auf viele Millionen belaufen, sind die Grenzkosten pro Verbraucher doch sehr gering und machen oft nur Pfennigbeträge aus.

Die zweite Voraussetzung für Topeinkommen ist, daß Mittelmäßigkeit kein Ersatz für außerordentliche Begabung sein kann. Wenn eine Raumpflegerin halb so schnell arbeitet wie eine andere, wird dies vom Markt durch einen halb so hohen Verdienst ausgeglichen. Aber wer will jemanden, der halb so gut ist wie Michael Jackson oder Pavarotti? Selbst wenn ein zweitrangiger Ersatz gratis arbeiten würde, wäre die Wirtschaftlichkeit erheblich schlechter als beim hochbezahlten Topstar. Er würde ein kleineres Publikum anlocken und bei einer winzigen Verminderung der Gesamtkosten einen sehr viel geringeren Umsatz erzielen.

»Alles für den Gewinner« ist ein modernes Phänomen

Interessant ist die Feststellung, daß es diesen riesigen Abstand zwischen Spitzenverdienern und dem Rest nicht immer gegeben hat. Die besten Basketball- und Footballspieler der vierziger und fünfziger Jahre haben nicht sehr viel verdient. Es kam durchaus vor, daß ein prominenter Politiker ziemlich arm starb. Und je weiter wir zurückgehen, desto weniger trifft es zu, daß der Gewinner alles bekam.

So war zum Beispiel William Shakespeare der absolut herausragende Schriftsteller seiner Zeit. Und Leonardo da Vinci war ein einzigartiges Universalgenie. Nach heutigen Maßstäben hätten sie in der Lage sein müssen, ihre außerordentliche Schöpferkraft und ihren Ruhm auszunutzen, um zu den reichsten Männern ihrer Zeit zu werden. Statt dessen erwarben sie ein Einkommen, wie es heutzutage Millionen von mittelmäßig begabten Berufstätigen beziehen.

Die Unausgewogenheit finanzieller Anerkennung für herausragende Begabung hat sich im Laufe der Zeit immer deutlicher gezeigt. Heutzutage ist das Einkommen enger verknüpft mit der persönlichen Leistung und der Marktfähigkeit, so daß die Verbindung des 80/20-Prinzips zum finanziellen Bereich offen zutage tritt. Noch vor einem Jahrhundert oder selbst vor einer Generation erfüllte die Gesellschaft viel weniger die Voraussetzungen einer Leistungsgesellschaft, als dies heute der Fall ist. Besonders augenfällig ist dies in Europa und vor allem in Großbritannien.

Wenn Spitzenfußballer wie Bobby Moore in den vierziger und fünfziger Jahren ein Vermögen verdient hätten, hätte das britische Establishment mit großem Zorn auf diese »Unschicklichkeit« reagiert. Als die Leitartikelverfasser der sechziger Jahre herausfanden, daß die Beatles Millionäre waren, war die Überraschung groß. Heutzutage löst die Tatsache, daß George Michael oder Michael Jackson zu den reichsten Leuten der Welt gehören, keinerlei Staunen mehr aus. Inzwischen wird weniger der Status als der Markt respektiert.

Das andere neue Element ist, wie schon erwähnt, die technologische Revolution in Fernsehen und Radio, in der Telekommunikation und bei Verbrauchsgütern wie CD oder CD-Rom. Das heutige Wirtschaftsleben zielt vor allem auf eine Maximierung der Umsätze, und das können die Topstars leisten. Ihr Honorar mag für eine Einzelperson einen gewaltige Summe darstellen, aber die Kosten pro Konsument sind verschwindend gering.

Leistung folgt seit jeher dem 80/20-Prinzip

Wenn wir vom Geld absehen und uns den dauerhafteren und (für alle außer den Topstars selbst) wichtigeren Aspekten zuwenden, erkennen wir, daß sich Leistung und Ruhm immer schon auf sehr wenige Menschen konzentrierten, unabhängig von ihrem Beruf. Zwänge und Hindernisse – wie Schichtzugehörigkeit oder mangelnde Telekommunikation und damit Bekanntheit – haben die Möglichkeit des Reichtums für Shakespeare und Leonardo da Vinci eingeschränkt. Dies tut natürlich ihren Leistungen keinen Abbruch und auch nicht der Tatsache, daß eine kleine Zahl von schöpferischen Menschen eine ungeheure Wirkung erzielt hat.

80/20-Einkommen gibt es nicht nur in den Medien

80/20-Einkommen sind zwar bei Medienstars am häufigsten und extremsten zu beobachten, aber sie sind durchaus nicht auf die Unterhaltungsbranche beschränkt. Es zeigt sich immer stärker die Tendenz, daß die Spitzenverdiener in allen Berufssparten den Löwenanteil der Gewinne erhalten. So kommt es nicht von ungefähr, daß an zweiter Stelle der Topverdiener in Abbildung 40 Joseph Jamail rangiert, der wohl kaum den Bekanntheitsgrad eines Andre Agassi aufweist. Jamail ist ein Prozeßanwalt und tritt (bisher) weder in Talkshows auf noch dreht er Erfolgsfilme. Dennoch verdiente er 1994 90 Millionen Dollar – über viermal soviel wie Agassi.

Ein wenig weiter unten auf der Liste der Topverdiener findet man Unternehmensanwälte, Spitzenchirurgen, gesuchte Unternehmensmanager, Investmentbanker, Steuerspezialisten und eine Vielzahl anderer hochqualifizierter Experten. In all diesen Sparten setzt sich die »Alles-für-den-Gewinner«-Maxime immer stärker durch. Die Spitzenkönner und die führenden Spezialunternehmen in all diesen Gebieten können ein Vielfaches dessen an Honoraren fordern, was andere Wettbewerber mit kaum geringerer Kompetenz erhalten. Bei einer Übernahmeauseinandersetzung zum Beispiel kann es sein, daß mehrere Protagonisten um die Dienste der führenden ein oder zwei Unternehmensberatungen oder Experten konkurrieren und dabei weit überhöhte Honorare anbieten. Wenn große Geldsummen auf dem Spiel stehen und führenden Experten zugetraut wird, den Ausgang zu beeinflussen, können diese mit astronomischen Honoraren rechnen.

Die Begabung ist wahrscheinlich schon immer einer 80/20-Verteilung gefolgt. Der zusätzliche Einfluß der Technologie kann dazu führen, daß sich die Einkommenskurve einer Verteilung von 90/10 oder sogar 95/5 annähert. Früher zeigte die Einkommenskurve vielleicht eine Verteilung von 70/30, doch diese dürfte für die größten Berühmtheiten inzwischen eher bei 95/5 oder einem noch unausgewogeneren Wert liegen.

Was heißt das für die Ehrgeizigen?

Wie sehen die Erfolgsregeln in dieser 80/20-Welt aus? Vielleicht würden Sie am liebsten aufgeben und sich dem Wettbewerb in einer Welt verweigern, in der die Chancen für einen Riesenerfolg so schlecht stehen. Aber das wäre die falsche Konsequenz. Auch wenn Sie kein rekordverdächtiger Millionär werden wollen (aber besonders, wenn Sie es wollen), gibt es zehn goldene Regeln für eine erfolgreiche Karriere in einer Welt wachsender Unausgewogenheit, die in Abbildung 41 aufgelistet sind.

Zwar sind diese Grundsätze desto wertvoller, je ehrgeiziger Sie sind, aber sie gelten für jede Stufe von Ehrgeiz und Karriere. Setzen Sie im folgenden Ihr 80/20-Denkvermögen ein, um den Inhalt des Textes auf die Bedürfnisse Ihrer Karriere zuzuschneiden. Erinnern Sie sich an die Matrix auf Seite 227: Finden Sie das Gebiet, auf das Sie durch intelligente Faulheit einen prägenden Einfluß ausüben und hohe Gewinne erzielen können.

---

1. Eine kleine Nische suchen und eine Kernfähigkeit entwickeln
2. Eine Nische auswählen, die Ihnen Spaß macht, in der Sie sich hervortun können und eine Chance haben, zum anerkannt führenden Wettbewerber zu werden
3. Erkennen, daß Wissen Macht ist
4. Ihren Markt und Ihre Hauptkunden finden und sie am besten versorgen
5. Herausfinden, wo 20 Prozent des Aufwands zu 80 Prozent des Ertrags führen
6. Von den Besten lernen
7. Sich frühzeitig selbständig machen
8. Möglichst viele wertvolle Mitarbeiter beschäftigen
9. Alles außer Ihrer Kernfähigkeit an externe Auftragnehmer vergeben
10. Kapitalkraft nutzen

Abbildung 41: Zehn goldene Regeln für eine erfolgreiche Karriere

Eine kleine Nische suchen und eine Kernfähigkeit entwickeln

Spezialisierung ist eines der großen Universalgesetze der Evolution. Das Leben selbst hat sich entwickelt, weil jede Gattung neue ökologische Nischen gesucht und besondere Merkmale entwickelt hat. Ein kleines Unternehmen, das sich nicht spezialisiert, wird scheitern. Eine Einzelperson, die sich nicht spezialisiert, ist zu einem Leben als Lohnsklave verurteilt.

Es ist nicht bekannt, wie viele Gattungen es in der Natur gibt, aber die Zahl ist mit Sicherheit gewaltig. Auch die Zahl der Nischen in der Geschäftswelt ist viel größer als allgemein angenommen. Daher können viele kleine Unternehmen, die in einem riesigen Markt miteinander zu konkurrieren scheinen, in ihren eigenen Nischen tatsächlich führend sein, ohne im direkten Wettbewerb mit anderen zu stehen.[2]

Auch für den einzelnen ist es besser, einige Dinge gut oder, besser noch, eine Sache hervorragend zu beherrschen, als viele Dinge nur oberflächlich zu können.

Spezialisierung gehört zum 80/20-Prinzip. Dieses beruht nämlich darauf, daß die produktiven 20 Prozent wesentlich stärker spezialisiert und für bestimmte Aufgaben geeignet sind als die unproduktiven restlichen 80 Prozent.

Immer wenn wir die Wirksamkeit des 80/20-Prinzips beobachten können, äußert sich darin eine Verschwendung von Ressourcen (von seiten der unproduktiven vier Fünftel) und die Notwendigkeit weiterer Spezialisierung. Würden sich die unproduktiven 80 Prozent auf Dinge spezialisieren, die sie beherrschen, könnten sie auf diesem Gebiet zu produktiven 20 Prozent werden. Daraus würde sich wiederum ein 80/20-Verhältnis ergeben, aber auf einer höheren Ebene. Im Rahmen dieser neuen 80/20-Verteilung würden die ehemals ineffektiven 80 Prozent oder ein Teil davon die Rolle der effektiven 20 Prozent übernehmen.

Dieser Prozeß der Ausdifferenzierung kann sich immer weiter fortsetzen und so den Motor des sozialen Fortschritts bilden. Und vieles deutet darauf hin, daß dies genau die Entwicklung sowohl in der Natur als auch in der Gesellschaft beschreibt. Die immer größere Spezialisierung hat zu immer höherem Lebensstandard geführt.

Der Computer entstand aus einer neuen Spezialisierung innerhalb des Fachs Elektronik; der Personalcomputer aus einer weiteren Spezialisierung; moderne anwenderfreundliche Software aus weiteren Spezialisierungen; und die CD-Rom aus der bislang letzten Phase dieses Prozesses. Auf ähnliche Weise stützt sich die Entwicklung der Biotechnologie, die die Nahrungsmittelproduktion revolutionieren wird, auf immer weiterführende Schritte der Spezialisierung.

So sollte es auch in Ihrer Karriere sein. Wissen ist der Schlüssel zum Erfolg. Eine der deutlichsten Tendenzen in der Arbeitswelt der letzten Generation liegt im wachsenden Status von Technikern, die früher oft nur Facharbeiter waren, aber jetzt dank der wachsenden Spezialisierung der Informationstechnologie über einflußreiches Expertenwissen verfügen.[3] Diese Spezialisten sind heute oft mächtiger und besser bezahlt als die technologisch weniger beschlagenen Manager, deren Beitrag zur Wertschöpfung sich darauf beschränkte, die Techniker zu organisieren.[4]

Grundvoraussetzung für Spezialisierung sind Qualifikationen. In den meisten Gesellschaften verfügen 20 Prozent der Arbeiter über mehr als 80 Prozent der Qualifikationen. Die wichtigsten Schichtenunterschiede in entwickelten Gesellschaften lassen sich immer weniger an Landbesitz oder Reichtum ablesen, sondern am Besitz von Informationen. 80 Prozent der Informationen sind in den Köpfen von 20 Prozent der Menschen.

Der amerikanische Ökonom und Staatsmann Robert Reich hat die arbeitende Bevölkerung der USA in vier Gruppen unterteilt. Die Spitzengruppe der »symbolic analysts« befaßt sich mit Zahlen, Ideen, Problemen und Sprache. Dazu gehören Finanzexperten, Berater, Architekten, Rechtsanwälte, Ärzte, Journalisten und alle anderen Berufstätigen, deren Macht und Einfluß auf Intelligenz und Wissen beruhen. Reich nennt diese Gruppe das »glückliche Fünftel« – also die oberen 20 Prozent –, die 80 Prozent der Informationen und des Reichtums auf sich vereinigt.

Wer in jüngster Zeit mit intellektuellen Fachdisziplinen zu tun hatte, stellt fest, daß das Wissen eine tiefgreifende und fortschreitende Fragmentierung erfährt. Diese Entwicklung ist in gewisser Hinsicht besorgniserregend, da es weder in der Schicht der Intellektuellen noch in der Gesellschaft insgesamt Menschen gibt, die die verschiedenen neuen Erkenntnisse in allen Wissengebieten zusammenfassen und in ihrer Tragweite deuten können. Aber in anderer Hinsicht ist diese Fragmentierung ein weiterer Beleg für die Notwendigkeit und den Nutzen der Spezialisierung.

Und wer als einzelner den Trend wachsender Einkünfte für Experten beobachtet, hat allen Anlaß zur Hoffnung. Sie sollten vielleicht nicht unbedingt darauf spekulieren, ein Albert Einstein oder Bill Gates zu werden, aber es gibt tatsächlich Hunderttausende, wenn nicht gar Millionen von Nischen, auf die Sie sich spezialisieren können. Sie könnten sogar wie Bill Gates Ihre eigene Nische erfinden.

Suchen Sie Ihre Nische. Das kann lange dauern, aber es ist die einzige Möglichkeit, außerordentliche Erträge zu erzielen.

Eine Nische auswählen, die Ihnen Spaß macht und in der Sie sich hervortun können

Spezialisierung setzt sorgfältige Überlegungen voraus. Je enger ein Gebiet, desto wichtiger ist es, sich mit größter Umsicht zu entscheiden.

Spezialisieren Sie sich auf ein Gebiet, das Sie bereits interessiert und das Ihnen Spaß macht. Sie können nicht zu einer anerkannten Autorität in einem Bereich werden, für den Sie sich nicht leidenschaftlich engagieren.

Dies stellt durchaus nicht solch ein unüberwindbares Problem dar, wie Sie vielleicht glauben. Alle Menschen begeistern sich für etwas. Wenn nicht, sind sie tot oder scheintot. Und beinahe jedes Hobby, jede Liebhaberei, jede Begabung läßt sich heutzutage geschäftlich verwerten.

Sie können sich die Sache auch von der anderen Seite her betrachten. Praktisch alle Leute, die es ganz nach oben geschafft haben, haben dies mit großem Enthusiasmus für ihre Tätigkeit erreicht. Enthusiasmus fördert die eigene Leistung und erzielt durch seine ansteckende Wirkung einen Multiplikatoreffekt. Echte Begeisterung läßt sich nicht heucheln oder künstlich herstellen.

Wenn Sie an Ihrem derzeitigen Beruf keine große Freude haben, aber trotzdem ehrgeizig sind, sollten Sie sich nach etwas anderem umsehen. Vor einem Wechsel müssen Sie jedoch Ihre zukünftige Karriere sehr genau durchdenken. Schreiben Sie alles auf, wofür Sie sich begeistern. Prüfen Sie nun, was davon für eine Karrierenische in Frage kommt. Entscheiden Sie sich für den Bereich, der die größte Begeisterung in Ihnen auslöst.

Erkennen, daß Wissen Macht ist

Den Schlüssel für den Weg vom Enthusiasmus zur Karriere bietet das Wissen. Sie müssen sich mehr Kenntnisse über das betreffende Gebiet aneignen als alle anderen Leute. Erst auf dieser Basis können Sie Überlegungen zur Vermarktung, zur Schaffung eines Marktes und zur Suche nach einer Gruppe treuer Kunden anstellen.

Es reicht nicht, sehr viel über einen kleinen Bereich zu wissen. Zumindest über eine Sache müssen Sie mehr als jeder andere wissen. Arbeiten Sie so lange an der Verbesserung Ihrer Kenntnisse, bis Sie sicher sein können, daß Sie in Ihrer Nische am meisten wissen und der Beste sind. Bauen Sie Ihren Vorsprung durch ständige Praxis und unermüdliche Neugier aus. Eine führende Position können Sie nur erlangen, wenn Sie unangefochtener Experte auf Ihrem Gebiet sind.

Die Vermarktung ist ein kreativer Prozeß, dessen genaue Ausführung Sie selbst ausarbeiten müssen. Vielleicht können Sie dem Beispiel anderer folgen, die in einem benachbarten Bereich den Sprung auf den Markt gewagt haben. Wenn diese Option nicht in Frage kommt, können Sie sich an den folgenden Ausführungen orientieren.

Ihren Markt und Ihre Hauptkunden finden und sie am besten versorgen

Ihr Markt besteht aus den Leuten, die für Ihr Wissen bezahlen könnten. Die Hauptkunden sind jene, die den größten Wert auf Ihre Dienste legen würden.

Der Markt ist das Feld, in dem Sie tätig sein werden. Aus diesem Grund müssen Sie genau eingrenzen, wie Sie Ihr Wissen verkaufen können. Werden Sie für ein bereits etabliertes Unternehmen als Mitarbeiter tätig sein? Oder für eine Reihe von Unternehmen oder Auftraggebern als Selbständiger? Oder werden Sie ein Unternehmen gründen, das seine Dienste (die aus Ihrer und der Tätigkeit Ihrer Mitarbeiter bestehen) anderen anbietet?

Werden Sie reines Wissen vermarkten, das Wissen auf spezifische Situationen zuschneiden oder es zur Schaffung eine Produkts verwenden? Werden Sie Produkte entwickeln, die unfertigen Erzeugnisse anderer verfeinern oder als Händler Fertigprodukte verkaufen?

Ihre Hauptkunden sind die Einzelklienten oder Unternehmen, die den größten Nutzen aus Ihrer Tätigkeit ziehen und Ihnen deshalb kontinuierlich gutbezahlte Aufträge erteilen.

Ob Sie nun abhängig beschäftigt, selbständig, ein kleiner oder großer Arbeitgeber oder Oberhaupt eines Staates sind – Sie haben Hauptkunden, von denen Ihr dauerhafter Erfolg abhängt. Dies gilt auch unabhängig von Ihren früheren Erfolgen.

Es ist erstaunlich, wie oft Marktführer durch Vernachlässigung oder gar Beleidigung ihrer Hauptkunden ihre dominante Position einbüßen. Der Tennisstar John McEnroe vergaß, daß die Zuschauer und die professionellen Tennisorganisatoren seine Kunden waren. Margaret Thatcher vergaß, daß die konservativen Parlamentsmitglieder ihre wichtigsten Kunden waren. Richard Nixon vergaß, daß seine Hauptzielgruppe – die US-Mittelschicht – auf persönliche Integrität pochte.

Kundenorientierung ist wichtig, aber es müssen auch die richtigen Kunden für Sie sein, diejenigen also, die Sie mit relativ geringem Aufwand äußerst glücklich machen können.

Herausfinden, wo 20 Prozent des Aufwands zu 80 Prozent des Ertrags führen

Die Arbeit macht keinen Spaß, wenn man nicht mit sehr wenig sehr viel erreichen kann. Wenn Sie 60 oder 70 Stunden pro Woche arbeiten müssen, um über die Runden zu kommen, wenn Sie immer im Rückstand sind und die Anforderungen nur mit größter Anstrengung erfüllen können, dann sind Sie entweder im falschen Job, oder Sie machen ihn völlig verkehrt! Auf jeden Fall profitieren Sie nicht vom 80/20-Prinzip.

Denken Sie stets an einige wesentliche 80/20-Erkenntnisse. In jedem Tätigkeitsbereich erzielen 80 Prozent der Leute nur 20 Prozent der Ergebnisse. Die anderen 20 Prozent der Tätigen vereinigen 80 Prozent der Resultate auf sich. Was macht die Mehrheit falsch und die Minderheit richtig? Und wer ist diese Minderheit eigentlich? Könnten Sie ihrem Beispiel folgen? Könnten Sie ihren Erfolg als Ausgangsbasis für eine weitere Verfeinerung nehmen? Können Sie einen noch klügeren und effizienteren Ansatz ersinnen?

Passen Sie und Ihre Kunden gut zusammen? Sind Sie im richtigen Unternehmen? In der richtigen Abteilung? Im richtigen Aufgabenbereich? Wo könnten Sie Ihre Kunden mit relativ geringem Einsatz beeindrucken? Sind Sie mit Spaß und Begeisterung bei Ihrer Arbeit? Wenn nein, sollten Sie noch heute mit Ihren Planungen für einen Berufswechsel beginnen.

Wenn Sie Ihre Arbeit und Ihre Kunden mögen, ohne dabei große Erfolge zu erzielen, liegt der Fehler wahrscheinlich in Ihrer Verwendung der Zeit. In welchen 20 Prozent Ihrer Zeit erzielen Sie 80 Prozent Ihrer Ergebnisse? Machen Sie mehr davon! In welchen 80 Prozent Ihrer Zeit schaffen Sie relativ wenig? Machen Sie weniger davon! So einfach kann zumindest in der Theorie die Lösung sein. In der Praxis allerdings erfordert die Veränderung unter Umständen einen Bruch mit all Ihren normalen Gewohnheiten und Verhaltensweisen.

In jedem Markt, für jeden Kunden, in jedem Unternehmen, in allen Berufen gibt es Möglichkeiten, effizienter und effektiver zu arbeiten: nicht nur für einen kleinen, sondern für einen riesigen

Schritt nach vorne. Blicken Sie unter die Oberfläche, um die 80/20-Wahrheiten Ihres Berufs oder Ihrer Branche zu ergründen.

In meinem Berufsfeld, der Unternehmensberatung, liegen die Antworten auf der Hand. Großkunden – gut. Großaufträge – gut. Große Projektteams mit vielen preiswerten jungen Mitarbeitern – gut. Enge Kundenbeziehungen – zwischen einzelnen – gut. Beziehungen zum Vorstandsvorsitzenden des Kundenunternehmens – sehr gut. Lange Kundenbeziehungen – sehr gut. Lange und enge Kundenbeziehungen mit den Führungskräften von Großunternehmen, großzügige Budgets und der Einsatz vieler junger Berater – traumhafte Renditen!

Wie sehen die 80/20-Wahrheiten in Ihrem Tätigkeitsfeld aus? Wo erzielen Unternehmen Megagewinne? Welche Ihrer Kollegen schwimmen auf einer Erfolgswelle, sind aber immer entspannt und haben noch Zeit für ihre Lieblingshobbys? Was unterscheidet sie von den anderen? Denken Sie nach. Es gibt eine Antwort. Sie müssen sie nur finden. Aber fragen Sie nicht die etablierten Branchengrößen danach, machen Sie keine Umfrage bei Ihren Kollegen und suchen Sie die Antwort nicht im geschriebenen Wort. Auf diese Weise finden Sie immer nur gängige Meinungen in unterschiedlichem Gewand. Die Antwort liegt bei den Branchenaußenseitern, den beruflichen Einzelgängern und den exzentrischen Individualisten.

Von den Besten lernen

In jedem Bereich lassen sich die Gewinner praktisch per definitionem daran erkennen, daß sie Möglichkeiten gefunden haben, mit 20 Prozent ihrer Anstrengungen 80 Prozent ihrer Ergebnisse zu erzielen. Das heißt nicht, daß es ihnen an Fleiß oder Engagement fehlt. In der Regel arbeiten diese Spitzenkräfte sehr hart. Aber sie erzielen einen ungleich höheren Ertrag als ihre Kollegen, die nur kompetent sind. Sowohl im Hinblick auf Qualität als auch auf Quantität stellen die Gewinner ihre Konkurrenten weit in den Schatten.

Spitzenkräfte gehen auf andere Weise vor. Meist sind sie Außenseiter, die anders denken und fühlen. Die Branchenführer denken und handeln nicht auf ähnliche Weise wie ihre durchschnittlichen Kollegen. Möglicherweise ist ihnen nicht einmal bewußt, was sie anders machen. Sie denken nur selten darüber nach und artikulieren es. Aber das Geheimnis ihres Erfolgs läßt sich oft durch Beobachtung ergründen.

Frühere Generationen haben diesen Zusammenhang verstanden. Der Schüler saß zu Füßen des Meisters, der Lehrling lernte von einem Handwerker, der Student lernte als Forschungsassistent eines Professors, der angehende Künstler studierte bei einem vollendeten Künstler. Sie alle lernten, indem sie die Besten ihres Fachs beobachteten, ihnen zur Hand gingen und ihrem Vorbild nachstrebten.

Scheuen Sie sich nicht, für die Zusammenarbeit mit den Besten einen hohen Preis zu bezahlen. Nutzen Sie jeden Vorwand, um Zeit mit ihnen zu verbringen. Finden Sie heraus, worin das Besondere ihrer Arbeitsweise liegt. Sie werden feststellen, daß sie die Dinge anders betrachten, daß sie ihre Zeit anders einteilen und anders mit Menschen umgehen. Wenn Sie es ihnen nicht gleichtun oder sogar etwas noch weiter vom durchschnittlichen *modus vivendi* des Berufs Entferntes realisieren können, werden Sie nie zur Spitze aufsteigen.

Manchmal kommt es nicht nur darauf an, für die besten Einzelkönner zu arbeiten. Entscheidendes Know-how kann sich auch in der kollektiven Kultur der besten Unternehmen verbergen. Auch hier liegt der Schlüssel in den Unterschieden. Es spricht einiges dafür, für ein Durchschnittsunternehmen und dann für eines der besten Unternehmen zu arbeiten, um die Unterschiede kennenzulernen. Ich zum Beispiel arbeitete für Shell und schrieb haufenweise Memos. Dann arbeitete ich für ein Mars-Unternehmen und lernte, mit den Menschen von Angesicht zu Angesicht zu sprechen, bis ich die gewünschten Antworten erhielt. Ganz im Sinne des 80/20-Prinzips erzielte ich dabei mit 20 Prozent meines Aufwands 80 Prozent meiner Resultate. Spitzenkräfte beherzigen viele solcher 80/20-Praktiken.

Beobachten Sie und setzen Sie das Gelernte in die Tat um.

Sich frühzeitig selbständig machen

Konzentrieren Sie sich in Ihrer Zeiteinteilung auf die Dinge, mit denen Sie einen fünfmal so hohen Nutzen erzielen als anderswo. Im nächsten Schritt müssen Sie dafür sorgen, daß ein möglichst großer Teil dieses Nutzens Ihnen zugute kommt. Die ideale Position, nach der Sie schon frühzeitig streben sollten, besteht darin, sich den gesamten Nutzen Ihrer Arbeit selbst zu sichern.

Selbständige werden nach ihren Ergebnissen bezahlt. Und das ist eine gute Nachricht für all diejenigen, die das 80/20-Prinzip befolgen.

Nicht zu empfehlen ist der Weg in die Selbständigkeit, wenn Sie sich noch in der Phase intensiven Lernens befinden. Wenn Sie in einem Konzern oder einem Fachunternehmen sehr viel lernen, kann der Wert dieses Wissens für Ihre Zukunft den Unterschied zwischen dem Nutzen Ihrer Arbeit und Ihrem Gehalt übersteigen. Dies kann man in den ersten zwei oder drei Jahren einer Berufskarriere unterstellen. Ähnlich gelagert ist der Fall, wenn erfahrenere Berufstätige zu einem Unternehmen wechseln, das höhere Standards aufweist als ihre früheren Arbeitgeber. Hier dauert die Lernphase meist nur einige Monate oder höchstens ein Jahr.

Nach dieser Lehrzeit sollten Sie sich auf jeden Fall selbständig machen. Machen Sie sich keine allzu großen Sorgen um die Sicherheit. Denn diese setzt sich letztlich aus nichts anderem zusammen als Ihrer fachlichen Qualifikation und Ihrer konsequenten Anwendung des 80/20-Prinzips. Und Unternehmen können ohnehin keine Sicherheit mehr bieten.

Möglichst viele wertvolle Mitarbeiter beschäftigen

Die erste Phase der Ressourcennutzung besteht darin, die Zeit optimal zu nutzen, die zweite darin, sich die eigene Wertschöpfung zu sichern, und die dritte darin, auf die Energie von Mitarbeitern zu setzen.

Sie gibt es nur einmal, aber es gibt sehr viele Menschen, die Sie eventuell beschäftigen könnten. Eine Minderheit davon – aus der sich der gewiefte 80/20-Praktiker seine Mitarbeiter aussuchen wird – trägt weit mehr zur Wertschöpfung bei, als sie an Kosten verursacht.

Daraus folgt, daß die Mitarbeiter die ergiebigste Quelle für die Nutzung von Ressourcen sind. Bis zu einem gewissen Grad können Sie auch einen Vorteil aus Menschen ziehen, die Sie nicht beschäftigen: Ihre Verbündeten. Aber den unmittelbarsten und umfassendsten Nutzen bieten Ihnen Ihre Mitarbeiter.

Ein einfaches Rechenbeispiel soll den enormen Wert des Einsatzes von Mitarbeitern veranschaulichen. Nehmen wir an, daß Sie durch Verwendung des 80/20-Prinzips fünfmal so effektiv arbeiten als der durchschnittliche Spezialist in Ihrer Branche. Gehen wir weiter davon aus, daß Sie selbständig sind und diese Wertschöpfung Ihnen allein zugute kommt. Auf diese Weise erreichen Sie bestenfalls Ergebnisse von 500 Prozent des Durchschnitts. Ihr »Überschuß« über dem Durchschnitt beträgt somit 400 Einheiten.

Nehmen wir nun an, daß Sie zehn andere Fachleute Ihrer Branche finden, von denen jeder dreimal so gut arbeitet wie der Durchschnitt oder dazu ausgebildet werden kann. Sie sind also nicht so kompetent wie Sie, aber ihr Nutzen liegt dennoch weit über ihren Kosten. Unterstellen wir, daß Sie den Betreffenden 50 Prozent mehr als branchenüblich bezahlen, um sie anzulocken und an sich zu binden. Jeder von ihnen produziert also 300 Werteinheiten und kostet 150 Werteinheiten. Sie erzielen also mit jedem dieser zehn Mitarbeiter einen Überschuß von 150 Einheiten und können damit weitere 1500 Überschußeinheiten zu den von Ihnen erzeugten 400 Einheiten addieren. Ihr Gesamtüberschuß beläuft sich jetzt auf 1900 Einheiten – fast fünfmal soviel wie vor der Einstellung der Mitarbeiter.

Natürlich müssen Sie sich nicht mit zehn Mitarbeitern begnügen. Grenzen werden Ihnen nur gezogen durch die Fähigkeit, überdurchschnittliche Mitarbeiter und (mit deren Hilfe) Kunden anzuziehen. Größeres Gewicht ruht dabei auf dem ersten Punkt, da außerordentlich leistungsfähige Mitarbeiter normalerweise in der Lage sein sollten, bereitwillige Abnehmer für ihre Dienste zu finden.

Selbstverständlich ist es entscheidend, nur wertvolle Mitarbeiter einzustellen, deren Nutzen deutlich über ihren Kosten liegt. Aber es wäre falsch, nur nach den Allerbesten zu suchen. Die höchste Wertschöpfung erzielt man durch die Einstellung möglichst vieler wertvoller Mitarbeiter. Einige von diesen sind vielleicht nur zweimal so gut wie der Durchschnitt, während andere fünfmal so leistungsfähig sind. Auch in Ihrer Belegschaft wird wahrscheinlich eine 80/20- oder 70/30-Verteilung der Effektivität vorherrschen. Höchster Wertüberschuß und unausgewogene Verteilung der Leistungsfähigkeit schließen einander nicht aus. Einzige Bedingung ist, daß Ihr Mitarbeiter mit der geringsten Effektivität immer noch einen höheren Nutzen erzielt, als er Kosten verursacht.

Alles außer Ihrer Kernfähigkeit an externe Auftragnehmer vergeben

Das 80/20-Prinzip ist ein Prinzip der Selektivität. Maximale Effektivität erreichen Sie, wenn Sie sich auf das Fünftel von Tätigkeiten konzentrieren, die Sie am besten beherrschen. Dieser Grundsatz gilt nicht nur für Einzelpersonen, sondern auch für Unternehmen.

Am erfolgreichsten sind jene Unternehmen, die ein konsequentes Outsourcing betreiben und alles außer Ihrer Kernfähigkeit an externe Auftragnehmer vergeben. Wenn ihr echter Vorsprung in der Forschung und Entwicklung liegt, setzen sie Dritte nicht nur zur Herstellung der Produkte, sondern auch für Marketing und Verkauf ein. Wenn sie sich am besten auf die Fertigung von Standardprodukten in großen Stückzahlen verstehen, verzichten sie auf Spezialanfertigungen oder Versionen für den gehobenen Markt. Wenn ihre Stärke in der Herstellung von Spezialerzeugnissen mit hoher Gewinnspanne liegt, versuchen sie sich nicht im Massenmarkt. Und so weiter.

Die vierte Phase der Ressourcennutzung besteht darin, so weit wie möglich auf externe Auftragnehmer zurückzugreifen. Ihr eigenes Unternehmen sollte denkbar einfach bleiben und sich ausschließlich auf Bereiche konzentrieren, in denen es der Konkurrenz turmhoch überlegen ist.

Kapitalkraft nutzen

Bislang war die Rede von der Nutzung der Arbeitskraft, aber Sie können natürlich auch Kapitalkraft nutzen.

Durch den Einsatz von Kapital können Sie einen zusätzlichen Mehrwert erzielen. Eine der grundlegendsten Formen der Kapitalnutzung ist der Kauf von Maschinen, um Arbeitskräfte zu ersetzen, wenn die Maschinen kosteneffektiver sind. Zu den interessantesten Beispielen der Kapitalnutzung gehört heute der Einsatz von Geld zur breiten Markteinführung von Ideen, die sich in regionalen Zusammenhängen bereits bewährt haben. Im Endeffekt wird das Kapital genutzt, um ein in bestimmten Angebotsformen enthaltenes Know-how zu vervielfältigen. Dazu gehören zum Beispiel alle Formen von Softwarevertrieb, die Verbreitung von Fastfood- (und inzwischen auch gehobeneren) Ketten und die Globalisierung des Angebots von Limonadengetränken.

Zusammenfassung

Die Einkommen bestätigen einmal mehr das 80/20-Prinzip: die Gewinner bekommen (fast) alles. Wer wirklich ehrgeizig ist, muß auf seinem Gebiet an die Spitze streben.

Wählen Sie sich Ihr Gebiet sorgfältig aus. Stecken Sie es eng ab. Spezialisieren Sie sich und suchen Sie nach der Nische, die für Sie geschaffen ist. Sie können nur dann Spitzenleistungen erreichen, wenn Sie Spaß an Ihrer Tätigkeit haben.

Erfolg setzt Wissen voraus. Aber er setzt auch voraus, daß Sie die Bereiche kennen, in denen mit geringstem Ressourcenaufwand die größte Kundenzufriedenheit zu erreichen ist. Finden Sie heraus, wo 20 Prozent der Ressourcen zu 80 Prozent der Erträge führen können.

Lernen Sie frühzeitig in Ihrer Karriere alles, was es zu lernen gibt. Das können Sie nur, wenn Sie für die besten Unternehmen und deren beste Mitarbeiter tätig sind, wobei sich der Inhalt des Wortes »beste« nach Ihrer eng begrenzten Nische richtet.

Setzen Sie auf die vier Formen der Nutzung von Arbeitskraft. Nutzen Sie Ihre Zeit. Sichern Sie sich 100 Prozent Ihrer Wertschöpfung, indem Sie sich selbständig machen. Beschäftigen Sie möglichst viele wertvolle Mitarbeiter. Vergeben Sie alles an externe Auftragnehmer, was Sie und Ihre Kollegen nicht um ein Vielfaches besser können.

Wenn Sie sich an diese Empfehlungen halten, dann gründet sich Ihre Karriere auf Ihr Unternehmen. Und mit Hilfe der Kapitalnutzung können Sie dessen Erfolg noch weiter vorantreiben.

Geld vermehren

Wenn Sie an einer erfolgreichen Berufskarriere interessiert sind, dann liegt Ihnen auch an der Vermehrung Ihres Geldes. Die Kapitel 14 und 15 werden zeigen, daß dies einerseits leichter und andererseits weniger lohnend ist als allgemein angenommen.

14
Geld regiert die Welt

Denn wer da hat, dem wird gegeben werden, und er wird die Fülle haben; wer aber nicht hat, dem wird auch, was er hat, genommen werden.

Matthäus 25:29

Auch dieses Kapitel ist optional und wendet sich an jene, die etwas Geld haben und wissen möchten, wie sie es vermehren können.

Wenn sich die Zukunft nicht grundlegend von der Vergangenheit unterscheidet, ist diese Frage ganz leicht zu beantworten. Sie müssen das Geld nur am richtigen Ort anlegen und es dort lassen.

Geld gehorcht dem 80/20-Prinzip

Es ist kein Zufall, daß Vilfredo Pareto die dem 80/20-Prinzip zugrundeliegende Gesetzmäßigkeit bei der Erforschung von Einkommens- und Vermögensverhältnissen entdeckte. Dabei stieß er auf eine berechenbare und sehr unausgewogene Verteilung des Geldes.

- Wenn die Einkommen nicht durch eine progressive Besteuerung umgeschichtet werden, tendieren sie zu einer unausgeglichenen Verteilung, bei der der größte Teil des Gesamteinkommens auf eine Minderheit entfällt.
- Selbst bei einer progressiven Besteuerung ist die Vermögensaufteilung noch unausgewogener als die der Einkommen. Beim Vermögen läßt sich Gleichheit noch schwerer realisieren als beim Einkommen.
- Dies ist darauf zurückzuführen, daß der größte Teil des Reichtums nicht aus Einkommen, sondern aus Investitionen erzielt

wird; und darauf, daß Kapitalrenditen meist noch unterschiedlicher sind als Einkommen.

- Durch das Phänomen des Zinszuwachses wirken Investitionen vermögensbildend. Zum Beispiel kann der Wert von Aktien jährlich um 12,5 Prozent steigen. Das heißt, daß 100 im Jahre 1950 investierte Mark heute zu einem Betrag von 22740 Mark aufgelaufen wären. Im allgemeinen sind reale Anlagerenditen (nach Abzug der Inflationsauswirkungen) sehr positiv, außer bei starker Inflation.
- Investitionen führen zu äußerst unterschiedlichen Renditen. Das heißt, manche sind viel besser als andere. Dies erklärt die unterschiedliche Verteilung von Reichtum. Es macht einen riesigen Unterschied, ob das Vermögen mit einer jährlichen Zinsrate von 5, 10, 20 oder 40 Prozent wächst. Bei einer Anlage von 1000 Mark würden sich hier nach zehn Jahren Beträge von 1629, 2593, 6191 beziehungsweise 28925 Mark ergeben. Der Zinssatz von 40 Prozent ist achtmal so hoch wie der von 5 Prozent, aber über einen Zeitraum von zehn Jahren erzielt man damit einen fast achtzehnmal so hohen Ertrag. Je länger die Laufzeit desto deutlicher klafft die Entwicklung auseinander.
  Kurioserweise lassen manche Investitionsformen und -strategien von vorneherein eine bessere Eignung für die Vermögensbildung erkennen als andere.

80/20-Erkenntnisse zur Vermögensbildung

- Vermögend zu werden oder den größtmöglichen Vermögenszuwachs zu erzielen ist viel wahrscheinlicher durch Einkommen aus Investitionen als durch Arbeitseinkünfte. Das bedeutet, daß es sich auszahlt, schon frühzeitig Geld für Investitionen zurückzulegen. Das Ansparen dieser Rücklagen erfordert in der Regel harte Arbeit und maßvolle Ausgaben. Das Nettoeinkommen muß über den Ausgaben liegen.
  Die einzige Ausnahme von dieser Regel ist der Erhalt von Geld

aus Nachlässen oder anderen Geschenken, durch Heirat in eine reiche Familie, durch Gewinne aus Lotterien oder anderen Glücksspielen oder durch Verbrechen. Das erste läßt sich nicht leicht vorhersagen, das dritte ist so unwahrscheinlich, daß man es gar nicht beachten sollte, das vierte wollen wir nicht empfehlen, so daß man nur das zweite bewußt planen kann, aber selbst da ist der Ausgang ungewiß.

- Wegen des Zuwachseffekts von Geldanlagen können Sie reich werden, wenn Sie frühzeitig mit Investitionen beginnen, wenn Sie lange leben oder beides. Früh zu beginnen ist die Strategie, die man selbst am besten steuern kann.
- Entwickeln Sie so früh wie möglich eine konsequente langfristige Anlagestrategie, die auf bewährten Prinzipien beruht.

Aber wie erzielen wir nun 80 Prozent der Investitionsrenditen mit 20 Prozent des Geldes? Die Antwort geben Kochs zehn Investitionsgebote in Abbildung 42.[1]

1. Wählen Sie eine Investitionsphilosophie, die Ihrer Persönlichkeit entspricht
2. Gehen Sie proaktiv und unausgewogen vor
3. Investieren Sie hauptsächlich in börsengängige Papiere
4. Investieren Sie auf lange Sicht
5. Investieren Sie am meisten, wenn die Aktien auf dem Tiefstand sind
6. Wenn Sie die Börse nicht übertreffen können, halten Sie sich an den Index
7. Stützen Sie Ihre Investitionen auf Ihr Wissen
8. Befassen Sie sich mit entstehenden Aktienmärkten
9. Trennen Sie sich von verlustreichen Papieren
10. Steuern Sie Ihre Gewinne

Abbildung 42: Kochs zehn Investitionsgebote

Wählen Sie eine Investitionsphilosophie, die Ihrer Persönlichkeit entspricht

Eine entscheidende Voraussetzung für den Erfolg privater Investitionen ist die Abstimmung der verfügbaren bewährten Techniken auf Persönlichkeit und Fähigkeiten des Anlegers. Die meisten Privatanleger scheitern, weil sie Methoden verwenden, die zwar an sich durchaus tauglich sind, aber nicht zu ihrem Charakter passen. Der Anleger sollte seine Auswahl aus einer Liste von vielleicht zehn erfolgreichen Strategien treffen, um etwas für sein Temperament und Wissen Geeignetes zu finden.

Zum Beispiel:

- Wenn Sie eher analytisch denken und gerne mit Zahlen jonglieren, sollten Sie sich für eine der analytischen Investitionsmethoden entscheiden. Mir gefallen dabei besonders wertorientierte Investitionen (aber: siehe nächster Punkt), das Aufspüren von beschleunigten Ertragsentwicklungen und spezielle Investitionsformen wie Optionsscheine.
- Wenn Sie eher optimistischer Natur sind, sollten Sie übermäßig analytische Ansätze wie die eben beschriebenen vermeiden. Der Optimist ist oft ein schlechter Anleger, achten Sie also darauf, daß Ihre Investitionen wirklich über dem Index liegen. Wenn nicht, verkaufen Sie sie und legen Sie das Geld in einem Investmentfonds an, der sich nach dem Aktienindex richtet.
  Manchmal erweisen sich Optimisten, die in diesem Fall die Bezeichnung »Visionäre« verdienen, als ausgezeichnete Anleger, weil sie sich für zwei oder drei Aktien entscheiden, von deren enormem Potential sie überzeugt sind. Aber wenn Sie ein Optimist sind, bremsen Sie Ihren Enthusiasmus und schreiben Sie ganz genau auf, weshalb die von Ihnen bevorzugten Aktien so attraktiv sind. Überlegen Sie ganz vernünftig, ehe Sie kaufen. Und trennen Sie sich von verlustreichen Aktien, auch wenn Sie emotional mit ihnen verbunden sind.
- Wenn Sie weder analytisch noch visionär, sondern eher praktisch veranlagt sind, sollten Sie sich entweder auf ein Gebiet speziali-

sieren, über das Sie sehr gut Bescheid wissen, oder dem Beispiel erfolgreicher Anleger folgen, die eine überzeugende Erfolgsbilanz aufweisen.

Gehen Sie proaktiv und unausgewogen vor

Proaktivität heißt in diesem Fall, daß Sie die Verantwortung für Ihre Investitionsentscheidungen selbst übernehmen. Die Gefahr von Anlageberatern und Fondsverwaltern liegt weniger darin, daß sie einen Großteil der Gewinne für sich behalten, sondern mehr noch darin, daß sie kaum ein unausgewogenes Wertpapierportefeuille empfehlen und umsetzen, das aber gerade den Schlüssel zum Erfolg bildet. Das Risiko wird gering gehalten, so heißt es, wenn man mit seinen Investitionen ein breites Spektrum von Medien wie Obligationen, Aktien, Barmittel, Gold und Sammelgegenständen abdeckt. Aber die Risikominimierung wird zu sehr überschätzt. Wenn Sie reich werden wollen, um Ihren zukünftigen Lebensstil zu verändern, müssen Sie überdurchschnittliche Renditen erzielen. Und die Chancen dafür stehen viel besser, wenn Sie ein unausgewogenes Portefeuille wählen. Das heißt, daß Sie nur auf wenige Instrumente setzen sollten: diejenigen, von deren hoher Ertragskraft Sie überzeugt sind. Und es heißt auch, daß Sie sich auf ein Medium konzentrieren sollten ...

Investieren Sie hauptsächlich in börsengängige Papiere

Wenn Sie nicht gerade Experte für irgendein ausgefallenes Anlagemedium wie etwa chinesische Seidenwandschirme des 19. Jahrhunderts oder Zinnsoldaten sind, dann bietet die Börse die besten Investitionsmöglichkeiten.

Auf lange Sicht hat die Investition in börsengängige Papiere bisher zu ungleich höheren Renditen geführt als die Anlage des Geldes in einer Bank oder für verzinsliche Wertpapiere wie Staatsanleihen oder Industrieschuldverschreibungen. Wer zum Beispiel 1950 100 Pfund in eine Bausparkasse eingezahlt hätte, hätte 1992 813 Pfund erhalten. Die gleichen 100 Pfund, im Aktienmarkt angelegt, hätten zu einer mehr als

17fachen Rendite von 14 198 Pfund geführt.[2] Ähnliche Berechnungen lassen sich auch für jede andere führende Börse anstellen.

Anne Schreiber, eine amerikanische Privatanlegerin ohne besondere Börsenkenntnisse, investierte unmittelbar nach dem zweiten Weltkrieg 5 000 Dollar in Aktien erster Bonität. Diese Aktien gab sie nicht mehr aus der Hand. 1995 waren aus 5 000 Dollar 22 Millionen Dollar geworden: 440 000 Prozent der Ursprungssumme!

Die Börse stellt glücklicherweise ein relativ leichtes Investitionsmedium für Nichtexperten dar.

Investieren Sie auf lange Sicht

Wechseln Sie Ihre Aktien und auch Ihren Wertpapierbestand nicht sehr häufig. Wenn es sich nicht eindeutig um unrentable Aktien handelt, sollten Sie sie viele Jahre behalten. Der Kauf und Verkauf von Aktien ist kostspielig und zeitraubend. Wenn möglich sollten Sie langfristig planen, für einen Zeitraum von 10, 20, 30 oder 50 Jahren. Wenn Sie kurzfristig Geld für Aktien anlegen, dann ist das weniger Investition als Spekulation. Wenn Sie mit dem Gedanken spielen, das Geld zum Verbrauch herauszunehmen, investieren Sie nicht, sondern verschieben nur Ihre Ausgaben.

Zu einem bestimmten Zeitpunkt möchten Sie Ihren Reichtum vielleicht lieber selbst genießen, statt ihn Ihren Erben zu vermachen. Sie können das Vermögen für die Verwirklichung eines neuen Lebensstils nutzen und sich aussuchen, wie Sie Ihre Zeit verbringen und welche beruflichen oder privaten Tätigkeiten Sie verfolgen möchten. Dann ist die Zeit der Investitionen vorbei. Aber bis Sie genügend Geld für diesen Schritt haben, sollten Sie kontinuierlich Kapital ansammeln.

Investieren Sie am meisten, wenn die Aktien auf dem Tiefstand sind

Auch wenn der Wert der Aktien im Laufe der Zeit steigt, zeigt die Börse ein zyklisches Verhalten. Dies ist zum Teil auf den Konjunkturverlauf, aber hauptsächlich doch auf Stimmungsschwankungen zurückzuführen. Es ist erstaunlich, wie sehr irrationale Faktoren wie Mode, Begeisterung, Hoffnung und Angst die Preise nach oben oder unten treiben können. Schon Pareto ist dieses Phänomen aufgefallen:

> Es gibt einen wellenförmigen Rhythmus der Gefühle, den wir in der Ethik, in der Religion und in der Politik beobachten können, ähnlich dem Zyklus der Konjunktur ...
>
> Während des Aufwärtstrends wird jedes Argument, das für die Ertragskraft eines Unternehmens spricht, willkommen geheißen, wohingegen solch ein Argument während des Abwärtstrends völlig verworfen wird ... Ein Mann, der während der Abwärtsbewegung den Kauf bestimmter Aktien ablehnt, glaubt dabei nur seiner Vernunft zu folgen, ohne zu wissen, daß er unbewußt den tausend winzigen Eindrücken nachgibt, die ihm die täglichen Wirtschaftsnachrichten vermitteln. Wenn er später während der Aufwärtsbewegung die gleichen oder ähnliche Aktien zeichnet, die keine höheren Erfolgschancen aufweisen, wird er wiederum überzeugt sein, nur dem Diktat der Vernunft zu folgen, und sich keinerlei Rechenschaft darüber ablegen, daß sein Wechsel vom Mißtrauen zum Vertrauen von Gefühlen abhängt, die von der Atmosphäre um ihn herum erzeugt werden ...
>
> An der Börse weiß man sehr wohl, daß das große Publikum nur bei steigenden Kursen kauft und bei sinkenden Kursen verkauft. Die Finanziers, die aufgrund ihrer Geschäftserfahrung mehr ihren Verstand gebrauchen, tun das Gegenteil – auch wenn sie sich manchmal von Gefühlen beeinflussen lassen –, und dies ist die Hauptquelle für ihre Gewinne. Während einer Aufschwungsphase wirkt jedes mittelmäßige Argument für die Fortsetzung des Aufschwungs höchst überzeugend; und wollten Sie nun jemandem erklären, daß die Kurse nicht unbegrenzt steigen können, Sie können sicher sein, daß er nicht auf Sie hören würde.[3]

Auf der Basis dieser Philosophie hat sich eine ganze Schule entwikkelt, die des wertorientierten Investierens: Man kauft, wenn die Aktienkurse insgesamt oder der Kurs einer bestimmten Aktie niedrig sind, und verkauft, wenn sie hoch sind. Benjamin Graham, einer der erfolgreichsten Anleger aller Zeiten, hat das Regelwerk für wertorientiertes Investieren geschrieben, und seine Regeln haben sich immer wieder bestätigt.[4]

Es gibt viele Regeln, die es in diesem Zusammenhang zu beachten gilt. Die folgenden drei Grundregeln stellen eine grobe Vereinfachung dar, die aber dennoch in viel weniger als 20 Prozent des Raums vielleicht 80 Prozent des Wertes aller Regeln erfassen:

- Kaufen Sie nicht, wenn alle anderen kaufen und wenn alle anderen überzeugt sind, daß die Kurse nur steigen können. Kaufen Sie, wenn alle anderen pessimistisch sind.
- Legen Sie das Kurs-Gewinn-Verhältnis (KGV) als Maßstab zugrunde, um zu erkennen, ob Aktien teuer oder preiswert sind. Das KGV einer Aktie ist der Kurs einer Aktie geteilt durch ihren Ertrag nach Steuern. Wenn eine Aktie zum Beispiel 2,50 Mark kostet und der Gewinn je Aktie 25 Pfennig ausmacht, beträgt das KGV der Aktie 10. Steigt der Aktienkurs in einer Phase des Optimismus auf 5 Mark, während der Gewinn je Aktie bei 25 Pfennig bleibt, steht das KGV jetzt auf 20.
- Im allgemeinen ist ein KGV über 17 für die Börse ein Warnsignal. Bei derart hohen Kursen sind umfangreiche Investitionen unangebracht. Ein KGV von unter 12 ist ein Kaufsignal; ein KGV unter 10 ist ein eindeutiges Kaufsignal. Ihr Aktienmakler oder eine gute Finanzzeitung sollte Ihnen sagen können, wo das durchschnittliche Börsen-KGV im Augenblick steht. Wenn Sie gefragt werden, welches KGV Sie meinen, antworten Sie kennerhaft: »Das historische KGV.«[5]

Wenn Sie die Börse nicht übertreffen können, halten Sie sich an den Index

Sie können durchaus einen dem Börsendurchschnitt überlegenen Investitionsansatz entwickeln, wenn Sie bestimmte Grundsätze einhalten und dabei auf Ihre Persönlichkeit und Ihre Fähigkeiten bauen. Diese Möglichkeiten werden weiter unten ausführlicher dargestellt. Aber es ist wahrscheinlicher, daß die von Ihnen selbst gewählten Investitionen geringere Renditen abwerfen als die Aktienindizes.

Wenn Sie in diesem Fall keine Lust haben, mit Ihrem Ansatz zu experimentieren, um die Börse zu übertreffen, sollten Sie sich an den Aktienindex halten.

Das heißt, Sie kaufen Aktien, die im Aktienindex geführt werden. Danach verkaufen Sie Aktien nur, wenn sie aus dem Index herausfallen (weil sie ertragsschwach sind), und Sie kaufen nur dann neue Aktien, wenn sie zum ersten Mal im Index aufgenommen werden.

Sie können die Entwicklungen im Index selbst verfolgen, müssen sich dafür aber zum Lesen der Wirtschaftszeitungen ein wenig Zeit nehmen. Als Alternative können Sie Ihr Geld von einem Fonds betreuen lassen, dessen Verwalter Ihnen das Studium des Börsenindex gegen eine geringe Jahresgebühr abnehmen.

Sie können sich für verschiedene Fonds entscheiden, je nachdem, welche Indizes Sie interessieren. Im allgemeinen ist es am sichersten, den eigenen Inlandsmarkt und einen Fonds zu wählen, der sich am Index mit den größten und hochwertigsten Aktien orientiert.

Die Orientierung am Index ist ziemlich risikolos und führt langfristig meist zu hohen Renditen. Wenn Sie sich für diesen Ansatz entscheiden, brauchen Sie nicht mehr als diese ersten sechs Gebote zu lesen. Es kann mehr Spaß machen und lohnender, aber auch riskanter sein, sich für eigene Anlageformen zu entscheiden. Für diesen Fall gelten die folgenden vier Gebote. Denken Sie jedoch daran, daß Sie das sechste Gebot auffordert, zur Indexorientierung zurückzukehren, wenn Ihre eigene Investitionsstrategie den Index in der Regel nicht übertrifft. Wenn dies der Fall ist, stoppen Sie Ihre Verluste und halten Sie sich an den Index.

Stützen Sie Ihre Investitionen auf Ihr Wissen

Im Kern besteht die 80/20-Philosophie darin, einige wenige Dinge gut zu beherrschen: in der Spezialisierung also.

In besonders hohem Maße gilt dies für Investitionen. Wenn Sie selbst entscheiden, welche Aktien Sie kaufen wollen, sollten Sie sich auf ein Gebiet spezialisieren, auf dem Sie Experte sind.

Das Schöne an der Spezialisierung ist, daß die Möglichkeiten fast grenzenlos sind. Sie könnten sich zum Beispiel auf Aktien der Branche konzentrieren, in der Sie tätig sind, oder auf Ihr Hobby, Ihre

Region oder irgend etwas anderes, was Sie interessiert. Wenn Sie zum Beispiel gerne einkaufen, könnten Sie sich zum Beispiel auf Aktien von Einzelhandelsketten spezialisieren. Wenn Sie dann einer neuen Kette begegnen, deren Läden anscheinend voll mit begeisterten Kunden sind, können Sie sich überlegen, ob Sie diese Aktien kaufen.

Auch wenn Sie noch kein Experte sind, kann es sich lohnen, sich auf wenige Aktien zu konzentrieren. Sie können sich zum Beispiel für die Aktien einer bestimmten Branche entscheiden, um möglichst viel über diese in Erfahrung zu bringen.

Befassen Sie sich mit entstehenden Aktienmärkten

Außerhalb der entwickelten Länder, das heißt in Ländern mit schnell wachsender Wirtschaft gibt es Aktienmärkte, die noch in der Entwicklung begriffen sind. Zu diesen entstehenden Aktienmärkten gehören weite Teile Asiens (nicht Japan), Afrika, der indische Subkontinent, Südamerika, die ex-kommunistischen Länder in Mittel- und Osteuropa und einige Länder am Rande Europas wie Portugal, Griechenland und die Türkei.

Die Grundtheorie ist sehr einfach. Die Leistungsfähigkeit von Aktienmärkten steht in engem Zusammenhang mit dem gesamten Wirtschaftswachstum. Daher sollte man in den Ländern mit dem höchsten derzeitigen und voraussichtlichen BIP-Wachstum investieren – den entstehenden Aktienmärkten.

Auch andere Gründe sprechen für entstehende Aktienmärkte. Auf sie entfällt der größte Teil künftiger Privatisierungen, und dort sind Investitionen im allgemeinen gut aufgehoben. Das plötzliche Ende des Kommunismus um das Jahr 1990 herum zwang viele Länder zu einer offeneren Marktwirtschaft, die nach den unvermeidlichen sozialen Erschütterungen zu Beginn sehr wahrscheinlich zu hohen Renditen für die Anleger führen werden. Und die Aktien aufstrebender Länder haben tendentiell einen hohen Wert, weil ihr KGV häufig sehr niedrig liegt. Mit der weiteren Entwicklung und Reifung des Marktes und dem Wachsen einzelner Unternehmen werden die KGVs sehr wahrscheinlich steigen und die Aktienkurse stark in die Höhe treiben.

Aber Investitionen in entstehenden Aktienmärkten sind eindeutig riskanter als Investitionen im eigenen Land. Die Unternehmen sind jünger und weniger stabil, politische Veränderungen oder eine Senkung der Rohstoffpreise könnten zu einem Einbruch der Aktienkurse des gesamten Landes führen, die Währung könnte abgewertet werden (und mit ihr Ihre Aktien), und es kann sehr viel schwieriger sein, Geld wieder herauszunehmen, als es anzulegen. Darüber hinaus liegen auch die Kosten für Provisionen und Gebühren viel höher als in entwickelten Märkten. Schließlich ist auch die Gefahr viel größer, einem Anlagebetrüger aufzusitzen.

Wenn Sie in einem entstehenden Aktienmarkt investieren möchten, müssen Sie drei Regeln beachten. Erstens sollten Sie nur einen kleinen Teil Ihres Gesamtportefeuilles von höchstens 20 Prozent für solche Aktien anlegen. Zweitens sollten Sie die meisten Wertpapiere kaufen, wenn die Kurse relativ niedrig sind und das durchschnittliche KGV der betreffenden Länder unter 12 liegt. Drittens sollten Sie mit einer langfristigen Anlage planen und das Geld nur bei relativ hohen KGVs herausnehmen.

Bei Beachtung dieser Vorbehalte können Investitionen in entstehende Aktienmärkte dem Anleger satte Renditen bescheren und viel Freude bereiten.

Trennen Sie sich von verlustreichen Papieren

Wenn eine Aktie um 15 Prozent unter den von Ihnen bezahlten Preis fällt, verkaufen Sie sie. Befolgen Sie diese Regel mit strikter Konsequenz.

Wenn Sie sie später zu einem niedrigeren Preis wieder kaufen wollen, warten Sie, bis der Kurs nicht mehr fällt und zumindest einige Tage (oder besser Wochen) stabil bleibt.

Wenden Sie diese 15-Prozent-Regel auch auf neue Investitionen an. Unterbinden Sie die Verluste nach 15 Prozent.

Die einzige akzeptabele Ausnahme von diesem Gebot ist ein sehr langfristig denkender Anleger, der sich um Kursschwankungen nicht kümmert und keine Zeit für die Überwachung seiner Investitionen hat. Anleger, die sich während der Börsenzusammenbrüche von 1929-1932, 1974-1975 und 1987 nicht von ihren Aktien trennten, haben langfristig dennoch gute Erfolge erzielt. Anleger, die nach ersten Kursverlusten von 15 Prozent verkauften und nach dem Erreichen des Tiefstandes einen Wiederanstieg um 15 Prozent abwarteten, ehe sie wieder Aktien erwarben, erreichten noch bessere Ergebnisse.

Die 15-Prozent-Regel zielt weniger auf das Börsengeschehen insgesamt, sondern in erster Linie auf einzelne Aktien. Es kommt viel häufiger vor, daß eine einzelne Aktie um 15 Prozent fällt, als daß der gesamte Markt um diese Höhe abrutscht. Die betreffende Aktie sollte in diesem Fall veräußert werden. Das Festhalten am Aktienmarkt oder an einem breiten Wertpapierbestand über einen langen Zeitraum hat wahrscheinlich noch keinen um sein Vermögen gebracht. Aber nicht wenige Vermögen sind durch unangebrachte Treue zu einer oder mehreren fallenden Aktien verlorengegangen. Für einzelne Aktien ist der beste Hinweis auf den zukünftigen Trend der gegenwärtige Trend.

Steuern Sie Ihre Gewinne

Begrenzen Sie Ihre Verluste, aber nicht Ihre Gewinne. Kein anderes Signal deutet so unmißverständlich auf langfristigen Erfolg einer Investition wie deren kurzfristige Gewinne, die sich ständig wiederholen. Widerstehen Sie der Versuchung, die Erträge zu früh abzuschöpfen. Hier begehen viele Privatanleger ihre schwerwiegendsten Fehler: Sie erzielen gute Gewinne, bringen sich aber genau dadurch um viel größere Ertragschancen. Durch eine Gewinnmitnahme ist noch niemand pleite gegangen, aber viele Leute haben sich auf diese Weise auch die Chance auf Reichtum verscherzt.

Zwei weitere 80/20-Regeln für Anleger haben wir bislang noch nicht angesprochen:

- Im Vergleich einer großen Zahl von Anlageportefeuilles mit langjährigem Bestand erweist sich meistens, daß 80 Prozent der Gewinne auf 20 Prozent der Portefeuilles entfallen.
- Bei einem Anleger, der sein Portefeuille über einen langen Zeitraum hält, gehen in der Regel 80 Prozent der Erträge auf 20 Prozent der Investitionen zurück. Bei einem reinen Aktienportefeuille werden 80 Prozent der Gewinne mit 20 Prozent der Aktien erzielt.

Der Grund dafür liegt darin, daß einige wenige Investitionen eine erstaunliche Rentabilität aufweisen, während dies bei der Mehrheit nicht der Fall ist. Diese wenigen Topaktien können zu phänomenalen Erträgen führen. Deshalb ist es unabdingbar, die Topaktien während der gesamten Investitionsphase im Portefeuille zu behalten, um die volle Gewinnentwicklung zu nutzen.

Es wäre ein leichtes gewesen, in den fünfziger und sechziger Jahren mit Aktien von IBM, McDonald's, Xerox oder Marks & Spencer Gewinne von 100 Prozent zu erzielen. Gleiches gilt für Aktien von Shell, General Electric, Lonrho, BTR oder dem schwedischen Pharmaunternehmen Astra in den siebziger Jahren sowie für American Express, Body Shop oder Cadbury Schweppes Anfang der achtziger Jahre und für Microsoft im späteren Verlauf dieses Jahrzehnts. Doch Anleger, die diese Gewinne herausnahmen, verpaßten später eine um ein Mehrfaches höhere Wertsteigerung.

Effektive Unternehmen bewegen sich oft in einem positiven Kreislauf konsequenter Leistungssteigerung. Nur wenn sich diese Dynamik umkehrt – und das kann mehrere Jahrzehnte dauern –, sollten Sie einen Verkauf der Aktien in Erwägung ziehen. Auch hier lautet eine gute Regel, erst dann zu verkaufen, wenn der Kurs gegenüber dem jüngsten Höchststand um 15 Prozent gesunken ist. Ein Kursrückgang von 15 Prozent kann eine Trendwende signalisieren. Aber wenn Sie nicht von solchen Kursverlusten oder anderen Umständen dazu gezwungen werden, sollten Sie Ihre Aktien auf jeden Fall behalten.

Schluß

Geld erzeugt Geld. Aber manche Methoden der Vermehrung sind weit fruchtbarer als andere. Samuel Johnson hat gesagt, daß ein Mensch nirgends sonst so unschuldig beschäftigt ist wie beim Geldverdienen. Mit dieser Bemerkung beschreibt er treffend den moralischen Aspekt der Anhäufung von Reichtum, sei es durch Investitionen, durch eine erfolgreiche Berufskarriere oder durch beides. Keine dieser beiden Beschäftigungen sollte mit Verachtung betrachtet werden, doch andererseits ist auch keine von beiden ein Garant für einen Dienst an der Gesellschaft oder für persönliches Glück. Und sowohl Geldverdienen als auch beruflicher Erfolg bergen die Gefahr in sich, daß sie zum Selbstzweck werden können.

Es kann durchaus sein, daß sich irgendwann der Katzenjammer einstellt. Reichtum führt zur Notwendigkeit, ihn zu verwalten, das heißt sich mit Rechtsanwälten, Steuerberatern, Bankiers und anderen ähnlich stimulierenden Leuten abzugeben. Die im vorangehenden Kapitel dargelegte Logik des beruflichen Erfolgs führt unweigerlich zu immer umfangreicheren beruflichen Anforderungen. Um Erfolg zu haben, muß man an die Spitze streben. Um dorthin zu gelangen, muß man Unternehmer werden. Um einen möglichst hohen Nutzen zu erzielen, muß man eine große Zahl von Mitarbeitern beschäftigen. Um den Wert des Unternehmens zu maximieren, muß man auf Fremdkapital zurückgreifen, das weitere Expansion und Gewinnsteigerungen ermöglicht. Der Kreis der Geschäftsbekannten wächst, die Zeit für Freunde und Beziehungen wird knapper. Es ist leicht, auf dem sich immer schneller drehenden Erfolgskarussell die Orientierung und die persönlichen Werte zu verlieren. Da erscheint es völlig legitim und vernünftig, wenn man nach Erreichen eines bestimmten Stadiums genug hat und aussteigen will.

Aus diesem Grunde sollte man in der Lage sein, Abstand zu nehmen vom Beruf und vom Geldverdienen und das wichtigste Thema überhaupt ins Auge zu fassen: Glück.

15
Die sieben Glücksgewohnheiten

Temperament ist kein Schicksal.
Daniel Goleman[1]

Aristoteles hat gesagt, daß das Ziel aller menschlichen Tätigkeiten Glück sein sollte. Aber im Laufe der Jahrhunderte fand seine Empfehlung kein großes Gehör. Vielleicht hätte er beschreiben sollen, wie wir dieses Ziel erreichen können. Ein guter Ansatzpunkt für eine solche Beschreibung wäre sicherlich die Analyse der Ursachen von Glück und Unglück gewesen.

Läßt sich das 80/20-Prinzip wirklich auf Glück anwenden? Ich denke schon. Bei den meisten Menschen scheint sich der größte Teil des von ihnen wahrgenommenen Glücks auf einen kleinen Teil ihrer Zeit zu konzentrieren. Eine 80/20-Hypothese würde demnach lauten, daß wir 80 Prozent des Glücks in 20 Prozent unserer Zeit empfinden. Als ich zur Überprüfung dieser Hypothese Freunde gebeten habe, ihre Wochen in Tage und Teile von Tagen, ihre Monate in Wochen, ihre Jahre in Monate und ihre Lebenszeit in Jahre aufzuteilen, ergab sich bei zwei Dritteln eine deutliche Unausgewogenheit, die einer 80/20-Verteilung sehr nahe kam.

Diese Hypothese trifft nicht auf alle Menschen zu. Ungefähr ein Drittel meiner Freunde zeigt kein 80/20-Muster. Ihr Glück ist viel gleichmäßiger über ihr Leben verteilt. Es ist faszinierend, daß diese Gruppe auch insgesamt viel glücklicher scheint als die größere Gruppe, die nur in kurzen Phasen ihres Lebens Glückshöhepunkte erfährt.

Aber es leuchtet natürlich ein, daß diejenigen, die die meiste Zeit ihres Lebens glücklich sind, auch insgesamt glücklicher sind. Die anderen, deren Glück sich auf kurze Momente konzentriert, sind in ihrem Leben insgesamt wahrscheinlich weniger glücklich.

Dies paßt zu der im Verlauf dieses Buches immer wieder geäußerten These, daß 80/20-Verhältnisse auf Verschwendung schließen lassen und großen Spielraum für Verbesserungen bieten. Darüber hinaus jedoch weist uns dieser Zusammenhang darauf hin, daß uns das 80/20-Prinzip zu mehr Glück verhelfen kann.

Zwei Wege zu mehr Glück

- Überlegen Sie, zu welchen Zeiten Sie am glücklichsten sind, und dehnen Sie sie so weit wie möglich aus.
- Überlegen Sie, zu welchen Zeiten Sie am unglücklichsten sind, und schränken Sie sie so weit wie möglich ein.

Verbringen Sie mehr Zeit mit Tätigkeiten, die Ihnen sehr viel Glück und Zufriedenheit bescheren, und weniger Zeit mit anderen Dingen. Schränken Sie zunächst einmal die Dinge ein, die Sie direkt unglücklich machen. Wer glücklicher werden will, muß zuerst aufhören, unglücklich zu sein. Dies liegt viel mehr in Ihrer eigenen Hand, als Sie vielleicht glauben. Sie müssen nur Situationen vermeiden, in denen Sie nach Ihren bisherigen Erfahrungen unglücklich werden.

Bei Tätigkeiten, die kaum etwas zu Ihrem Glück (oder viel zu Ihrer Unzufriedenheit) beitragen, sollten Sie systematisch nach Möglichkeiten suchen, wie Sie sie mehr genießen könnten. Wenn das klappt, wunderbar. Wenn nicht, gehen Sie diesen Situationen aus dem Weg.

Aber sind die Menschen ihrem Unglück nicht wehrlos ausgeliefert?

Besonders wenn Sie Erfahrungen mit chronisch unglücklichen Menschen haben (die häufig in die scheinbar objektive, aber eigentlich äußerst fragwürdige und wenig hilfreiche Kategorie der »Geisteskranken« eingeordnet werden – eine Einteilung, die wahrscheinlich mehr Unglück über die Welt gebracht hat als alle anderen), werden Sie vielleicht einwenden, daß diese Analyse viel zu vereinfachend ist und ein Ausmaß an Kontrolle über unser eigenes Glück unterstellt, das viele oder alle Menschen aus tiefreichenden psychologischen Gründen gar nicht haben können. Ist unsere Glücksfähigkeit nicht weitgehend durch Vererbung und Kindheitserfahrungen vorbestimmt? Liegt unser Glück wirklich in unserer Hand?

Zweifellos gibt es Menschen, die von ihrem Temperament her mehr zum Glück neigen als andere. Für manche ist das Glas immer halb voll, für andere halb leer. Psychologen und Psychiater gehen davon aus, daß die Glücksfähigkeit durch das Zusammenwirken von Genen, Kindheitserfahrungen, chemischen Gehirnabläufen und wichtigen Lebensereignissen bestimmt wird. Natürlich können Erwachsene ihre Gene, Kindheitserfahrungen und vergangene Schicksalsschläge nicht ändern. Doch Menschen, die von Natur aus vor Verantwortung zurückscheuen, führen ihren Defätismus sehr leicht auf Kräfte zurück, die sich ihrem Einfluß entziehen, besonders wenn sie sich noch von ärztlicher Scharlatanerie einschüchtern lassen.

Glücklicherweise deuten sowohl der gesunde Menschenverstand und die praktische Beobachtung als auch jüngste wissenschaftliche Untersuchungen darauf hin, daß zwar für jeden die Karten des Glücks – wie auch im Hinblick auf alle weiteren Begabungen – anders gemischt sind, daß wir aber sehr viel dafür tun können, um unsere Trümpfe zu nutzen und sie im Laufe des Lebens sogar zu verbessern. Erwachsene haben zum Beispiel aufgrund ihrer Vererbung und des Ausmaßes an körperlichem Training in ihrer Kindheit und danach unterschiedliche athletische Fähigkeiten. Aber trotzdem kann jeder seine Fitneß durch vernünftige und regelmäßige körperliche Betätigung deutlich verbessern. Wir können durch erbliche Einflüsse oder Erziehung mehr oder weniger intelligent erscheinen, aber wir alle können unseren Verstand trainieren und entwickeln. Wir mögen durch unsere Gene und durch Umwelteinflüsse mehr oder weniger zu Übergewicht neigen, aber mit gesunder Ernährung und Bewegung können die meisten dicken Leute erheblich schlanker werden. Weshalb sollte dies, auch wenn wir vom Temperament her noch so benachteiligt scheinen, bei unserer Fähigkeit zum Glück grundsätzlich anders sein?

Die meisten Menschen haben bereits erlebt, daß sich das Leben von Bekannten oder Freunden aufgrund von Handlungen, für die sie sich frei entschieden haben, wesentlich verändert und sich ihr Glück nachhaltig vermehrt oder vermindert hat. Ein neuer Lebenspartner, ein neuer Beruf, ein neuer Wohnort, ein neuer Lebensstil oder auch die bewußte Entscheidung für eine veränderte Lebenseinstellung: all diese Punkte können sich grundlegend auf das Glück eines Menschen auswirken, und sie alle unterliegen seinem Einfluß. Vorbestimmung ist eine wenig überzeugende Hypothese, wenn sie nachweislich nur für jene Gültigkeit zu besitzen scheint, die an sie glauben. Die Tatsache, daß manche Menschen aus eigener Kraft ihr Schicksal verändern können, sollte uns dazu anspornen, jenen nachzueifern, die ihren freien Willen ausüben.

Die freie Entscheidung für das Glück wird von der Wissenschaft erhärtet

Inzwischen haben sich auch Psychologie und Psychiatrie (die mehr als die Ökonomie den Beinamen einer trostlosen Wissenschaft verdienen), bedrängt von den Ergebnissen anderer wissenschaftlicher Disziplinen, zu einem zuversichtlicheren Menschenbild durchgerungen, das besser zu Vernunft und praktischen Beobachtungen paßt. Genetiker dachten früher rein deterministisch und reduzierten komplexe menschliche Verhaltensweisen auf die Launen vererbter Gene. Doch Professor Steve Jones vom Londoner University College vertritt eine aufgeklärtere Sichtweise: »Man hat die Entdeckung einzelner Gene für manische Depression, Schizophrenie und Alkoholismus verkündet. Später mußte alles wieder zurückgenommen werden.«[2] Jetzt erfahren wir von einem hervorragenden Neuropsychologen: »Das neue Gebiet der Psychoneuro-Immunologie zeigt uns ... daß ein Mensch als ein einheitliches Ganzes agiert ... Die Befunde deuten darauf hin, daß es ein empfindliches Gleichgewicht zwischen unserem täglichen Denken und Fühlen und unserer körperlichen und geistigen Gesundheit gibt.«[3] Im Klartext: Man kann sich innerhalb bestimmter Grenzen für Glück oder Unglück und sogar Gesundheit oder Krankheit entscheiden.

Sensible Abhängigkeit von Ausgangsbedingungen

Das heißt nun nicht, daß wir frühere Erkenntnisse über die Bedeutung von Kindheitserfahrungen (oder späteren Schicksalsschlägen) verwerfen sollten. Im ersten Teil dieses Buches haben wir gesehen, daß die Chaostheorie von »sensibler Abhängigkeit von Ausgangsbedingungen« spricht. Demnach können Zufallsereignisse und scheinbar kleine Ursachen im Frühstadium jedes Phänomens zu starken Abweichungen im Endergebnis führen.

Auf ähnliche Weise scheinen wir in unserer Kindheit zu Anschauungen von uns selbst zu gelangen – daß wir geliebt werden oder nicht, daß wir intelligent sind oder dumm, daß wir geachtet oder verachtet werden, daß wir risikofreudig oder autoritätshörig sind –, die wir dann zeitlebens immer wieder durchspielen. Die anfängliche Anschauung, die wir vielleicht ohne jede objektive Grundlage übernommen haben, verselbständigt sich und wird zur sich selbst erfüllenden Prophezeiung. Spätere Ereignisse – schlechte Prüfungsergebnisse, ein geliebter Mensch, der sich von uns abwendet, eine Arbeitsstelle, die wir nicht bekommen, eine aus den Fugen geratende berufliche Karriere, eine Entlassung, ein gesundheitlicher Rückschlag – können uns aus der Bahn werfen und uns in unserem negativen Selbstbild bestärken.

Die aktive Suche nach dem Glück

Leben wir also in einer trostlosen Welt, in der nichts als Unglück auf uns wartet? Ich glaube nicht.

Der Humanist Pico della Mirandola (1463-1494) hat darauf hingewiesen, daß Menschen nicht wie andere Lebewesen sind.[4] Alle anderen Geschöpfe haben eine festgelegte Natur, die sie nicht verändern können. Die Natur der Menschen hingegen ist nicht eindeutig festgelegt. Sie verfügen also über die Fähigkeit, sich selbst zu formen. Der Rest der Schöpfung ist passiv; nur die Menschen haben eine aktive Natur.

Wenn das Unglück zuschlägt, können wir die Ereignisse erkennen und uns dagegen auflehnen. Wir haben die Freiheit, die Art unseres Denkens und Handelns zu verändern. Um ein Wort von Jean-Jacques Rousseau umzukehren: Der Mensch ist überall in Ketten, kann aber überall frei sein. Wir können unsere Einschätzung äußerlicher Ereignisse verändern, auch wenn wir diese selbst nicht verändern können. Und wir können mehr. Wir können kraft unserer Intelligenz Einfluß darauf nehmen, wie oft wir Ereignissen begegnen, die uns glücklich oder unglücklich machen.

Glück durch Stärkung der emotionalen Intelligenz

Daniel Goleman und andere Autoren haben der akademischen Intelligenz oder dem IQ die *emotionale* Intelligenz gegenübergestellt: »... Fähigkeiten wie die, sich selbst zu motivieren und auch bei Enttäuschungen weiterzumachen; Impulse zu unterdrücken und Gratifikationen hinauszuschieben; die eigenen Stimmungen zu regulieren und zu verhindern, daß Trübsal einem die Denkfähigkeit raubt; sich in andere hineinzuversetzen und zu hoffen.«[5] Emotionale Intelligenz hat für das Glück größere Bedeutung als abstrakte Intelligenz, aber unsere Gesellschaft legt kaum Wert auf die Entwicklung emotionaler Intelligenz. Goleman bemerkt dazu sehr treffend:

> Doch obwohl ein hoher IQ keine Garantie für Wohlstand, Ansehen oder Glück im Leben ist, fixieren sich unsere Schulen und unsere Kultur auf akademische Fähigkeiten und ignorieren die *emotionale* Intelligenz, einen Merkmalskomplex – manche werden vielleicht von »Charakter« sprechen –, der für unser persönliches Schicksal ebenfalls von überragender Bedeutung ist.[6]

Der positive Aspekt daran ist, daß man emotionale Intelligenz erlernen und pflegen kann: als Kind ohnehin, aber auch in jeder späteren Lebensphase. Goleman hat es auf wunderbare Weise ausgedrückt: »Temperament ist kein Schicksal.« Wir können unser Schicksal verändern, wenn wir unser Temperament verändern. Der Psychologe Martin Seligman weist darauf hin, »... daß Stimmungen wie Angst, Traurigkeit oder Zorn nicht einfach über einen kommen, ohne daß man irgendeinen Einfluß darauf hätte, sondern daß man seine Gefühle durch das, was man denkt, verändern kann.«[7] Es gibt bewährte Techniken zur Hemmung von Gefühlen beginnender Traurigkeit und Depression, ehe sie sich negativ auf Gesundheit und Glück auswirken. Außerdem können Sie durch die Kultivierung optimistischer Gewohnheiten Krankheiten verhindern und ein glücklicheres Leben führen. Außerdem weist Goleman darauf hin, daß Glück in Zusammenhang steht zu neurologischen Prozessen im Gehirn:

> Eine der wesentlichen biologischen Veränderungen im Zustand des Glücks ist eine Aktivierung in einem zerebralen Zentrum, das negative Gefühle hemmt und eine Steigerung der verfügbaren Energie fördert; ansonsten gibt es keine auffällige physiologische Veränderung, abgesehen von einer Beruhigung, die es dem Körper erlaubt, sich rascher von der biologischen Erregung durch unangenehme Emotionen zu erholen.[8]

Suchen Sie nach persönlichen Ansätzen, die positive Gedanken verstärken und negative abwehren können. Unter welchen Umständen sind Sie am positivsten und am negativsten gestimmt? Wo befinden Sie sich dann? In wessen Gesellschaft? Was tun Sie? Wie ist das Wetter? Jeder Mensch verfügt über ein breites Spektrum emotionaler Intelligenz, das je nach den Gegebenheiten zum Tragen kommt. Ansätze für den Aufbau emotionaler Intelligenz gibt es genug. Sie können sich eine Abwechslung gönnen, Sie können etwas für sich selbst tun oder Sie können sich mit den Dingen beschäftigen, die Sie besonders gut und entspannt im Griff haben. Umstände, unter denen Sie zu besonderer emotionaler Dummheit neigen, können Sie vermeiden oder einschränken.

Mehr Glück durch veränderte Einschätzung der Ereignisse

Wir alle kennen aus eigener Erfahrung die Depressionsfalle, in die wir durch trübsinnige und negative Gedanken immer weiter hineinrutschen, bis wir uns schließlich überhaupt keinen Ausweg mehr vorstellen können. Später dann, wenn alles vorüber ist, erkennen wir, daß es immer einen Ausweg gegeben hat. Wir können uns dazu erziehen, das Selbstbestätigungsmuster von Depressionen durch einfache Schritte zu durchbrechen. Wir können die Gesellschaft anderer Menschen suchen, unsere augenblickliche Umgebung verlassen oder uns zu körperlicher Betätigung zwingen.

Es gibt viele Fälle von besonders leidgeprüften Menschen – wie etwa Gefangene in Konzentrationslagern oder unheilbar Kranke – die durch positives Reagieren ihre Sichtweise verändern und ihre Überlebensfähigkeit steigern konnten.

Nach Meinung von Dr. Peter Fenwick, einem praktizierenden Neuropsychologen, »ist die Fähigkeit, im Dunkeln einen Silberstreifen am Horizont zu erkennen, nicht einfach nur Schönfärberei; es ist ein gesunder Selbstschutzmechanimus mit einer starken biologischen Basis.«[9] Optimismus erweist sich als medizinisch anerkanntes Element des Erfolgs und des Glücks; und als beste Motivation der Welt. Diese Form der Hoffnung hat C.R. Snyder, ein Psychologe an der University of Kansas definiert als »... die Überzeugung, daß man sowohl den Willen als auch die Möglichkeit hat, seine Ziele zu erreichen, worin sie auch bestehen mögen.«[10]

Mehr Glück durch veränderte Selbsteinschätzung

Halten Sie sich für erfolgreich oder erfolglos? Wenn Sie sich als erfolglos einschätzen, können Sie sicher sein, daß es sehr viele Menschen gibt, die weniger als Sie erreicht haben und die die meisten Leute auch als weniger erfolgreich beschreiben würden. Ihre Wahrnehmung des eigenen Erfolgs trägt sowohl zu Ihrem Erfolg als auch zu Ihrem Glück bei. Und Ihr Gefühl der Erfolglosigkeit hemmt sowohl Ihren Erfolg als auch Ihr Glück.

Gleiches gilt dafür, ob Sie sich als glücklich oder unglücklich einschätzen. Richard Nixon beendete den Vietnamkrieg mit der Erklärung, die USA hätten ihre Ziele erreicht. Dabei ging er sicherlich sehr sparsam mit der Wahrheit um, aber wen interessierte das? Der Neuaufbau des amerikanischen Selbstbewußtseins konnte beginnen. Auch Sie können glücklich oder unglücklich werden, einfach indem Sie sich für ein Gefühl entscheiden.

Entscheiden Sie sich dafür, glücklich zu sein. Das sind Sie sich selbst und anderen schuldig. Wenn Sie nicht glücklich sind, schmälern Sie damit auch das Glück Ihres Partners und anderer Personen, die in engem Kontakt zu Ihnen stehen. Deshalb haben Sie die positive Pflicht, glücklich zu sein.

Die Psychologen erklären, daß alle Wahrnehmungen von Glück in Bezug zum Selbstwertgefühl stehen. Ein positives Selbstbild ist eine wesentliche Voraussetzung für Glück. Ein hohes Selbstwertgefühl kann und sollte kultiviert werden. Auch Sie können es. Geben Sie Schuldgefühle auf, vergessen Sie Ihre Schwächen, konzentrieren Sie sich auf Ihre Stärken und bauen Sie darauf auf. Denken Sie an all Ihre guten Taten, an die kleinen und großen Erfolge, die Sie errungen haben, an alle Anerkennung, die Sie erhalten haben. Sie können viel für sich ins Feld führen, und wenn Sie es schon nicht aussprechen, sollten Sie es zumindest denken. Sie werden erstaunt sein über die Wirkung auf Ihre Beziehungen, Ihre Leistungen und Ihr Glück.

Vielleicht haben Sie das Gefühl, sich selbst zu hintergehen. Aber mit einer negativen Selbstwahrnehmung machen Sie sich nicht weniger der Selbsttäuschung schuldig. Wir erzählen uns ununterbrochen Geschichten über uns selbst. Das müssen wir auch, denn es gibt keine objektive Wahrheit. Und in diesem Fall können Sie sich ebensogut für die positiven Geschichten entscheiden. Dadurch erhöhen Sie, angefangen bei sich selbst und austrahlend auf andere, die Summe menschlichen Glücks.

Setzen Sie Ihre gesamte Willenskraft dafür ein, glücklich zu werden. Legen Sie sich die richtigen Geschichten über sich selbst zurecht – und glauben Sie daran!

Mehr Glück durch Veränderung der Ereignisse

Ein weiterer Schritt auf dem Weg zu mehr Glück besteht darin, die Ereignisse zu verändern. Niemand hat je die vollkommene Kontrolle darüber, welche Ereignisse ihm begegnen, aber wir können einen viel stärkeren Einfluß ausüben, als wir denken.

Wenn wir, um glücklich zu werden, aufhören müssen, unglücklich zu sein, sollten wir als erstes Situationen und Menschen vermeiden, die uns deprimieren und uns den Mut nehmen.

Mehr Glück durch anderen Umgang

Es ist medizinisch erwiesen, daß wir ein hohes Ausmaß an Streß verkraften können, wenn wir einige ausgezeichnete persönliche Beziehungen unterhalten. Alle Beziehungen, die entweder zu Hause, bei der Arbeit oder im sozialen Umfeld einen großen Teil unserer Zeit beanspruchen und zu unserem Alltag gehören, üben einen enormen Einfluß auf unser Glück und unsere Gesundheit aus. Dies unterstreicht ein Zitat von John Cacioppo, der als Psychologe an der Ohio State University lehrt:

> Entscheidend für die Gesundheit scheinen die wichtigsten Beziehungen in unserem Leben zu sein, die Leute, die man tagtäglich sieht. Und je bedeutender die Beziehung für unser Leben ist, desto stärker wirkt sie sich auf unsere Gesundheit aus.[11]

Denken Sie über die Menschen nach, denen Sie Tag für Tag begegnen. Fühlen Sie sich in ihrer Gegenwart glücklicher oder unglücklicher? Könnten Sie entsprechend weniger oder mehr Zeit mit ihnen verbringen?

Schlangengruben vermeiden

Es gibt für jeden von uns Situationen, mit denen wir schlecht zurechtkommen. Ich habe nie eingesehen, weshalb man jemandem beibringen sollte, keine Angst vor Schlangen zu haben. Es ist doch viel vernünftiger, dem Dschungel aus dem Weg zu gehen.

Natürlich sind die Dinge, die uns aus der Fassung bringen, von Mensch zu Mensch sehr verschieden. Ich zum Beispiel werde wütend, wenn ich mich mit sinnloser Bürokratie herumschlagen muß. Wenn ich mehr als einige Minuten in Gesellschaft von Rechtsanwälten verbringe, spüre ich wachsenden Streß. In Verkehrsstaus werde ich unruhig. Oft fühle ich mich niedergeschlagen, wenn ich den ganzen Tag keinen Sonnenstrahl zu sehen bekomme. Ich hasse es, mit zu vielen Leuten in einem Raum eingesperrt zu sein. Ich kann es nicht aushalten, wenn Mitarbeiter nach Ausflüchten suchen und sich wortreich über Probleme auslassen, die sich ihrem Einfluß entziehen. Wenn ich ein Stoßzeitpendler wäre, der mit Rechtsanwälten zusammenarbeitet und in Schweden lebt, würde ich bestimmt in Depressionen versinken und mich womöglich sogar aufhängen. Aber ich habe gelernt, solche Situationen tunlichst zu vermeiden. Ich bin kein Pendler, benutze keine Massenverkehrsmittel während der Stoßzeit, verbringe mindestens eine Woche pro Monat in der Sonne, bezahle andere für die Erledigung bürokratischer Angelegenheiten, umfahre Staus, auch wenn es noch länger dauert, beschäftige keine zu Ausreden neigenden Mitarbeiter und stelle immer wieder verwundert fest, daß bei Anrufen von Rechtsanwälten nach fünf Minuten plötzlich die Verbindung unterbrochen ist. All dies trägt dazu bei, daß ich wesentlich glücklicher bin.

Zweifellos haben auch Sie neuralgische Punkte. Schreiben Sie sie gleich auf! Steuern Sie Ihr Leben ganz bewußt so, daß Sie diese Bereiche vermeiden können. Schreiben Sie auch gleich auf, wie! Überprüfen Sie jeden Monat, wie weit Sie damit gediehen sind. Gratulieren Sie sich zu jedem kleinen Vermeidungssieg.

In Kapitel 10 haben Sie Ihre Unglücksinseln bestimmt. Genaues und analytisches Nachdenken darüber, wann Sie am unglücklichsten waren, führt oft zu naheliegenden Schlußfolgerungen. Sie hassen Ihre Arbeit! Ihr Ehepartner deprimiert Sie! Oder vielleicht genauer, Sie hassen ein Drittel Ihrer Arbeit, Sie halten die Freunde oder Eltern Ihres Ehepartners nicht aus, Sie leiden geistige Qualen durch Ihren Chef, Sie verabscheuen Hausarbeit. Wunderbar. Endlich ist es Ihnen wie Schuppen von den Augen gefallen. Jetzt müssen Sie nur noch etwas dagegen unternehmen ...

Tägliche Glücksgewohnheiten

Nachdem Sie die Ursachen für Ihre Unzufriedenheit beseitigt – oder zumindest entsprechende Pläne gefaßt – haben, sollten Sie Ihre Energie hauptsächlich auf die positive Suche nach Glück richten. Dafür eignet sich keine Zeit so gut wie die Gegenwart. Glück ist eine zutiefst existentielle Frage. Glück gibt es nur jetzt. An vergangenes Glück kann man sich erinnern, zukünftiges Glück kann man planen, aber die Erfahrung von Glück kann man nur im Hier und Jetzt machen.

Dafür brauchen wir unsere täglichen Glücksgewohnheiten, die eine gewissen Ähnlichkeit (und auch Verwandtschaft) zu unseren täglichen Fitneß- und Nahrungsgewohnheiten haben. Abbildung 43 zeigt meine sieben täglichen Glücksgewohnheiten.

1 Körperliche Betätigung
2 Intellektuelle Anregung
3 Spirituelle/künstlerische Anregung/Meditation
4 Eine gute Tat
5 Eine vergnügliche Unterbrechung mit einem Freund
6 Sich etwas gönnen
7 Sich gratulieren

Abbildung 43: Sieben tägliche Glücksgewohnheiten

Ein wesentlicher Bestandteil meines glücklichen Tages ist *körperliche Betätigung*. Nach (wenn auch nicht während) physischer Bewegung fühle ich mich immer sehr gut. Dies liegt offensichtlich an den durch die Anstrengung freigesetzten Endorphinen. Dabei handelt es sich um körpereigene Anti-Depressiva, die wie bestimmte anregende Drogen wirken (aber ohne deren Risiken und Kosten). Tägliche Bewegung ist eine wichtige Gewohnheit, und wenn Sie keine feste Gewohnheit daraus machen, werden Sie viel zu selten dazu kommen. An Arbeitstagen mache ich meine Übungen immer vor der Arbeit, damit mir die entsprechende Zeit nicht durch unerwarteten Arbeitsdruck verlorengeht. Wenn Sie viel auf Reisen sind, planen Sie unbedingt Zeit für körperliche Bewegung ein, sobald Sie die Tickets bestellen. Ändern Sie, falls nötig, den Zeitplan, um Ihre Übungen nicht zu versäumen. Wenn Sie ein vielbeschäftigter Manager sind, legen Sie keine Verabredungen vor 10.00 Uhr, damit Sie genügend Zeit für Ihre Übungen haben und sich gründlich auf Ihren schweren Arbeitstag vorbereiten können.

Ein weiteres Hauptelement eines erfüllten Tages ist die *intellektuelle Anregung*. Diese kann mit Ihrer Arbeit verbunden sein, falls dies jedoch nicht der Fall ist, müssen Sie unbedingt dafür sorgen, daß Ihr Verstand in Bewegung bleibt. Hier bieten sich je nach Ihren Interessen zahlreiche Möglichkeiten an: Kreuzworträtsel, bestimmte Zeitungen und Zeitschriften, die Lektüre eines Abschnitts aus einem Buch, ein mindestens zwanzigminütiges Gespräch mit einem klugen Freund über ein abstraktes Thema, das Verfassen eines kurzen Artikels oder eines Tagebucheintrags und eigentlich alles, was aktives Denken erfordert (Fernsehen, auch wenn es sich um anspruchsvolle Sendungen handelt, eignet sich nicht).

Ein dritter essentieller Faktor ist die *spirituelle oder künstlerische Anregung*. Das mag schwierig klingen, aber gemeint ist nur, daß man täglich mindestens eine halbe Stunde Nahrung für Phantasie und Geist benötigt. In Frage kommen der Besuch eines Konzerts, einer Ausstellung, eines Theaters oder eines Kinofilms, ebenso wie die Lektüre eines Gedichts, die Betrachtung eines Sonnenuntergangs oder des Sternenhimmels und das Miterleben anderer belebender Ereignisse (das kann auch ein Ballspiel sein, ein Rennen, eine politische Versammlung, ein Kirchenbesuch oder ein Spaziergang im Park). Auch Meditation eignet sich sehr gut.

Die vierte tägliche Glücksgewohnheit besteht darin, *etwas für andere zu tun.* Dabei muß es sich nicht um eine großartige Wohltat handeln, es reicht eine beliebige Freundlichkeit. So kann man zum Beispiel für jemand anderen eine Münze in eine abgelaufene Parkuhr werfen oder sich Zeit nehmen, um jemandem genau den Weg zu erklären. Schon eine kleine altruistische Tat kann sehr belebend wirken.

Die fünfte Gewohnheit ist *eine vergnügliche Unterbrechung mit einem Freund.* Die Zusammenkunft sollte mindestens eine halbe Stunde dauern, aber die äußerliche Form spielt keine Rolle. Sie können miteinander einen Kaffee oder ein Glas Bier trinken, zum Essen gehen oder einen gemütlichen Spaziergang machen.

Die sechste Gewohnheit besteht darin, daß *Sie sich etwas gönnen.* Damit Ihnen die Ideen nicht ausgehen, schreiben Sie am besten gleich eine Liste aller Amüsements zusammen, in die Sie sich stürzen könnten (keine Sorge, Sie müssen die Liste niemandem zeigen!). Dann sollten Sie sich unbedingt täglich mindestens eines dieser Vergnügen gönnen.

Zum Tagesabschluß folgen Sie der letzten Gewohnheit und *gratulieren sich selbst* dazu, die täglichen Glücksgewohnheiten eingehalten zu haben. Wenn Sie fünf oder mehr dieser Punkte (einschließlich des siebten) befolgt haben, können Sie dies als Erfolg werten. Wenn Sie die fünf nicht geschafft haben, aber etwas Bedeutendes erreicht oder Spaß gehabt haben, sollten Sie sich dennoch zu Ihrem lohnenden Tagesverlauf gratulieren.

Mittelfristige Glücksstrategien

Abbildung 44 enthält sieben weitere Punkte, die eine Abkürzung zu einem glücklichen Leben ermöglichen.

1 Ihren Einfluß erhöhen
2 Erreichbare Ziele festsetzen
3 Flexibilität
4 Enge Beziehung zum Lebenspartner
5 Wenige gute Freundschaften
6 Wenige enge berufliche Bündnisse
7 Den idealen Lebensstil entwickeln

Abbildung 44: Sieben Abkürzungen zu einem glücklichen Leben

Die erste Abkürzung besteht darin, *den Einfluß auf Ihr Leben zu erhöhen*. Mangelnder Einfluß ist die Ursache für sehr viel Unsicherheit und Unruhe. Ich würde lieber eine lange, mir vertraute Umgehungsroute um eine Stadt fahren als eine möglicherweise kürzere Strecke, die ich nicht kenne. Busfahrer sind viel frustrierter und anfälliger für einen Herzinfarkt als Busschaffner, weniger aus fehlender Bewegung, sondern weil sie kaum Einfluß darauf haben, wann der Bus weiterfährt. Die Arbeit in einer klassischen Riesenbürokratie führt zur Entfremdung, weil man sein eigenes Arbeitsleben nicht kontrolliert. Selbständige, die sich ihre Arbeitszeit selbst einteilen, sind glücklicher als abhängig Beschäftigte.

Wenn Sie den Einfluß auf Ihr Leben erhöhen wollen, müssen Sie planen und Risiken eingehen. Dafür winken Ihnen auch hohe Glücksrenditen.

Die Festlegung vernünftiger und erreichbarer Ziele ist die zweite Abkürzung auf dem Weg zum Glück. Aus psychologischen Untersuchungen geht hervor, daß wir in der Regel am meisten erreichen, wenn wir uns reizvolle, aber nicht zu schwierige Ziele setzen. Zu einfache Aufgaben verleiten uns zu Selbstgefälligkeit, und wir geben uns mit durchschnittlichen Leistungen zufrieden. Aber zu komplizierte Ziele – zu denen Menschen mit Schuldgefühlen und übergroßem Ehrgeiz neigen – wirken demoralisierend und führen nur dazu, daß sich das Selbstbild vom Versager bestätigt. Denken Sie daran, daß Sie glücklicher werden möchten. Im Zweifelsfalle sollten Sie sich lieber einfache Ziele vornehmen. Für Ihr Glück ist es besser, leichte Aufgaben zu erfüllen, als an schweren zu scheitern, auch wenn Ihnen das ehrgeizigere Ziel objektiv größere Leistungen abverlangen würde. Wenn Sie zwischen Erfolg und Glück wählen müssen, entscheiden Sie sich für das Glück.

Die dritte Abkürzung fordert Sie auf zu *Flexibilität, wenn Pläne und Erwartungen von Zufallsereignissen durchkreuzt werden.* John Lennon hat einmal bemerkt, daß Leben das ist, was passiert, während wir gerade andere Pläne machen. Natürlich müssen wir danach streben, daß sich unsere Pläne erfüllen, damit wir aktiv auf das Leben einwirken statt umgekehrt. Aber wir müssen auch darauf gefaßt sein, daß das Leben Einwände und Ablenkungen bereithält. Diese Aufforderungen des Lebens sollten wir zuversichtlich und spielerisch als einen Kontrapunkt zu unseren Plänen akzeptieren. Wenn möglich sollten wir den unerwarteten Schwenk des Lebens in unseren Plan einfügen, um ihn auf eine noch höhere Ebene zu führen. Wenn uns die Phantasie im Stich läßt, sollten wir das Unerwartete umgehen oder aus dem Weg räumen. Wenn beides unmöglich ist, sollten wir mit Würde und innerer Reife akzeptieren, was sich unserem Einfluß entzieht, und uns anderen Dingen zuwenden, die unserem Einfluß unterliegen. Auf keinen Fall sollten wir es zulassen, daß uns unerwartete Entwicklungen des Lebens aus der Ruhe bringen oder Zorn, Selbstzweifel und Bitterkeit in uns wecken.

Viertens sollten Sie *eine enge Beziehung zu einem glücklichen Lebenspartner eingehen.* Wir sind darauf programmiert, eine enge Beziehung mit einer Person einzugehen. Die Wahl dieses Partners ist eine der wenigen Lebensentscheidungen (eine der 20 Prozent), die über unser Glück oder Unglück bestimmen. Sexuelle Anziehung ist eines der großen Geheimnisse der Welt und läßt eine extreme Form des 80/20-Prinzips erkennen: Innerhalb weniger flüchtiger Sekunden kann die innere Verbindung hergestellt sein, so daß man in 1 Prozent der Zeit 99 Prozent der Anziehungskraft spürt und sofort weiß, das ist der oder die Richtige![12] Doch das 80/20-Prinzip weist uns auch darauf hin, vor Gefahren und verschwendetem Glück auf der Hut zu sein. Vergessen Sie nicht, daß Sie theoretisch mit sehr vielen Menschen eine solche Gemeinschaft eingehen könnten. Gefühlsregungen dieser Art können wiederkommen.

Wenn Sie sich noch nicht für einen Partner entschieden haben, bedenken Sie, daß Ihr Glück stark vom Glück Ihres Lebenspartners abhängt. Im Sinne Ihres Glücks wie auch der Liebe werden Sie bestrebt sein, Ihren Partner glücklich zu machen. Aber das fällt Ihnen viel leichter, wenn er oder sie von Natur aus ein glückliches Temperament hat und/oder sich später durch tägliches Handeln bewußt um sein/ihr Glück bemüht. Wenn Sie sich mit einem unglücklichen Menschen verbinden, besteht die Gefahr, daß auch Sie unglücklich werden. Menschen mit geringer Selbstachtung und schlechtem Selbstvertrauen können das gemeinsame Leben zum Alptraum machen, auch wenn die gegenseitige Liebe noch so groß ist. Wenn Sie ein sehr glücklicher Mensch sind, gelingt es Ihnen vielleicht, einen unglücklichen Menschen glücklicher zu machen, aber es bleibt eine verdammt schwierige Aufgabe. Zwei Menschen mit leichter Neigung zum Unglücklichsein, die sich innig lieben, könnten mit großer Entschlossenheit und konsequenter Befolgung von Glücksgewohnheiten ein gemeinsames Glück erreichen. Aber ich würde nicht darauf wetten. Zwei wirklich unglückliche Menschen werden sich trotz größter Liebe gegenseitig in den Wahnsinn treiben. Wenn Sie glücklich sein wollen, entscheiden Sie sich für die Liebe zu einem glücklichen Partner.

Aber vielleicht haben Sie ja schon einen Partner, der nicht glücklich ist, und wenn dies der Fall ist, geht dies sicherlich zu Lasten Ihres eigenen Glücks. Unter diesen Voraussetzungen sollte es für beide nichts Wichtigeres geben als das Streben, den Partner glücklich zu machen.

Die fünfte Abkürzung wählen Sie, wenn Sie *eine gute Freundschaft mit wenigen Freunden pflegen*. Das 80/20-Prinzip erklärt, daß sich die größte Zufriedenheit, die Sie aus all Ihren Freundschaften ziehen, auf die Beziehungen zu einer kleinen Zahl von Freunden beschränkt. Des weiteren verweist das Prinzip auf die hohe Wahrscheinlichkeit einer falschen Zeitaufteilung. Sie verbringen zuviel Zeit mit den weniger guten Freunden und zuwenig Zeit mit den sehr guten Freunden. Zwar widmen Sie diesen guten Freunden jeweils vielleicht mehr Zeit, aber wie die meisten Leute haben Sie wahrscheinlich mehr Freunde und Bekannte der »nicht so guten«

Sorte, die dadurch insgesamt trotzdem mehr Zeit beanspruchen als die wirklichen Freunde. Deshalb sollten Sie sich überlegen, wer die guten Freunde sind, und ihnen 80 Prozent der für Freunde reservierten Zeit widmen. (Auch den Gesamtaufwand an Zeit sollten Sie vielleicht erhöhen.) Entwickeln Sie diese Freundschaften nach Kräften weiter, denn sie sind eine echte Quelle gegenseitigen Glücks.

Die sechste Abkürzung ähnelt der fünften: *Entwickeln Sie starke berufliche Bündnisse mit einer kleinen Zahl von Menschen, deren Gesellschaft Ihnen Freude bereitet.* Nicht all Ihre Arbeits- oder Berufskollegen sollten Ihre Freunde werden. Diese Freundschaften wären zu oberflächlich. Aber einige wenige sollten zu engen Freunden und Verbündeten werden. Menschen, für die Sie sich ins Zeug legen und die das gleiche für Sie tun. Das fördert nicht nur Ihre Karriere, sondern bereichert auch Ihre Freude an der Arbeit; es verhindert, daß Ihnen die Arbeit fremd wird; und es schafft eine Verbindung zwischen Ihrer Arbeit und Ihrer Freizeit. Auch diese Verbindung ist entscheidend für Erfüllung und Glück.

Die letzte Abkürzung zum bleibenden Glück ist *die Entwicklung eines Lebensstils, den Sie und Ihr Partner wollen.* Dies setzt ein harmonisches Gleichgewicht zwischen Ihrer Arbeit, Ihrem Privatleben und Ihrem gesellschaftlichen Leben voraus. Das bedeutet, daß Sie leben, wo Sie arbeiten wollen, daß Sie die gewünschte Lebensqualität haben, daß Sie genügend Zeit für familiäre und soziale Angelegenheiten haben und daß Sie bei der Arbeit genauso glücklich sind wie außerhalb der Arbeit.

Schluß

Glück ist eine Verpflichtung. Wir sollten uns für das Glück entscheiden. Wir sollten daran arbeiten. Und dabei sollten wir denen, die uns am nächsten stehen, und auch jenen, die nur zufällig unseren Pfad kreuzen, eine Hilfe sein, damit auch sie ihr Glück finden.

Danksagung

Dies ist das anstrengendste und am besten recherchierte Buch, das ich je geschrieben habe. Und dies, obwohl das 80/20-Prinzip doch besagt, daß ich 80 Prozent der Qualität des Buches schon in 20 Prozent der Zeit hätte erreichen können. Es wäre sicher einfacher für mich gewesen, und nur der Leser kann entscheiden, ob sich die zusätzliche Mühe gelohnt hat. Ich glaube schon, aber ich habe in dieser Frage jegliche Objektivität verloren.

Dieses Projekt war in einem viel höheren Maße eine kollektive Arbeit als meine früheren Bücher. Glauben Sie nicht der falschen Bescheidenheit von Autoren, die ihre Bücher großzügig als »Teamergebnis« hinstellen. Letztlich kann ein Buch nur von einem Autor (oder von mehreren) geschrieben werden. Aber ich möchte mehreren Menschen danken, ohne die dieses Buch nicht zustande gekommen oder zumindest viel schlechter ausgefallen wäre.

Der erste ist Mark Allin, der früher für Pitman Publishing tätig war und jetzt mein Partner bei Capstone Publishing ist. Er hatte die erste Idee zu dem Buch.

An zweiter Stelle kommt Nicholas Brealey, der sich mit soviel Klugheit und Einsatz um dieses Buch bemüht hat, daß ich nur hoffen kann, die Sache wird sich für ihn lohnen. Nach dem Manstein-Prinzip (siehe Kapitel 13) sind Leute wie Nicholas, die gescheit und emsig arbeiten, *ipso facto* gefährlich und sollten sofort entlassen werden. Ich bin froh, daß er sein eigenes Unternehmen hat. Er war unglaublich beharrlich, und dafür bin ich ihm sehr dankbar.

Sally Lansdell Yeung war die »unsichtbare Dritte«, die für die

Stimmigkeit von Inhalt und Struktur des Textes sorgte. Ihre Begabung als Redakteurin ist nicht zu übersehen.

Nick Oosterlinck leistete hervorragende Arbeit bei der Recherche der Geschichte des 80/20-Prinzips von 1897 bis 1997. Derzeit ist er von meinem Radarschirm verschwunden, aber wenn er sich melden würde, würde ich ihm gerne ein paar Flaschen Champagner zukommen lassen.

Danken möchte ich natürlich auch Herrn Pareto für die Entdekkung des 80/20-Prinzips, aber nicht nur ihm, sondern auch den Herren Juran, Zipf und Krugman und den unbekannten Helden, die in den sechziger Jahren bei IBM weiter daran gearbeitet haben. Gleiches gilt für die zahlreichen Menschen aus allen Lebensbereichen und Fachdisziplinen, die Hunderte von Zeitungsartikeln über das 80/20-Prinzip verfaßt haben. Aus vielen dieser Arbeiten habe ich ausführlich zitiert, um zu belegen, auf wie vielfältige Weise das Prinzip genutzt werden kann. Dabei habe ich mich sehr darum bemüht, ihren Beitrag in den Anmerkungen zu würdigen. Sollten mir dennoch Versäumnisse unterlaufen sein, bitte ich um Entschuldigung und eine entsprechende Berichtigung, um sie in eventuellen Nachfolgeauflagen einarbeiten zu können. Besonderen Dank schulde ich David Parker, Dozent für Managerial Economics und Business Strategy an der Business School der University of Birmingham, dessen Arbeiten zur Anwendung der Chaostheorie auf die Geschäftsstrategie voller brillanter Einsichten steckt, von denen ich viele übernommen habe.

Zuletzt braucht jeder wahre Gläubige seine skeptischen Vertrauten. Patrick Weaver und Lee Dempsey, die diese Aufgabe auf bewundernswerte Weise erfüllt haben, gebührt dafür höchste Anerkennung.

Anmerkungen

Kapitel 1

1 Josef Steindl, *Random Processes and the Growth of Firms: A Study of the Pareto Law*, London 1965, S. 18.

2 Umfassende Nachforschungen haben eine große Zahl von kurzen Artikeln zum 80/20-Prinzip (meist als 80/20-Regel bezeichnet), aber kein einziges Buch zum Thema zutage gefördert. Falls ein Buch über das 80/20-Prinzip existiert, und sei es auch nur eine unveröffentlichte akademische Arbeit, wäre ich für einen Hinweis sehr dankbar. Ein kürzlich erschienenes Buch, das zwar nicht im engeren Sinne vom 80/20-Prinzip handelt, lenkt dennoch die Aufmerksamkeit auf dessen Bedeutung. John J. Cotters *The 20% Solution* (Chichester 1995) gibt in seiner Einleitung einen wertvollen Ratschlag: »Überlegen Sie sich die 20 Prozent Ihrer Tätigkeiten, die am meisten zu Ihrem zukünftigen Erfolg beitragen werden, und konzentrieren Sie Ihre Zeit und Kraft auf diese 20 Prozent.« (S. XIX) Cotter erwähnt Pareto am Rande (S. XXI), aber weder Pareto noch das 80/20-Prinzip werden (unter diesem oder einem anderen Namen) außerhalb der Einleitung genannt, und Pareto erscheint nicht einmal im Register. Wie viele andere Autoren schreibt Cotter Pareto die Formulierung »80/20« zu: »Vilfredo Pareto war ein in Frankreich geborener Ökonom, der vor hundert Jahren beobachtete, daß in den meisten Situationen 20 Prozent der Faktoren 80 Prozent der Folgen verursachen (das heißt, 20 Prozent der Kunden eines Unternehmens sorgen für 80 Prozent der Gewinne). Er bezeichnete dies als Paretos Gesetz.« (S. XXI) Pareto selbst benutzte nie den Ausdruck »80/20« oder etwas Ähnliches. Was er als sein Gesetz bezeichnete, war eine mathematische Formel (siehe Anmerkung 4), die zwar letztlich der Ursprung des heute bekannten 80/20-Prinzips, aber keineswegs mit diesem identisch ist.

3 »Living with the Car« in *Economist*, 22. Juni 1996, S. 8.

4 Vilfredo Pareto, *Cours d'èconomique politique*, Universität Lausanne 1896/7. Entgegen der geläufigen Anschauung hat Pareto in seiner Erörterung der Einkommensungleichheit und auch an anderer Stelle den Ausdruck »80/20« nie verwendet. Er machte nicht einmal die Bemerkung, daß 80 Prozent des Einkommens von 20 Prozent der arbeitenden Bevölkerung verdient wurde, obgleich sich dieses Schlußfolgerung aus seinen weit komplexeren Berechnungen hätte ableiten lassen. Was das Interesse Paretos und seiner Nachfolger erregte, war das konstante Verhältnis zwischen Spitzenverdienern und dem ihnen zuzurechnenden Prozentsatz am Gesamteinkommen, denn dieses Verhältnis folgte einer regelmäßigen logarithmischen Verteilung und ließ sich stets als ähnliches Schaubild darstellen, gleich, welcher Zeitabschnitt in einem Land herangezogen wurde.
Die Formel lautet folgendermaßen. N sei die Zahl der Einkommensverdiener, die ein Einkommen über x beziehen, wobei A und m die Konstanten bilden. Pareto stellte fest, daß:

$$\log N = \log A + m \log x$$

5 Es sollte festgehalten werden, daß weder Pareto noch einer seiner Nachfolger der nächsten Generation diese Vereinfachung vornahmen. Diese läßt sich jedoch schlüssig aus seiner Methode herleiten und ist viel zugänglicher als alle Erklärungsmodelle Paretos.

6 Besonders an der Harvard University scheint Pareto viele Anhänger gefunden zu haben. Neben Zipfs Einfluß in der Philologie würdigte vor allem die Wirtschaftsfakultät das »Pareto-Gesetz«. Die beste Erklärung hierzu enthält immer noch der Artikel von Vilfredo Pareto in *Quarterly Journal of Economics*, Vol. LXIII, Nr. 2, Mai 1949 (President and Fellows of Harvard College).

7 Eine ausgezeichnete Erklärung des Gesetzes von Zipf findet sich in Paul Krugman, *The Self-Organizing Economy*, Cambridge, Massachusetts, 1996, S. 39.

8 Joseph Moses Juran, *Quality Control Handbook*, New York 1951, S. 38-39. Dies ist die Erstausgabe mit nur 750 Seiten. Die aktuelle Ausgabe hat über 2000 Seiten. Juran bezieht sich zwar auf das »Paretoprinzip« und erklärt auch präzise seine Bedeutung, aber der Ausdruck 80/20 erscheint in der Erstausgabe überhaupt nicht.

9 Paul Krugman, a.a.O., Anmerkung 7.

10 Malcolm Gladwell, »The Tipping Point« in *New Yorker*, 3. Juni 1996.

11 Malcolm Gladwell, a.a.O.

12 Siehe James Gleick, *Chaos: die Ordnung des Universums: Vorstoß in Grenzbereiche der modernen Physik*, München 1990.
13 Siehe W. Brian Arthus, »Competing Technologies, Increasing Returns, and Lock-in by Historical Events« in *Economic Journal*, Vol. 99, März 1989, S. 116-131.
14 George Bernard Shaw zitiert nach John Adair, *Effective Innovation*, London 1996, S. 169.
15 Zitiert nach James Gleick, a.a.O., S. 433.

Kapitel 2

1 Berechnung des Autors basierend auf Donella H. Meadows, Dennis L. Meadows und Jorgen Randers, *Die neuen Grenzen des Wachstums: die Lage der Menschheit: Bedrohung und Zukunftschancen*, Stuttgart 1992.
2 Berechnung des Autors basierend auf Lester R. Brown, Christopher Flavin und Hal Kane, *Earthscan*, London 1992, S. 111. Dieses Buch basiert seinerseits auf Ronald V.A. Sprout und James H. Weaver, *International Distribution of Income: 1960-1987*, Working Paper No. 159, Department of Economics, American University, Washington DC, Mai 1991.
3 »Strategic Plannig Futurists Need to Be Capitation-Specific and Epidemiological« in *Health Care Strategic Management*, 1. September 1995.
4 Malcolm Gladwell, »The Science of Shopping« in *New Yorker*, 4. November 1996.
5 Mary Corrigan und Gary Kauppila, *Consumer Book Industry Overview and Analysis of the Two Leading Superstore Operators*, Chicago, Illinois, 1996.

Kapitel 3

1 Joseph Moses Juran, a.a.O. (siehe Kapitel 1, Anmerkung 8), S. 38-39.
2 Ronald J. Recardo, »Strategic Quality Management: Turning the Spotlight on Strategies as Well as Tactical Issues« in *National Productivity Review*, 22. März 1994.
3 Niklas von Daehne, »The New Turnaround« in *Success*, 1. April 1994.
4 David Lowry, »Focusing on Time and Teams to Eliminate Waste at Shingo Prize-Winning Ford Electronics« in *National Productivity Review*, 22. März 1993.

5 Terry Pinnell, »Corporate Change Made Easier« in *PC User*, 10. August 1994.
6 James R. Nagel, »TQM and the Pentagon« in *Industrial Engineering*, 1. Dezember 1994.
7 Chris Vandersluis, »Poor Planning Can Sabotage Implementation« in *Computing Canada*, 25. Mai 1994.
8 Steve Wilson, »Bringing AI Out of the Ivory Tower« in *AI Expert*, 1. Februar 1994.
9 Jeff Holtzman, »And Then There Were None« in *Electronics Now*, 1. Juli 1994.
10 »Software Developers Create Modular Applications That Include Low Prices and Core Functions« in *MacWeek*, 17. Januar 1994.
11 Barbara Quint, »What's Your Problem?« in *Information Today*, 1. Januar 1995.
12 Siehe Richard Koch und Ian Godden, *Managing Without Management*, London 1996, besonders Kapitel 6, S. 96-109.
13 Peter Drucker, *Managing in a Time of Great Change*, London 1995, S. 96f.
14 Richard Koch und Ian Godden a.a.O. (siehe Anmerkung 12); Kapitel 6 und S. 159.

Kapitel 5

1 Henry Ford, *Ford on Management*, mit einer Einleitung von Ronnie Lessem, Oxford 1991, S. 10, 141 und 148. Neuauflage von Henry Ford, *My Life and Work*, 1922, und *My Philosophy of Industry*, 1929.
2 Günter Rommel, *Einfach überlegen*, Stuttgart 1993.
3 George Elliott, Ronald G. Evans und Bruce Gardiner, »Managing Cost: Transatlantic Lessons« in *Management Review*, Juni 1996.
4 Richard Koch und Ian Godden, a.a.O. (siehe Kapitel 3, Anmerkung 12).
5 Carol Casper, »Wholesale Changes« in *US Distribution Journal*, 15. März 1994.
6 Ted R. Compton, »Using Activity-Based Costing in Your Organization« in *Journal of Systems Management*, 1. März 1994.

Kapitel 6

1 Vin Manaktala, »Marketing: The Seven Deadly Sins« in *Journal of Accountancy*, 1. September 1994.

2 Wir vergessen allzu leicht den bewußten und erfolgreichen Wandel der Gesellschaft, ausgelöst durch den Idealismus und die Begabung einiger bahnbrechender Industrieller des frühen 20. Jahrhunderts, die die These des »Füllhorns« vertraten: daß die damals vorherrschende Armut gebannt werden konnte. Dazu noch ein Zitat von Henry Ford: »Die Pflicht zur Beseitigung der verheerenden Formen von Armut läßt sich leicht erfüllen. Die Erde ist so grenzenlos fruchtbar, daß es für alle reichlich Nahrung, Kleidung, Arbeit und Muße geben kann.« Aus Henry Ford, *Ford on Management*, mit einer Einleitung von Ronnie Lessem, Oxford 1991, S. 10, 141 und 148. Ich danke Ivan Alexander, der mir den Entwurf seines neuen Buches *The Civilized Market* (Oxford 1997) gezeigt hat, in dem viele der von mir hier entlehnten Thesen erscheinen (siehe Anmerkung 3).

3 Siehe Ivan Alexander, *The Civilized Market*, Oxford 1997.

4 Zitiert nach Michael Slezak, »Drawing Fine Lines in Lipsticks« in *Supermarket News*, 11. März 1994.

5 Mark Stevens, »Take a Good Look at Company Blind Spots« in *Star-Tribune*, 7. November 1994.

6 John S. Harrison, »Can Mid-Sized LECs Succeed in Tomorrow's Competitive Marketplace?« in *Telephony*, 17. Januar 1994.

7 Ginger Trumfio, »Relationship Builders: Contract Management« in *Sales & Marketing Management*, 1. Februar 1995.

8 Jeffrey D. Zbar, »Credit Card Campaign Highlights Restaurants« in *Sun-Sentinel* (Fort Lauderdale) 10. Oktober 1994.

9 Donna Petrozzello, »A Tale of Two Stations« in *Broadcasting & Cable*, 4. September 1995.

10 Dan Sullivan, Berater für Versicherungsgesellschaften, zitiert nach Sidney A. Friedman, »Building a Super Agency of the Future« in *National Underwriter Life and Health*, 27. März 1995.

11 Dies wird von zahlreichen Artikeln über bestimmte Geschäftsfelder und Branchen bestätigt. Zum Beispiel Brian T. Majeski, »The Scarcity of Quality Sales Employees« in *The Music Trades*, 1. November 1994.

12 Harvey Mackay, »We Sometimes Lose Sight of How Success Is Gained« in *The Sacramento Bee*, 6. November 1995.

13 »How Much Do Sales People Make?« in *The Music Trades*, 1. November 1994.

14 Robert E. Sanders, »The Pareto Principle, its Use and Abuse« in *Journal of Consumer Marketing*«, Vol. 4, 1. Ausgabe, Winter 1987, S. 47-50.

Kapitel 7

1 Peter B. Suskind, »Warehouse Operations: Don't Leave Well Alone« in *IIE Solutions*, 1. August 1995.
2 Gary Forger, »How More Data + Less Handling = Smart Warehousing« in *Modern Materials Handling*, 1. April 1994.
3 Robin Field, »Branded Consumer Products« in James Morton (Hrsg.) *The Global Guide to Investing*, London 1995, S. 471-472.
4 Ray Kulwiec, »Shelving for Parts and Packages« in *Modern Materials Handling*, 1. Juli 1995.
5 Michael J. Earl und David F. Feeny, »Is Your CIO Adding Value?« in *Sloan Management Review*, 22. März 1994.
6 Derek L. Dean, Robert E. Dvorak und Endre Holen, »Breaking Through the Barriers to New Systems Development« in *McKinsey Quarterly*, 22. Juni 1994.
7 Roger Dawson, »Secrets of Power Negotiating« in *Success*, 1. September 1995.
8 Orten C. Skinner, »Get What You Want Through the Fine Art of Negotiation« in *Medical Laboratory Observer*, 1. November 1991.

Kapitel 9

1 Dieser Satz stammt von Ivan Alexander (a.a.O., siehe Kapitel 6, Anmerkung 3), dessen Gedanken zum Fortschritt ich schamlos geplündert habe.
2 Ivan Alexander (ebd.) faßt diese Entwicklung treffend zusammen: »... wir wissen jetzt zwar, daß die Reichtümer der Erde begrenzt sind, doch wir haben andere Dimensionen entdeckt, einen neuen kompakten, aber fruchtbaren Raum, in dem die Wirtschaft gedeihen und expandieren kann. Der Handel, die Automatisierung und die Informatik bieten auf kleinstem Raum grenzenlose Chancen. Computer sind die am wenigsten an räumliche Dimensionen gebundenen Maschinen, die der Mensch bisher erfunden hat.«

Kapitel 10

1 Den besten und fortschrittlichsten Leitfaden zum Zeitmanagement bietet Hiram B. Smith mit *The Ten Natural Laws of Time and Life Management*, London 1995. Smith verweist in aller Ausführlichkeit auf die Franklin Corporation, verliert aber kaum ein Wort über ihre mormonischen Wurzeln.
2 Charles Handy, *The Age of Unreason*, London 1969, Kapitel 9.
3 Siehe William Bridges, *JobShift: How to Prosper in a Workplace without Jobs*, Reading, Massachusetts, 1995. Bridges argumentiert sehr einleuchtend, daß Vollzeitbeschäftigung in großen Unternehmen zur Ausnahme werden und daß das Wort »Job« seinen ursprünglichen Sinn »Aufgabe« wieder annehmen wird.
4 Roy Jenkins, *Gladstone*, London 1995.

Kapitel 12

1 Donald O. Clifton und Paula Nelson, *Play to Your Strengths*, London 1992.
2 Interview mit J.G. Ballard in *Re/Search*, San Francisco Oktober 1989, S. 21-22.
3 Paulus hatte für den Erfolg des Christentums wahrscheinlich noch größere Bedeutung als der historische Jesus. Paulus sorgte für eine Romfreundliche Wende des Christentums. Ohne diesen von Petrus und den meisten anderen Aposteln strikt abgelehnten Schritt wäre das Christentum eine obskure kleine Sekte geblieben.
4 Siehe Vilfredo Pareto, *The Rise and Fall of Elites*, mit einer Einleitung von Hans. L. Zetterberg, New York 1968. Diese ursprünglich italienische Veröffentlichung von 1901 enthält eine kürzere und genauere Beschreibung von Paretos Soziologie als seine späteren Werke. In einem Nachruf der sozialistischen Zeitung *Avanti* wurde Pareto 1923 das vielleicht zweifelhafte Kompliment zuteil, er sei ein »bürgerlicher Karl Marx« gewesen. Die Bezeichnung ist jedoch gar nicht so abwegig, weil Pareto wie Marx die prägende Bedeutung der Klassen und der Ideologie für das Verhalten betont hat.
5 Ausnahmen sind höchstens Musik und bildende Kunst. Aber selbst dort spielen Mitarbeiter vielleicht eine wichtigere Rolle als allgemein angenommen.

Kapitel 13

1 Siehe Robert Frank und Philip Cook, *The Winner-Take-All Society*, New York 1995. Die Autoren verwenden zwar nicht den Begriff 80/20, aber sie sprechen über die Auswirkungen von 80/20-Gesetzmäßigkeiten. Sie beklagen Verschwendung, die in der Unausgewogenheit solcher Einkommen liegt. Vergleiche auch die scharfsinnige Buchbesprechung in *The Economist* (25. November 1995, S. 134), auf die ich mich in diesem Abschnitt ausführlich beziehe. Der Artikel verweist auch auf mehrere Aufsätze des Ökonomen Sherwin Rose aus den frühen achtziger Jahren über die Einkommen von Topstars.

2 Siehe Richard Koch, *The Financial Times Guide to Strategy*, London 1995.

3 Siehe Louis S. Richman, »The New Worker Elite« in *Fortune*, 22. August 1994, S. 44-50.

4 Dieser Trend führt zum »Aussterben des Managements«, weil Manager in effektiven Unternehmen überflüssig werden und nur noch Platz bleibt für die wirklichen Macher. Siehe Richard Koch und Ian Godden, a.a.O. (siehe Kapitel 3, Anmerkung 12).

Kapitel 14

1 Es handelt sich hier um eine stark vereinfachte Darstellung. Wer sich eingehender mit Privatinvestitionen befassen will, den verweise ich auf Richard Koch, *Selecting Shares that Perform*, London 1997.

2 Basierend auf der *BZW Equity and Gilt Study*, London 1993. Siehe Koch, ebd., S. 3.

3 Vilfredo Pareto, a.a.O.

4 Siehe Janet Lowe, *Benjamin Graham: Leben, Gedanken und Anleger-Tips eines Wall-Street-Profis*, Bonn u.a. 1997.

5 Neben dem historischen Kurs-Gewinn-Verhältnis, das sich auf die veröffentlichten Gewinnzahlen des letzten Jahres bezieht, gibt es auch das voraussichtliche Kurs-Gewinn-Verhältnis, das auf Schätzungen zur Ertragsentwicklung von Börsenanalysten beruht. Wenn ein Anstieg der Gewinne erwartet wird, liegt das voraussichtliche KGV niedriger als das historische, so daß die Aktien preisgünstiger erscheinen. Erfahrene Anleger sollten das voraussichtliche KGV berücksichtigen, aber es ist auch nicht ganz ungefährlich, weil es sich in der Praxis oft erweist, daß die vorhergesagten Gewinne ausbleiben. Eine ausführliche Bespre-

chung der KGVs findet sich in Richard Koch, a.a.O. (Anmerkung 1), S. 108-112.

Kapitel 15

1 Eine aufschlußreiche Kapitelüberschrift aus Daniel Goleman, *Emotionale Intelligenz*, München 1997, S. 6.

2 Siehe Dorothy Rowe, »The Escape from Depression« in *Independent on Sunday* (London), 31. März 1996, S. 14, die aus dem Buch *In the Blood: God, Genes and Destiny* von Steve Jones (London 1996) zitiert.

3 Peter Fenwick, »The Dynamics of Change« in *Independent on Sunday* (London), 17. März 1996, S. 9.

4 Ivan Alexander, a.a.O. (siehe Kapitel 6, Anmerkung 3), Kapitel 4.

5 Daniel Goleman, a.a.O., (siehe Anmerkung 1), S. 54.

6 Ebd., S. 56.

7 Ebd., S. 310.

8 Ebd., S. 23.

9 Peter Fenwick, a.a.O. (siehe Anmerkung 3), S. 10.

10 Zitiert nach Daniel Goleman, a.a.O. (siehe Anmerkung 1), S. 115.

11 Ebd., S. 228.

12 Auf diese äußerst wichtige Erscheinungsform des 80/20-Prinzips hat mich mein Freund Patrice Trequisser hingewiesen. Man kann sich innerhalb von Sekunden unsterblich verlieben, und diese Liebe wird einen beherrschenden Einfluß auf den Rest des Lebens ausüben. Von meiner Warnung wollte Patrice allerdings nichts wissen, da er sich selbst vor mehr als einem Viertel Jahrhundert auf den ersten Blick verliebt hat und immer noch glücklich verheiratet ist. Aber er ist ja auch Franzose.

Bibliographie

Adair, John, *Effective Innovation*, London 1996.

Alexander, Ivan, *The Civilized Market*, Oxford 1997.

Bridges, William, *JobShift: How to Prosper in a Workplace without Jobs*, Reading, Massachusetts, 1995.

Brown, Lester R., Christopher Flavin und Hal Kane, *Earthscan*, London 1992.

Corrigan, Mary und Gary Kauppila, *Consumer Book Industry Overview and Analysis of the Two Leading Superstore Operators*, Chicago, Illinois, 1996.

Cotter, John J., *The 20% Solution*, Chichester 1995.

Drucker, Peter, *Managing in a Time of Great Change*, London 1995.

Ford, Henry, *Ford on Management*, mit einer Einleitung von Ronnie Lessem, Oxford 1991.

Frank, Robert und Philip Cook, *The Winner-Take-All Society*, New York 1995.

Gleick, James, *Chaos: die Ordnung des Universums: Vorstoß in Grenzbereiche der modernen Physik*, München 1990.

Goleman, Daniel, *Emotionale Intelligenz*, München 1997.

Handy, Charles, *The Age of Unreason*, London 1969.

Jenkins, Roy, *Gladstone*, London 1995.

Juran, Joseph Moses, *Quality Control Handbook*, New York 1951.

Koch, Richard und Ian Godden, *Managing Without Management*, London 1996.

Koch, Richard, *Selecting Shares that Perform*, London 1997.

Koch, Richard, *The Financial Times Guide to Strategy*, London 1995.

Krugman, Paul, *The Self-Organizing Economy*, Cambridge, Massachusetts, 1996.

Lowe, Janet, *Benjamin Graham: Leben, Gedanken und Anleger-Tips eines Wall-Street-Profis*, Bonn u.a. 1997.

Meadows, Donella H., Dennis L. Meadows und Jorgen Randers, *Die neuen Grenzen des Wachstums: die Lage der Menschheit: Bedrohung und Zukunftschancen*, Stuttgart 1992.

O Clifton, Donald, und Paula Nelson, *Play to Your Strengths*, London 1992.

Pareto, Vilfredo, *Cours d'économique politique*, Universität Lausanne 1896/7.

Pareto, Vilfredo, *The Rise and Fall of Elites*, mit einer Einleitung von Hans L. Zetterberg, New York 1968.

Rommel, Günter, *Einfach überlegen*, Stuttgart 1993.

Smith, Hiram B., *The Ten Natural Laws of Time and Life Management*, London 1995.

Steindl, Josef, *Random Processes and the Growth of Firms: A Study of the Pareto Law*, London 1965.

Register